PR^{ae} SENS

Wiener Jahrbuch für Kurdische Studien 9|2021

Vom Tigris an die Donau. Kurdisches Leben in den österreichischen Bundesländern. Teil 2
From the Tigris to the Danube: Kurdish Life in the Austrian Federal Provinces. Part 2

Herausgegeben von
Edited by
Agnes Grond, Ronya Alev, Katharina Brizić,
Christoph Osztovics, Thomas Schmidinger

PRAESENS VERLAG

Coverbild:
© Hüseyin Işık

Hüseyin Işık wurde in der Osttürkei geboren. Er zeigte bereits als kleines Kind Interesse am Zeichnen und bildnerischen Gestalten. Er studierte an der Marmara Universität für schöne Künste und war als Zeichner, Illustrator, Karikaturist für verschiedene Zeitungen und Zeitschriften tätig. Seit 2003 lebt und arbeitet er in Friedrichshof/Burgenland. Er realisierte zahlreiche Ausstellungen, Installationen, Aktionen, Performances und Filme im In- und Ausland in verschiedenen Galerien, Museen, Kunsthallen und im öffentlichen Raum.

© 2021 Praesens Verlag | http://www.praesens.at

Verlag und Druck: Praesens VerlagsgesmbH. Printed in EU.

ISBN 978-3-7069-1148-1

Bibliografische Information der Deutschen Nationalbibliothek
Die Deutsche Nationalbibliothek verzeichnet diese Publikation in der Deutschen Nationalbibliografie; detaillierte bibliografische Daten sind im Internet über http://dnb.d-nb.de abrufbar.

Inhaltsverzeichnis

1. Schwerpunkt/Focus

2. Außerhalb des Schwerpunkts/Beyond

INHALTSVERZEICHNIS

INHALTSVERZEICHNIS

6. Nachruf/Obituaries

7. Berichte/Reports

Geleitwort

DR. GÜNTHER SIDL
ABGEORDNETER ZUM EUROPÄISCHEN PARLAMENT

Die große Vielfalt alevitischer und kurdischer Vereine – insbesondere im Raum St. Pölten – durfte ich bereits bei verschiedenen Anlässen erleben. Besonders beeindruckt hat mich dabei der hier spürbare Wunsch nach Anerkennung, Frieden, Gerechtigkeit und politischer Teilhabe. Diese lebendige Bewegung versucht sich ihren eigenen Heimatbegriff zu erhalten und verfolgt politische Entwicklungen, wie in der Türkei, mit großer Sensibilität und weiterhin mit Besorgnis.

Nicht zuletzt aufgrund dieser Erfahrungen habe ich mich zu Beginn der Legislaturperiode im Europäischen Parlament dazu entschieden, den Vorsitz des Alevitischen Freundeskreises zu übernehmen, der als überparteiliche Arbeitsgruppe und Diskussionsplattform im EU-Parlament fungiert

Der Umgang mit Minderheiten und die Einhaltung der Menschenrechte sind ganz entscheidende Gradmesser für den Zustand unserer Gesellschaft und unserer demokratischen Grundwerte. Die Europäische Union ist eine Werte- und Freiheitsgemeinschaft. Daran darf es keine Diskussion geben. Es geht um Glaubwürdigkeit nach innen und nach außen. Wenn Europa selbst nicht diese Werte lebt, dann werden unsere Mahnungen in anderen Regionen dieser Welt keineswegs Gehör finden. Sie werden dann zu Recht als unangebrachte Moralisierung gesehen. Unsere Demokratien, die gelebten Freiheiten und unser Wertekanon haben sich in Europa nach zwei verheerenden Weltkriegen entwickelt. Sie sind auf unserem Kontinent eine wesentliche gemeinsame Klammer, die uns verbindet. Darauf können wir stolz sein. Es geht aber auch darum, Mahner zu sein, wenn sich in der Welt totalitäre Regime entwickeln oder Grundrechte eingeschränkt werden.

Genau das sehe ich als Abgeordneter zum Europäischen Parlament und Vorsitzender des Alevitischen Freundeskreises als meine Aufgabe an - ein lautes Zeichen des Protests, wenn Freiheiten eingeschränkt, Demokratien ausgehöhlt und Minderheiten unterdrückt werden.

Vorwort der HerausgeberInnen

Ein Rückblick auf die Entwicklungen des vergangenen Jahres in den verschiedenen Teilen Kurdistans stimmt pessimistisch. Viele Tendenzen, die bereits 2020 erkennbar waren, setzten sich zum Teil in verschärfter Form fort. Dazu gehören die hegemonialen Aktivitäten der Türkei und des Iran auf syrischem und irakischem Territorium: Şingal leidet unter türkischen Attacken, der Iran attackiert kurdische Basen auf irakischem Territorium und die Türkei setzt sich in Rojava weiterhin als Besatzungsmacht fest. Gleichzeitig sind die türkischen und iranischen KurdInnen im Inneren immer schwereren Repressionen und die irakischen KurdInnen terroristischen Anschlägen ausgesetzt. Zusätzlich sind alle kurdischen Regionen schwer von der COVID-19 Pandemie betroffen und der Klimawandel wird immer stärker spürbar: die Regionen leiden unter extremer Hitze, Trockenheit und Waldbränden.

Unter diesen schwierigen Umständen ist die Arbeit am Jahrbuch für Kurdische Studien eine wichtige Möglichkeit, den (wissenschaftlichen) Blick auf eine Region zu richten, die im Brennpunkt geopolitischer Interessen steht, jedoch in Bezug auf das Wissen, das wir über diese Region haben, einerseits erhebliche Leerstellen aufweist, andererseits stark von den Mehrheitsbevölkerungen von Iran, Irak, Türkei und Syrien geprägt ist. Unsere herausgeberische Arbeit ist aber auch eine Möglichkeit, unseren kurdischen KollegInnen, die in ihren Herkunftsländern vielfach nur mehr unter sehr erschwerten Bedingungen arbeiten können, eine Stimme zu geben, und mit ihnen in wissenschaftlichem Austausch zu bleiben.

Das Jahrbuch für Kurdische Studien ist auch 2021 wieder gegliedert in die Schwerpunktbeiträge, Beiträge außerhalb des Schwerpunkts und die Aktuell-Sektion. Weiters enthält es Rezensionen von Neuerscheinungen zu kurdologischen Themen, Nachrufe und informiert über die Tätigkeiten der Gesellschaft zur Förderung der Kurdologie. Die Sektion Konferenzberichte enthält dieses Jahr Pandemie-bedingt nur einen Beitrag, der gleichzeitig erstmals über eine online-Veranstaltung berichtet. Diese Form des wissenschaftlichen Austausches hat sich auch in den Kurdischen Studien etabliert und wird in Zukunft weiter an Bedeutung gewinnen

Das Schwerpunktthema 2020 lautet: „Kurdisches Leben in den österreichischen Bundesländern". Urspünglich war geplant, Beiträge zu allen Bundesländern außer Wien, welches schon im ersten Band 2013 behandelt wurde, aufzunehmen. Bald zeichnete sich jedoch ab, dass die einzelnen Beiträge eine große Fülle an Material zu tage brachten, und das HerausgeberInnenteam entschloss sich, in einem ersten Teil „Vom Taurus in die Tauern" die Bundesländer Vorarlberg, Salzburg, Kärnten und Steiermark zu behandeln, und 2021 mit „Vom Tigris an die Donau" mit Tirol, Oberösterreich, Niederösterreich und dem Burgenland fortzusetzen.

Die Beiträge außerhalb des Schwerpunkts haben heuer einen eindeutigen Irak-Fokus. Der Artikel von Shilan Fuad Hussain *Recapturing Agency Amidst Agony: Kurdish Women Survivors of the Anfal Genocide* verbindet Interviews mit überlebenden Frauen der Anfal-Kampagne mit einer historischen und kulturellen Analyse derjenigen Kontexte, die in offiziellen Narrativen ausgeblendet sind.

Der Beitrag von Benjamin Raßbach *Defending Şingal – Narratives Around Yezidi Shrines and the Fight Against ISIS in Northern Iraq* analysiert Narrative rund um die Verteidigung des êzîdischen Şerfedin-Schreins gegen den sogenannten Islamischen Staat 2014. Sein Beitrag beruht auf Feldforschungsaufenthalten in der Region.

Thomas Schmidinger berichtet in seinem Beitrag *Êzîdî feiern wieder. Beobachtungen zur Wiederaufnahme der Feiern der Êzîdî bei ihren Ziyaret in Şingal am Beispiel des Festes beim Mazar von Şex Mend* über die erstmals seit dem Genozid 2014 stattfindenden Feierlichkeiten am Mazar von Şex Mend. Auch die Daten zu diesem Beitrag beruhen auf einem Feldforschungsaufenthalt in Şingal 2021. Alle drei Irak-Beiträge zeigen, dass trotz schwieriger Sicherheitslage, der COVID-19 Pandemie und immer massiverer Umweltprobleme Forschungsaufenthalte in der Region durchgeführt werden und zentrale religiöse und kulturelle Ereignisse sowie die Entwicklung von Narrativen zeitnah erforscht und dokumentiert werden konnten.

Weiters bietet das Jahrbuch Information über aktuelle Ereignisse in der kurdischsprachigen Welt. Diese Aktuell-Sektion liegt uns HerausgeberInnen sehr am Herzen. So freut es uns, heuer zusätzlich zu den bisher behandelten Ländern und Regionen Türkei, Irak, Şingal, Iran und Rojava erstmals eine Analyse der Situation der KurdInnen im Kaukasus anbieten zu können, nämlich den Beitrag *Kaukasus: Krieg um das ehemalige „Rote Kurdistan"* von Thomas Schmidinger.

Erfreulich ist auch in qualitativer und quantitativer Hinsicht die Zahl an Neuerscheinungen zu kurdologischen Themen, und zwar im wissenschaftlichen Bereich, aber auch im literarischen und belletristischen Bereich. Schon seit einigen Jahren können wir die Neuerscheinungen nicht mehr vollständig rezensieren, hoffen aber, eine interessante Auswahl getroffen zu haben.

Erratum zum letzten Jahrbuch:

Das Jahrbuch 2020 ist unter besonders erschwerten Bedingungen produziert worden. Aufgrund der Maßnahmen zur Corona-Pandemie konnten die meisten Interviews für die Beiträge über die KurdInnen in den Bundesländern im Frühjahr 2020 nur telefonisch geführt werden. Zudem war auch die Kommunikation innerhalb des HerausgeberInnengremiums und mit dem Verlag erschwert. Daraus haben sich zwei Fehler in der Schreibweise von Namen im Artikel „Politische Kämpfe in der Provinz. Kurdische Diasporen in Vorarlberg" und im Artikel „Von Kurdistan nach Salzburg, Tamsweg und Kaprun" ergeben, einmal da ein Name in einer elektronischen Nachricht dem Autor, Thomas Schmidinger, falsch geschickt wurde, einmal weil am Telefon beim Buchstabieren ein M als N gehört wurde. Die Fehler wurden zwar noch korrigiert, gingen dann aber aufgrund weiterer Kommunikationsprobleme durch den zweiten Lockdown unter und sind nun nur in der elektronischen Fassung, nicht aber in der Papierausgabe des Jahrbuches 2020 korrigiert.

Statt Vinda Mohammed Nelul heisst es im Artikel über Vorarlberg nun korrekt Vînda Mohammed Melul. Statt Anwar Abrahimagdam steht nun im Artikel über Salzburg korrekt Anvar Ahmadi Aghdam.

Wir hoffen, 2021 wieder einen interessanten Band vorgelegt zu haben, der innerhalb und außerhalb der wissenschaftlichen Öffentlichkeit auf eine breite Leserschaft trifft. Nachdem wir uns nun zwei Ausgaben lang mit der transnationalen kurdischen Diaspora in Österreich beschäftigt haben, liegt der Schwerpunkt 2022 wieder stärker in den kurdischen Herkunftsgebieten. Im Zentrum des nächsten Bandes steht die kurdische Diplomatie mit ihren erfolgreichen und gescheiterten Verhandlungen und Friedensprozessen. Sie finden den Call for Papers am Ende dieses Bands.

Agnes Grond, Ronya Alev, Katharina Brizić,
Christoph Osztovics, Thomas Schmidinger

1

Schwerpunkt
Focus

Kurdisches Leben in den österreichischen Bundesländern: Vorwort zum Schwerpunkt

AGNES GROND

Wie schon im vorigen Jahr lautet unser Schwerpunktthema *Kurdisches Leben in den österreichischen Bundesländern*. Migration, Exil, Diaspora: das sind Themen, die im Zusammenhang mit Kurdistan und seinen BewohnerInnen immer wieder von Neuem und unter immer wieder verschiedenen Aspekten aktuell sind. Dementsprechend hatte schon der erste Band des Wiener Jahrbuchs 2013 den Schwerpunkt auf die österreichische kurdische Diaspora und ihre Transnationalität gelegt. Die Mehrzahl der Beiträge widmete sich damals der Bundeshauptstadt Wien mit ihrer österreichweit größten kurdischen Diaspora-Community. 2020 wurde das Thema wieder aufgegriffen, und die Bundesländer Vorarlberg, Salzburg, Kärnten und die Steiermark ausführlich beschrieben. Der neunte Band 2021 setzt diese Arbeit fort und enthält Beiträge zu den fehlenden Bundesländern Tirol, Oberösterreich, Niederösterreich und Burgenland.

Alle acht Bundesländerbeiträge geben im Verein mit dem ‚Wien'-Band einen umfassenden Überblick über die vielfältige und diverse kurdische Diaspora Österreichs, ihre Einwanderungsgeschichte, ihre Vereine und Organisationen. Dabei zeigt sich, dass die größeren österreichischen Städte zwar auf Grund des erleichterten Zugangs zu Arbeit und Wohnmöglichkeiten Hauptanziehungspunkte der Einwanderung sind, aber auch, dass außerhalb der Städte in den semiurbanen und ruralen Räumen KurdInnen leben, und diese Räume durch ihr Hiersein formen und mitgestalten. Im Vergleich zu Wien vollzog sich die Organisation kurdischen sozialen Lebens in Form von Vereinsgründungen in den Bundesländern spät. Die kurdischen Vereine und Organisationen in den Bundesländern konnten damit aber auf Wiener Erfahrungen zurückgreifen. Viele Vereine in den Bundeländern entstanden als Zweigstellen von österreichweiten Dachverbänden.

Die Beiträge zeigen aber nicht nur Gemeinsamkeiten in der Entwicklung kurdischer Einwanderung auf, sie machen auch deutlich, wie unterschiedliche wirtschaftliche, soziale und kulturelle Gegebenheiten in den Bundesländern auf die Einwanderung zurückwirken, und dadurch sehr unterschiedliche kurdische Communities entstehen konnten. Die Communities gehen zum Teil auf die sogenannte ‚Gastarbeiterzuwanderung' zurück. Die Gast-arbeiterzuwanderung brachte vor allem KurdInnen aus der Türkei nach Österreich. Diese ‚alten' Communities leben hier zum Teil bereits in der dritten oder vierten Generation. Kriege, politische Verfolgung, Naturkatastrophen und (politisch gewollte) wirtschaftliche Marginalisierung führten zu weiterer kurdischer Zuwanderung: ab den 1990er Jahren vielfach aus dem Irak, seit dem Ausbruch des syrischen Bürgerkriegs aus Syrien. Die Bundesländerartikel zeigen, wie sich in Österreich kurdisches Leben nach der Auswanderung neu konstituiert und organisiert, wie das

Einleben in der Fremde verläuft, und wie es gelingen kann, die eigenen Wurzeln in der neuen Umgebung zu pflegen und zu entwickeln.

Hakan Harmancı bietet in seinem Beitrag *GastarbeiterInnen, politisch Verfolgte, Flüchtende: Geschichte der KurdInnen in Tirol* einen chronologischen Abriss über die wichtigsten Phasen der Einwanderung nach Tirol. Der Einfluss politischer Bewegungen in der Türkei, sowie früher Vereinsgründungen in Wien wird dargestellt. Der Beitrag enthält eindrückliche Schilderungen der Lebensumstände der ersten Zeit und zeichnet die allmählichen Verschiebungen vom zeitlich begrenzten Arbeitsaufenthalt zum dauerhaften Aufenthalt in den Planungen der GastarbeiterInnen nach. Der Artikel schließt mit neueren Entwicklungen, wie Einwanderung aus dem Irak und Syrien und deren Auswirkungen auf die älteren Communities.

Auch Sevda Özcan geht in ihrem Beitrag *Politik, Sport, Musik, Literatur, Gastronomie: Kurdisches Leben in Oberösterreich* auf kurdisches Vereinsleben in Oberösterreich ein. Sie beschreibt die Bildungssituation und die Möglichkeiten sprachlicher Bildung von den Anfangszeiten kurdischer Einwanderung bis in die Gegenwart. Özcan zeigt, wie die oberösterreichischen KurdInnen sich in das Kunst- und Kulturleben einbringen, auf Entwicklungen ihrer Herkunftstaaten reagieren und wie sich die Vereine und Communities nach 2015 weiterentwickelten.

Zwei Beiträge widmen sich den KurdInnen in Niederösterreich: *KurdInnen aus der Türkei in Niederösterreich – Vereine und Aktivitäten* von Hüseyin Şimşek beschreibt die Vereinsgeschichte in Niederösterreich. Sein Beitrag stellt außerdem die Entwicklung der kurdischen Selbstorganisation aus den ersten Wiener Vereinen zu eigenen Vereinsgründungen in den österreichischen Bundesländern dar. Thomas Schmidinger untersucht die Aktivitäten syrischer, irakischer und iranischer KurdInnen in seinem Beitrag *Die anderen KurdInnen Niederösterreichs: Flüchtende und MigrantInnen aus Syrien, dem Irak und dem Iran im Land unter der Enns*.

Mit dem Beitrag *Von den Tschartaken zu den Drohnen – KurdInnen und das Burgenland. Ein Versuch der Spurensuche im Grenzland* schließt Maria Six-Hohenbalken den Schwerpunkt des neunten Bandes und damit auch die Bundesländerbeschreibungen. Sie bietet historische Einblicke – das Burgenland scheint bislang das einzige Bundesland zu sein, in dem frühneuzeitliche kurdische Spuren nicht nur angenommen, sondern in Quellen und Registern nachgewiesen werden können. Sie schildert auch die heutige politische Situation, die sich in erster Linie in der Abwehr von Flüchtenden erschöpft und darüber hinaus wenig zukunftsweisende Perspektiven bietet. Obwohl das Burgenland für KurdInnen in erster Linie ein Transitland ist, gibt es hier doch interessante kulturelle Aktivitäten, die vor allem auf die Flüchtlingssituation Bezug nehmen.

Die acht Bundesländerbeiträge von 2020 und 2021 gehen auf empirische Forschung zurück. Obwohl die Feldforschungsarbeit zu beiden Bänden in die Pandemie-Situation gefallen ist, ist es gelungen, in allen Bundesländern Feldforschung durchzuführen. Das HerausgeberInnen-Team ist außerdem stolz darauf, dass es gelungen ist, einige kurdische ForscherInnen für Bundesländerbeiträgen zu gewinnen. Darunter fallen die Beiträge von Soma Ahmad (2020), Hakan Harmancı, Sevda Özcan, und Hüseyin Şimşek (2021).

Die Bundesländerbeiträge geben einen detaillierten Einblick in die österreichische Migrationsgeschichte und die meisten Artikel sind gleichzeitig die ersten Darstellungen diesbezüglich in der österreichischen Migrationsforschung. Die Beiträge stecken ein weites Feld ab, das von politischen über bildungsbezogene, kulturelle und künstlerische Aktivitäten in der kurdischen Diaspora berichtet. Gleichzeitig zeigen sich Forschungsdesiderate in dieser Zusammenschau deutlich: so ist die sogenannte Gastarbeitereinwanderung vornehmlich aus der Türkei vergleichsweise gut erforscht und beschrieben. Das gilt weniger für kurdische Einwanderung aus dem Irak, dem Iran und Syrien. Auch gibt es in mehreren Bundesländern größere êzîdische Communities, die in den Bundesländerbeiträgen wenig behandelt werden konnten. Diesbezüglich bleibt noch viel Forschungsarbeit zu leisten.

GastarbeiterInnen, politisch Verfolgte, Flüchtende: Geschichte der KurdInnen in Tirol

Hakan Harmancı

ABSTRACT

Nach dem Ende des 2. Weltkrieges stand in Tirol ebenso wie in Gesamtösterreich der Wiederaufbau der Wirtschaft und die Errichtung der Demokratie im Mittelpunkt. Durch das einsetzende Wirtschaftswachstum und die Auswanderung nach Übersee machte sich der Arbeitskräftemangel in den Nachkriegsjahrzehnten für viele nord- und westeuropäische Länder stark bemerkbar. Im Mai 1964 schloss Österreich mit der Türkei ein Abkommen zur Rekrutierung von Arbeitskräften. Obwohl vor diesem Abkommen KurdInnen vereinzelt in Tirol und Österreich lebten, begann die Geschichte der KurdInnen in Tirol mit dem Anwerben der GastarbeiterInnen. Dieser Beitrag gibt einen Überblick über die Geschichte der KurdInnen aus verschiedenen Herkunftsländern in Tirol. Ein besonderer Fokus liegt auf der religiösen, politischen und wirtschaftlichen Situation sowie der kulturellen Vielfalt der KurdInnen in Tirol.

After the end of World War II, many countries—including Austria in general and Tyrol in particular—were confronted with the major tasks of rebuilding their economy and establishing a democracy. In consequence of both economic growth and a certain increase in emigration overseas, many northern and western European countries suffered from labor shortage in the post-war decades. In May 1964, Austria concluded a labor recruitment agreement with Turkey. Although there had already been Kurds living in Tyrol and Austria before the agreement, the actual history of Kurds in Tyrol began with the recruitment of guest workers. This paper offers an overview of the history of Kurds from different countries in Tyrol. It specifically focuses on the religious, political and economic situation as well as diversity of Kurds in Tyrol.

Ev xebata hanê hewl bide ku bi kurtahî li ser dîroka Kurdên ên ji welatên cihêreng hatine Tirolê pêşkêşî bike. Bi taybetî li ser rewşa olî, siyasî û aborî û pirrengiya Kurdan ên li Tîrolê dijîn bide nasîn. Piştî bidawîbûna Şerêcîhanê a Duyemîn, ji nû ve avakirina aboriyê û damezrandina demokrasiyê li Tirol û Avusturyayê dest pê kir. Bi vî awayî, ji nû ve avakirina aboriyê li gelek welatan din jî bû armanca bingehîn. Herwiha çawa ku geşbûna aborî destpêkir û zêdebûna koçberiya ji derveyî welêt hebû jî, kêmbûna karkeran a di piştî şer de li gelek welatên bakurê û rojavayê Ewropa wek rastiyek li ber çawan xûya bû. Di Gulana 1964an de Avusturyayê li ser qebûlkirina karkeran bi Tirkiyê re peymanek çêkir. Her çend berî peymanê li Tîrol û li Avusturyayê hinek Kurd dijîyan jî, dîroka Kurdên ên li Tîrolê bi giranî bi hatina „karkerên mêvan" dest pê kir.

Einleitung

Wie in ihren Herkunftsländern sind die KurdInnen Tirols eine in kultureller, sozialer, linguistischer und religiöser Hinsicht heterogene Gruppe. Im Rahmen dieses Beitrags wird versucht, die Lebensrealitäten der in Tirol lebenden Menschen mit kurdischen Wurzeln zu beleuchten, indem ihre Geschichte mit einem Fokus auf die Migrationsgeschichte, die Geschichte der Vereine, sowie der Glaubens- und Gebetshäuser dargestellt werden. Die Entwicklung von kurdischen Diasporagemeinden in Österreich und West-Europa ist immer eng verknüpft mit den aktuellen Entwicklungen in Europa einerseits und dem Nahen Osten andererseits. Diese beiden Einflusssphären – bestehend aus altem und neuem Lebensmittelpunkt – beeinflussen einander auf vielschichtige und komplexe Art und Weise. Große Teile der in Österreich und Tirol lebenden KurdInnen sehen sich auf der einen Seite als MuslimInnen zunehmender Islamophobie und Rassismus ausgesetzt, auf der anderen Seite besteht Angst vor dem radikalen islamistisch motivierten Terror. Obwohl die KurdInnen über keine eigenen staatlichen Strukturen verfügen und dadurch auf unterschiedliche Nationalstaaten aufgeteilt sind, gibt es unter KurdInnen bis auf einige kleine marginalisierte Gruppierungen keine großen radikal-islamistisch eingestellten Gruppen. Damit stellen die KurdInnen unter der muslimischen Bevölkerung aus ihrer Herkunftsregion einen Sonderfall dar. In Europa werden sie jedoch als MuslimInnen diskriminiert, in den Herkunftsländern geraten sie wegen ihrer progressiven Einstellung von nationalstaatlicher Seite (Türkei, Iran) und durch den sogenannten Islamischen Staat (IS) unter Druck und werden als Nicht-MuslimInnen diskreditiert. Die politischen und wirtschaftlichen Entwicklungen im Nahen Osten sorgen nicht nur für Druck auf die KurdInnen von außen, sondern auch unter den KurdInnen selbst immer wieder für Konflikte. Diesen Spannungsverhältnissen will der vorliegende Beitrag nachgehen.

Die Daten für diesen Beitrag stammen aus Interviews mit KurdInnen aus Tirol oder KurdInnen, die seit längerer Zeit in Tirol leben und dort für verschiedenen Vereine aktiv sind/waren. Weiters wurden Interviews mit Vereinsvorstandsmitgliedern geführt. Als weiteres Untersuchungsinstrument kam die partizipative Beobachtung zum Einsatz, die vom Autor über einen Zeitraum von 1994 bis 2008 durchgeführt wurde. Die Studie kann somit als Longitudinalstudie bezeichnet werden. Weitere Quellen, die verwendet werden, sind lokale Medien und Berichte und Archive der Föderation der ArbeiterInnen aus der Türkei in Österreich (ATIGF). Der Autor migrierte im Jahr 1994 als elfjähriges Kind einer kurdisch-alevitischen „Gastarbeiter Familie" aus Istanbul nach Tirol. Er war seit etwa Ende der 1990er Jahre bis 2008 für türkisch/kurdische Vereine aktiv. Dadurch hat dieser Beitrag auch eine starke persönliche Komponente.

Kurdische Diasporen in Tirol

In den Nachkriegsjahren, vor allem ab den 1950er Jahren, sorgte der wirtschaftliche „Boom", für einen kontinuierlichen Anstieg des Bruttoinlandsprodukts in Österreich und ganz Europa. Die wirtschaftliche Situation in der Türkei in den Nachkriegsjahren war hingegen weniger stabil.

> *„Verglichen mit Deutschland oder Österreich wies die Türkei ein relativ niedriges Bruttoinlandsprodukt pro Kopf auf, das Land war – trotz zum Ende der 1940er Jahre intensivierten Modernisierungsbestrebungen – weitgehend agrarisch geprägt und die Industrialisierung verlief langsam."[1]*

1 Hahn/Stöger 2014: 9.

Durch einen Putsch im Mai 1960 übernahm das Militär die Macht in der Türkei, was die türkische Wirtschaft damals stark beeinflusste.

Aus dem Iran, Irak und Syrien lebten nur vereinzelt KurdInnen in Tirol. Es gab mit den genannten Ländern weder Anwerbeverträge, noch gab es in den 60er und 70er Jahren mit der heutigen Zeit vergleichbare Migrationsströme aus diesen Ländern nach Tirol. Die KurdInnen aus der Türkei waren bis in die 1980er Jahre die größte Gruppe unter den ersten Einwanderern aus Kurdistan in Tirol. Es ist jedoch stark anzunehmen, dass auch aus anderen Teilen Kurdistans vereinzelt KurdInnen in Tirol lebten.

> *„Aufgrund des relativ hohen Anteils von KurdInnen unter den GastarbeiterInnen aus der Türkei – die überwiegend aus armen ländlichen Regionen der Türkei kamen – und aufgrund des hohen Anteils unter den politischen Flüchtlingen, die nach 1980 aus der Türkei kamen, ist davon auszugehen, dass der Anteil an KurdInnen unter der türkeistämmigen Bevölkerung Österreichs tendenziell eher höher ist als unter der Gesamtbevölkerung der Türkei."* [2]

Österreich und die Türkei unterschieden sich zu dieser Zeit demographisch stark voneinander. Während Österreich bis in die 50er Jahren ein Auswanderungsland war, erlebte die Türkei durch eine hohe Geburtenrate einen starken Bevölkerungszuwachs. Durch das Wirtschaftswachstum und die Zunahme der Auswanderung nach Übersee machte sich der Arbeitskräftemangel in den Nachkriegsjahrzehnten für viele nord- und westeuropäische Länder relativ rasch stark bemerkbar. Schon in den 1950er Jahren schlossen west-, mittel und nordeuropäische Staaten mit Ländern Süd- und Osteuropas Anwerbeverträge. Hauptinitiator der Anwerbung von GastarbeiterInnen nach Österreich war zweifelsfrei die Wirtschaftskammer.

> *„Es wäre, so die Wirtschaftskammer 1956, eine „allmähliche Ausschöpfung der letzten Arbeitskraftreserve" zu beobachten, die das Wirtschaftswachstum gefährden würde. Die Arbeitgebervertreter drängten auf Liberalisierungen, die auch eine Öffnung des Arbeitsmarktes für Arbeitsmigranten vorsah."* [3]

In den 50er Jahren positionierten sich die Gewerkschaften gegen das Anwerben von GastarbeiterInnen[4] und beharrten auf das Vorrecht inländischer Arbeitskräfte auf Arbeit. Im Jahr 1961 konnten sich dann die SozialpartnerInnen auf das Raab-Olah-Abkommen einigen.

> *„Darin hatte man sich – neben der Frage der Stabilität von Löhnen und Preisen – auch auf die Schaffung von Kontingenten, die die Beschäftigung von Arbeitsmigranten in Österreich außerhalb der üblichen Einzelverfahren ermöglichen sollten, geeinigt."* [5]

Dadurch konnte Österreich sich erst im Jahr 1962, durch den Vertrag mit Spanien an diesen Trend der Anwerbung von GastarbeiterInnen anschließen. Dadurch, dass die Löhne in anderen Ländern höher waren, kamen sehr wenige GastarbeiterInnen aus Spanien nach Österreich. Danach folgten am 15. Mai 1964 Anwerbeverträge mit der Türkei und 1965/66 mit dem ehemaligen Jugoslawien. Bereits vor Abschluss eines Abkommens kamen die ersten GastarbeiterInnen nach Österreich und Tirol.

---

2 Schmidinger 2020: 7.
3 Hahn/Stöger 2014: 14.
4 Der Begriff GastarbeiterIn ist nicht mehr üblich, da sich das Konzept eines zeitlich begrenzten Aufenthalts überholt hat. Es wird in diesem Beitrag verwendet, um sich auf die frühen KurdInnen zu beziehen, die in ihrer Lebensplanung noch von einer Rückmigration ausgegangen waren.
5 Hahn/Stöger 2014: 4.

„Bereits vor dem Abschluss eines formellen Abkommens konnten ab Juli 1962 türkische Arbeitskräfte über die österreichische Außenhandelsstelle in Istanbul angeworben werden. So wurden etwa in diesem Jahr über zwanzig türkische Frauen für eine Wiener Wäscherei vermittelt, 1963 Arbeitskräfte für Tiroler Textilbetriebe."[6]

Die Anwerbung von GastarbeiterInnen aus der Türkei wurde durch das von der Wirtschafts-kammer eingerichtete Büro in Istanbul, der „Österreichischen Kommission", gesteuert. Vor dem Abkommen mit der Türkei war die Anzahl der in Österreich lebenden türkischen Staats-bürgerInnen noch sehr gering.

„Im Mai 1964 schloss Österreich mit der Türkei ein Abkommen zur Rekrutierung von Arbeitskräften. In den folgenden Jahrzehnten kamen mehrere Tausend Arbeitskräfte, dazu auch andere Migranten/innen, aus der Türkei nach Österreich: Wurden von der österreichischen Volkszählung des Jahres 1961 noch 217 türkische Staatsbürger/innen gezählt, so lebten fünfzig Jahre später über 200.000 Männer und Frauen türkischer Abstammung in Österreich."[7]

Auf Grund im Vergleich zu den anderen anwerbenden Ländern niedrigerer Löhne in Österreich, blieb die Zahl der GastarbeiterInnen aus der Türkei anfänglich relativ niedrig. Die Löhne in Deutschland waren in Vergleich zu Österreich für die meisten GastarbeiterInnen attraktiver. Trotzdem stieg die Zahl der GastarbeiterInnen aus der Türkei in den folgenden Jahren.

„1965 konnte die Anwerbestelle in Istanbul rund 3.100 Türken und Türkinnen vermitteln; 1969 waren bereits knapp über 11.000 Arbeitskräfte aus der Türkei in Österreich beschäftigt – es stammte bereits fast jeder zehnte ausländische Arbeitnehmer aus der Türkei. Zu Beginn der 1970er Jahre verbuchte man mit über 5.000 Personen die höchsten jährlichen Zuwächse."[8]

Viele der neuankommenden KurdInnen verbrachten ihre Kindheit in Kurdistan mit eingeschränktem Zugang zum dortigen Bildungssystem. Die meisten jungen Männer waren unqualifizierte Arbeitskräfte, die entweder in den Herkunftsdörfern als Hirten bzw. Bergbauern, oder auch infolge der stark anwachsenden Binnenmigration in den Herkunfts-ländern als Hilfskräfte in den Großstädten arbeiteten. Die Lebensbedingungen in den Dörfern Kurdistans brachten wirtschaftlich, politisch und sozial große Herausforderungen mit sich und viele der jungen Männer sahen ihre Zukunft in den Großstädten. Insofern hatten die meisten KurdInnen, die in den 1960er und 1970er Jahren nach Tirol kamen, im Herkunftsland entweder nur kurz die Schule besucht oder sie kamen gänzlich ohne formalen Schulbesuch. Dementsprechend waren manche von ihnen nicht alphabetisiert und gehören zu der ImmigrantInnengruppe, die gemeinhin als ‚bildungsfern' bezeichnet wird. Ein Ehepaar, das im Jahr 1976 von der Textilindustrie angeworben und im Rahmen dieses Beitrags interviewt wurde, beschreibt die Situation der AnalphabetInnen folgendermaßen:

„Als ich im Jahr 1976 nach Tirol kam, waren wir die letzten die über Arbeitsamt nach Österreich kamen. Was Anwerbepolitik betrifft war Österreich im Vergleich zu Deutschland besser, denn Deutschland hat die Analphabeten nicht angeworben Österreich hingegen schon."[9]

Auch wenn es keine gesicherten Daten gibt, kann man davon ausgehen, dass der Anteil der alphabetisierten Frauen in Vergleich zu den Männern geringer war. Dies geht aus zahlreichen Studien zum Bildungsgrad von Einwanderern aus der Türkei in den deutschen Sprachraum

---

6 Hahn/Stöger 2014: 18
7 Hahn/Stöger 2014: 8
8 Hahn/Stöger 2014: 5
9 IP 1 InformantInnen mit kurd. Hintergrund am 10.03.2021.

hervor.[10] Auch die hier interviewten Ehepaare bestätigen diese Annahme: *„Im Vergleich zu den Männern waren der Anteil Frauen die nicht lesen und schreiben konnten höher, viele kamen aus den ländlichen Gebieten und konnten selten die Schule besuchen"[11]*

In den meisten kurdischen Dörfern, aus denen die GastarbeiterInnen stammten, und in denen sie den Großteil ihrer Kindheit und Schulzeit verbracht hatten, gab es keine Schulen. Manche Menschen mussten täglich mehrere Kilometer lange Fußmärsche zurücklegen, um eine Schule zu besuchen. Die meisten Familien schickten in der Regel nur die Jungen zur Schule. Die Ängste um die Sicherheit der Töchter waren meistens ein Hindernis für die Mädchen und dadurch wurden die Söhne bevorzugt für den Schulbesuch ausgewählt. Manche jungen Männer wurden aber auch erst im Zug des Militärdiensts alphabetisiert, dessen Besuch für alle Männer verpflichtend war und viele weitere blieben überhaupt Analphabeten. Als technisches Gerät kannten die DorfbewohnerInnen meistens nur mit Batterien betriebene Radios. Es gab keinen Strom oder fließendes Wasser, geschweige denn Warmwasser. Vor allem die KurdInnen aus den Provinzen wie Dersim, Erzincan oder Bingöl konnten ihre ersten Erfahrungen mit den „modernen" Gesellschaften erst in den türkischen Städten oder in der europäischen Gesellschaft sammeln.

Der Anteil der KurdInnen unter den GastarbeiterInnen mit türkischer Staatsbürgerschaft war anfänglich sehr gering. Dadurch, dass die kurdischen GastarbeiterInnen türkische StaatsbürgerInnen waren, ist es auch nicht möglich, eine genaue Anzahl der KurdInnen unter den GastarbeiterInnen aus der Türkei festzustellen. KurdInnen die aus Nord-Kurdistan (Süd-Ost Türkei) hauptsächlich auf Grund von wirtschaftlichen Gründen nach Istanbul emigriert sind, konnten sie über die Anwerbestelle in Istanbul als GastarbeiterInnen nach Österreich bzw. Tirol gelangen.

> *„In dem Bereich, in dem ich gearbeitet habe, waren die Türken häufiger anzutreffen. Meiner Einschätzung nach lag der Anteil bei 60 zu 40 Prozent. Es gab keine Textilfirma in Kurdistan, also waren sehr wenige Textilarbeiter unter uns. Sehr wenige Kurden die Textilarbeiter waren haben diese Tätigkeit in den Städten westlich der Türkei gelernt. Auch die Alphabetisierungsrate der Türken war höher."[12]*

Nicht nur die KurdInnen hatten meist einen ruralen und landwirtschaftlich geprägten Hintergrund, sondern allgemein die meisten der frühen GastarbeiterInnen aus der Türkei, unabhängig von ihrer Ethnizität. Viele waren aus ihren Dörfern nach Istanbul oder anderen Großstädten wie Ankara oder Izmir gezogen und erst von dort aus nach Tirol emigriert.

> *„Ich kann zwar keine genauen Zahlen nennen und die Behörden haben zwischen Kurden und Türken nicht unterschieden aber die Kurden haben meistens keinen Beruf gehabt, darum hatten Textil- und Bergwerk- Arbeiter aus Istanbul, Bursa und Zonguldak Vorteile, weil die Berufe erlernt (meistens angelernt) haben. Ab Mitte der siebziger Jahre wurde weniger nach Beruf geschaut."[13]*

Der Anwerbeprozess durch die österreichische Kommission wurde von den meisten GastarbeiterInnen als erniedrigend und menschenunwürdig empfunden. Vor allem die

---

10 z.B. Gümüşoğlu et al. 2009.
11 IP 1 InformantInnen mit kurd. Hintergrund am 10.03.2021.
12 IP 1 InformantInnen mit kurd. Hintergrund am 10.03.2021.
13 IP 1 InformantInnen mit kurd. Hintergrund am 10.03.2021.

Gesundheitsuntersuchung in Istanbul tat vielen GastarbeiterInnen emotional weh, wie in den Interviews eindringlich geschildert wird:

> *„Bevor wir kamen mussten wir zum Gesundheitsuntersuchung. Das habe ich nicht mal bei der Besuch des Militärs in der Türkei erlebt. Wir mussten sogar unsere Unterwäsche auszziehen. Die haben sogar unsere Zähne wie die Pferde im Vieh Markt angeschaut. Wenn ich das vorher gewusst hätte wäre ich eventuelle gar nicht nach Österreich gekommen."*[14]

Die ersten Jahre in Tirol

Die ersten Gastarbeiter mit kurdischen Wurzeln waren in der Regel junge Männer. Viele konnten sich nach Verlassen ihrer Dörfer nicht vorstellen, dauerhaft von ihrer Heimat fernzubleiben. Die Auswanderung war in ihrer Lebensplanung ein zeitlich begrenztes Unternehmen:

> *„Die meisten von uns hatten ein klassisches Vorhaben, denn wir wollten 3 bis 5 Jahre arbeiten und dann wieder zurückkehren. Wir wollten Geld sparen und Haus kaufen oder Geld für einen Traktor sparen oder Ablöse Summe (başlık parası) für das Heiraten..."*[15]

Die meisten hatten ursprünglich vor, etwas Geld zu sparen, um ihre Häuser in den Dörfern zu renovieren. Manche wollten, wie die interviewte Person Geld für Investitionen in die eigene Landwirtschaft sparen, um später in Kurdistan weiterhin in der Landwirtschaft tätig zu sein, oder manche planten, einige Tiere zu kaufen und Viehzucht zu betreiben. Diese Lebensplanung ist in der Migrationsforschung vielfach dokumentiert:

> *„Like the Turks a century later, the migration initially consisted of young men who assumed that their stay was temporary and who hoped to return soon to the East with the money they saved. As not only wages but also prices were much higher in the West they tried to live as sober as possible and initially made few attempts to settle permanently. Women and children stayed in the agricultural East, working the land and waiting for the men to return."*[16]

Viele junge Männer waren ledig und wollten ursprünglich Geld sparen, um heiraten und eigene Familien gründen zu können. Bis in die 1980er Jahre mussten Männer an die Eltern der Frauen, die sie heiraten wollten, eine für ihre wirtschaftlichen Verhältnisse hohe Mitgift bezahlen. Die Mitgift war für viele kurdische Bauern, die kein Land besaßen, nicht leistbar und eine Hochzeit stellte für viele Männer finanziell eine fast unüberwindbare Herausforderung dar. Doch es kam für die meisten GastarbeiterInnen anders als sie es erwartet hatten: sie blieben nicht temporär, sondern:

> *„Both migrations started as male dominated and were meant to be temporary, whereas in both cases, most of the migrants were followed by family members and stayed for good."*[17]

Nachdem die ersten GastarbeiterInnen aus der Türkei in Österreich angekommen waren, konnte sich parallel zur österreichischen Kommission rasch eine Selbstanwerbeordnung etablieren. GastarbeiterInnen, die schon in österreichischen Betrieben tätig waren, warben in Kooperation mit dem Arbeitgeber Verwandte, Bekannte, Nachbarn etc. aus den Herkunftsländern an. In vielen Fällen kamen die Menschen erstmals über die Verwandten, die in Österreich schon tätig waren, als Touristen. Damals waren die Visabestimmungen für türkische StaatsbürgerInnen nicht so restriktiv wie sie es heute sind, was das Phänomen der Kettenmigration

14 IP 1 InformantInnen mit kurd. Hintergrund am 10.03.2021.
15 IP 1 InformantInnen mit kurd. Hintergrund am 10.03.2021
16 Lucassen 2006: 28.
17 Lucassen 2006: 28.

ermöglicht und gestärkt hat. Wenn man die Verteilung der in Österreich lebenden Menschen aus der Türkei oder Menschen mit einem türkisch-kurdischem Migrationshintergrund genauer betrachtet, kann man das Muster der Kettenmigration deutlich erkennen.

„Am Anfang wurden die Fachmänner die einen Beruf erlernt haben bevorzugt... nach den Siebzigern wurden junge Männer meist angeworben die alphabetisiert und Kräftig waren. Die Behörden haben immer weniger nach Fachkräften gesucht... nach dem es schwer wurde über Anwerbestelle nach Tirol zu kommen, haben die Menschen über ihre Bekannte und Verwandte nach Tirol gekommen.“[18] Zum Beispiel: Wien ist eine „Hochburg“ für Menschen aus den türkischen Provinzen Yozgat und Samsun. Ein ähnliches Muster der Kettenmigration ist auch in einigen Gemeinden in Tirol zu beobachten. In Kufstein leben sehr viele GastarbeiterInnen und ihre Nachfahren aus dem Bezirk Aybastı, eine nördliche Provinz Ordu in der Region Schwarzes Meer. In Wörgl und Umgebung leben viele kurdische AlevitInnen aus Erzincans Bezirken Refahiye und Tercan (Nordkurdistan), in Schwaz aus Trabzon/Of (Region Schwarzes Meer), in Fulpmes aus Usak/Esme (Region Ägäisches Meer), in Telfs KurdInnen aus Konya (Mittelanatolien) und in Reutte KurdInnen aus Aksaray (Mittelanatolien).

Kettenmigration ist eine häufige Form von Migration. „Das Phänomen der Kettenmigration wird erstmals von MacDonald und MacDonald definiert:

„Chain Migration can be defined as that movement in which prospective migrants learn of opportunities, are provided with transportation, and have initial accomodation and employment arranged by means of primary social relationships with previous migrants“[19]

Im Fall der KurdInnen war die Kettenmigration Folge der Art und Weise der Anwerbung von GastarbeiterInnen.

„Wenngleich eine Kategorisierung der Migranten/innen teilweise schwierig ist, da sich ökonomische und politische Motive mischen konnten, scheint ab dem Ende der 1970er Jahre die politische Situation in der Türkei zunehmend Menschen zur Auswanderung bewegt zu haben. Besonders trifft dies auf Kurden/innen zu, die ab diesem Zeitraum, oft in Form einer Kettenmigration, nach Österreich kamen.“[20]

In der Regel fängt die Kettenmigration mit einem/einer PioniereinwandererIn an. Der Pioniereinwanderer holt später den Ehepartner und die Kinder nach. Auf der anderen Seite informieren die Pioniereinwanderer die Verwandten und Bekannten in den Herkunftsländern, die auch Interesse an der Auswanderung zeigen. Somit können die neu ausgewanderten MigrantInnen von den Erfahrungen der Pioniereinwanderer profitieren. Viele erhalten Infos und Unterstützung für die Anreise, die Arbeits- und Wohnungssuche, die Sprache und für die Anpassung an die neue Umgebung.

„Dabei werden die sozialen Beziehungen aus der Herkunftsgesellschaft in der Einwanderungsgesellschaft fortgesetzt, verwandtschaftliche und nachbarschaftliche Beziehungen werden verpflanzt. Nicht selten erfolgt sogar der Aufbau von ethnischen Kolonien in Form von Geschwistergemeinden im Einreiseland.“[21]

Diese Form von „Anwerben von GastarbeiterInnen“ war auch für die Unternehmen attraktiv:

„Zum einen ersparte man sich die Kosten der Anwerbung (oder reduzierte sie zumindest), zum anderen konnte man über eigene Vermittler (professionelle Werber wie heimreisende, bereits von den Unternehmen beschäftigte Arbeiter/innen) eine gezielte Auswahl treffen.“[22]

---

18 IP 1 InformantInnen mit kurd. Hintergrund am 10.03.2021.
19 Haug 2000: 15.
20 Hahn/Stöger 2014: 40.
21 Haug 2000: 16.
22 Hahn/Stöger 2014: 23.

Die türkischen StaatsbürgerInnen konnten sich seit 1955 drei Monate lang in Österreich aufhalten, was die Voraussetzungen für Kettenmigration erleichterte. Somit konnten die meisten ohne Anwerbung nach Österreich reisen und sich auf die Jobsuche begeben oder in von PioniermigrantInnen organisierten Jobs arbeiten. Dadurch, dass zu dieser Zeit eine wirtschaftliche Hochkonjunktur herrschte, konnte man relativ einfach ein Visum und eine Beschäftigungsbewilligung beantragen. Die MigrantInnen konnten dadurch die langen Wartezeiten an den Anwerbestellen umgehen.

Durch die Kettenmigration stieg die Zahl der kurdischen GastarbeiterInnen in Tirol. Viele der Neuankömmlinge waren im Vergleich zu den Pioniereinwanderern, die meistens aus Istanbul nach Tirol eingewandert waren, aus den kurdischen Dörfern direkt nach Tirol gekommen und dementsprechend war die Umgebung für sie etwas fremder.

> *„Die Frage der räumlichen Herkunft ist ebenso vage zu beantworten: Zum Beginn der 1980er Jahre durchgeführte Befragungen von türkischen Zuwanderern deuteten auf ein „West-Ost Gefälle" hin, d.h. die Migranten/innen stammten eher aus westlichen Teilen der Türkei. Wenngleich eine ländliche Herkunft dominiert (jedoch nicht so stark wie bei jugoslawischen Zuwanderern), kamen viele aus Städten oder vom Land über die Stadt nach Österreich."[23]*

In den ersten Jahren sahen die Arbeitsbedingungen für die GastarbeiterInnen nicht attraktiv aus. Die meisten waren in den Klein- und Mittelbetrieben tätig. Für die GastarbeiterInnen aus der Türkei/Kurdistan war der Zugang zur Großindustrie, in der höhere und attraktivere Löhne bezahlt wurden, bis in den 90er Jahren weniger leicht zugänglich. Insbesondere in Tirol, wo es eine relativ begrenzte Anzahl von großen industriellen Betrieben gab, waren für viele MigrantInnen die Bereiche Tourismus/Gastronomie und Textil leichter zugänglich. Die Arbeitszeiten waren meistens nicht klar definiert, und die Freizeit war begrenzt.

> *„Dass der Einsatz von Arbeitsmigranten/innen in derartigen Bereichen zu einer „Unterschichtung des inländischen Arbeitskräftepotentials" führte, die längerfristig in einer „ethnische[n] Segmentierung" am Arbeitsmarkt resultierte, ist – wenngleich genauere Untersuchungen dazu fehlen – anzunehmen."[24]*

Die GastarbeiterInnen waren durch ihre Arbeitsbewilligung an einen Betrieb gebunden und konnten ihre Arbeitsstelle selten wechseln. EhepartnerInnen die durch Familienzuzug nach Tirol kamen durften die ersten fünf Jahre nicht arbeiten. *„Die Frauen durften 5 Jahre nicht arbeiten. Es war verboten."[25]* Die Beschäftigungsregelungen für GastarbeiterInnen waren relativ restriktiv. Zum Beispiel waren die Beschäftigungsbewilligungen auf ein Jahr begrenzt und die Gewährung eines Befreiungsscheins, der den GastarbeiterInnen freien Zugang zum österreichischen Arbeitsmarkt ermöglichte, konnte man erst nach dem man 10 Jahre mit der Arbeitsbewilligung beschäftigt war, beantragen.

Als die GastarbeiterInnen nach Österreich und Tirol kamen, hatten viele, wie schon erwähnt, nicht vorgehabt, sich auf Dauer in Tirol niederzulassen. Die meisten dachten, ihr Aufenthalt wäre temporär. Nicht nur die MigrantInnen gingen von einem temporären Aufenthalt aus, sondern auch die österreichische Politik, Betriebe und die Behörden. Daher waren die Arbeitsbewilligungen oft auf ein Jahr begrenzt und dementsprechend restriktiv. Der Zugang zum

---

23 Hahn/Stöger 2014: 24.
24 Hahn/Stöger 2014: 25.
25 IP 1 InformantInnen mit kurd. Hintergrund am 10.03.2021.

Arbeitsmarkt für die GastarbeiterInnen war nicht vom Staat, sondern durch die Sozialpartner reguliert. Der Staat übernahm weitgehend nur eine Kontrollfunktion.

> *„Diese Lösung bot dem österreichischen politischen System mehrere Vorteile: Kosten konnten niedrig gehalten werden, bei Nicht Funktionieren resp. Kritik war die Verwaltung nicht betroffen und schließlich musste kein Entscheidungsfindungsprozess über das Parlament erfolgen."*[26]

Durch die Beschränkung der Verträge auf ein Jahr bewegte man sich für die Verlängerung der Verträge und Bewilligungen auf einer unsicheren Basis. Dementsprechend konnte man schwer einen längeren Aufenthalt planen. *„Insgesamt bestimmte dieser Status des Temporären jedoch die Selbst- wie Fremdwahrnehmung (vgl. unten), zudem Integrations- und Partizipationsmöglichkeiten."*[27] Dadurch, dass alle Beteiligten sich auf einen vorübergehenden Aufenthalt eingestellt hatten, hielten weder die MigrantInnen noch die österreichischen Behörden und Politik Integrationsmaßnahmen, wie zum Beispiel das Erlernen der Sprache, Kultur, Umgebung etc., für notwendig. Ein anderer Grund, der Integration erschwert hatte, war, dass der Bildungsgrad der MigrantInnen nicht hoch war. Wie schon erwähnt, waren viele GastarbeiterInnen AnalphabetInnen oder konnten im Herkunftsland nur Grundschule bzw. 5 Jahre Volksschule besuchen. Die Kombination und gegenseitige Wechselwirkung der oben genannten Gründe hat für jahrzehntelange Fehlentwicklung in der Integrationsdebatte gesorgt, die teils noch immer die aktuellen Diskussionen über Migration und Integration bestimmen.

Die Wohnsituation der ersten kurdischen GastarbeiterInnen

In der Regel stellten die Unternehmen Unterkünfte für die GastarbeiterInnen zur Verfügung. Die Gasthäuser und Hotels hatten ihre eigenen Zimmer für Personal. Bau- und Textilfirmen konnten auch Unterkünfte in Form von Wohnheimen anbieten. In seltenen Fällen mieteten Betriebe, die keine unternehmenseigenen Unterkünfte anbieten konnten, private Unterkünfte an. Die Unterkünfte waren keine Luxuszimmer, sondern eher dem Bereich des Substandard zuzuordnen. Obwohl die Wohnsituation relativ einfach war, konnten anfänglich viele alleinstehende Männer und zum Teil Paare die ersten Jahre in den Unterkünften wohnen. Die Enttäuschung über die Wohnsituation war groß. *„Man hat uns in ein altes Gebäude geführt, lauter Türken wohnten dort, Familien, ledige Männer, Frauen. [Es war...] ... grausam, entsetzlich"*, so eine 1971 nach Vorarlberg gekommene Frau.[28] Die Situation in Tirol und anderen Bundesländern war grundsätzlich nicht anders als in Vorarlberg. Viele, die in Industriesektoren arbeiteten, wohnten in 4- bis 8-Bettzimmern und die Wohnheime oder die Zimmer waren meistens ethnisch aufgeteilt. Aufgrund der Staatsangehörigkeit und gemeinsamen Amtssprache wohnten die kurdischen GastarbeiterInnen mit den TürkInnen zusammen. *„es gab ganz selten gemischte Heime mit den anderen Nationalitäten."*[29]

Dadurch, dass die meisten von einem temporären Aufenthalt ausgingen, wurde sehr selten nach individuellen Wohnmöglichkeiten gesucht. Erst Ende der 1970er Jahre konnten viele

---

26 Hahn/Stöger 2014: 27.
27 Hahn/Stöger 2014: 28.
28 Hahn/Stöger 2014: 29.
29 IP 1 InformantInnen mit kurd. Hintergrund am 10.03.2021.

GastarbeiterInnen feststellen, dass ihr Aufenthalt doch länger dauern würde, als sie ursprünglich geplant hatten. Darum begannen die ersten, ihre EhepartnerInnen nach Tirol zu holen. Das hatte zur Folge, dass verstärkt nach individuellen Wohnmöglichkeiten gesucht wurde. GastarbeiterInnen, die Kinder hatten konnten anfangs nur die EhepartnerInnen, nicht aber die Kinder nach Österreich bringen und das hauptsächlich aus zwei Gründen: erstens war der Verdienst nicht ausreichend für eine größere Wohnung. *„Mein erstes Gehalt als Textilarbeiter betrug 680 Schilling, erreichte dann später durch Nachtarbeitszulage etc. rund 1000 Schilling"*[30] Zweitens war es schwer, eine leistbare und kindertaugliche Wohnung zu finden. Darum brachten die meisten Familien ihre Kinder bei den Großeltern oder anderen Verwandten in der Türkei/Kurdistan unter. *„Sie fingen an, zuerst ihre Ehefrauen zu bringen. Davor hatte niemand einen Gedanken daran, seine Kinder hierher zu bringen"*[31]

Das im Rahmen dieses Beitrags interviewte Ehepaar beschreibt diese Phase, in der die GastarbeiterInnen sich auf die Suche nach einer Wohnung begeben haben, folgendermaßen:

> *„Nach 1978 begannen wir, die Wohnheime zu verlassen. Wir waren unzufrieden mit dem Zimmer und als die Ehefrauen kamen war es nicht möglich, dass drei Männer mit eine Frau in einem Zimmer zu leben, also wurde die Suche nach einem Wohnung begonnen. Aber diese Wohnungen waren meist verlassen, wirklich Wohnungen mit niedrigem Standard. Die glücklichen waren diejenigen, die ein Zweizimmerwohnung bei einer älteren Familie finden konnten. Sie lebten in „luxuriösen" Häusern. Wir anderen bekamen Häuser, in denen niemand lebte. Die Vermieter nahmen uns nicht ohne weiteres auf. Sie wollten keine Wohnungen an uns geben, weil sie uns nicht kannten und wir Fremde waren. Aber wenn es alt und am Rande der Zerstörung war, konnten wir nur mit der Logik des Profits ein Haus finden den sonst kein einheimischer da wohnen würde. Mit der Zeit nahmen wir die leerstehenden und verlassenen Gebäuden und machten sie zu unseren eigenen Wohnheimen. Ich kann mich noch sehr gut erinnern, dass die alten Ställe in den Dörfern in Wohnhäuser umgewandelt wurden."*[32]

Die Wohnverhältnisse waren angefangen von den Unterkünften die von Arbeitgebern zur Verfügung gestellt wurden bis hin zur privaten Vermietung, sehr primitiv. Sehnsucht nach ihren Kindern, Eltern, Familie ist ein zentrales Thema in den Erinnerungen an diese Zeit. Die schlechte Wohnsituation hat offensichtlich das Heimweh verstärkt.

Die Freizeitgestaltungsmöglichkeiten waren in der Anfangszeit sehr begrenzt. Es gab bis zum Ende der 1970er Jahre kaum von den GastarbeiterInnen begründete Vereine, Teehäuser, Glaubensgemeinschaften oder Gebetshäuser.

> *„Die Freizeit war infolge der Arbeitstätigkeit (verbreiteter Schichtbetrieb) stark begrenzt, zudem durch die Wohnsituation einschränkt. Speziell in ländlichen Räumen und in Kleinstädten waren Freizeitmöglichkeiten für türkische Migranten/innen in den 1960er und frühen 1970er Jahren noch selten"*[33]

In den vielen Tiroler Lokalen wie Gasthäusern, Cafés etc. fühlten sich die GastarbeiterInnen nicht wohl, außerdem war ihre finanzielle Lage so prekär, dass es sich die meisten nicht leisten konnten, regelmäßig in der Gastronomie zu konsumieren. Die TirolerInnen und die WirtInnen in den Lokalen definierten die GastarbeiterInnen nicht als ihre Zielgruppe. Die Diskriminierung war direkt oder indirekt deutlich spürbar.

---

30 IP 1 InformantInnen mit kurd. Hintergrund am 10.03.2021.
31 IP 1 InformantInnen mit kurd. Hintergrund am 10.03.2021.
32 IP 1 InformantInnen mit kurd. Hintergrund am 10.03.2021.
33 Hahn/Stöger 2014: 29.

Nicht nur für die kurdischen GastarbeiterInnen, sondern für die meisten GastarbeiterInnen aus der Türkei bildeten die Bahnhöfe Haupttreffpunkte. Der Hauptbahnhof Innsbruck erfüllte die Funktion des Hauptplatzes in den kurdischen Dörfern und diente als Treffpunkt. Viele Verwandte und FreundInnen, die in den umliegenden Dörfern und Gemeinden lebten und arbeiteten, trafen sich häufig am Innsbrucker Bahnhof. In den anderen Bezirken wie Schwaz, Kufstein etc. war es nicht anders. Viele Menschen besuchten sich auch in den Wohnheimen oder später in den Wohnungen. Diese Tendenz stieg besonders an, nachdem die GastarbeiterInnen die EhepartnerInnen vom Herkunftsland nach Tirol geholt hatten. Um die Kommunikation untereinander zu stärken und die eigene Isolation zu durchbrechen, trafen sich viele Familien in den Wohnungen.

„Sie kamen zusammen, um das Übersetzungsproblem zu lösen. Die ersten Treffpunkte waren die Bahnhöfe. Wenn man in Innsbruck Bahnhof war, sah man an jeder Ecke ein paar Leute. Davor waren Familienbesuche üblich"[34]

Vereine und Organisationen

Nachdem die Bahnhöfe die Bedürfnisse der GastarbeiterInnen nicht nachhaltig erfüllen konnten, entstanden die ersten Kaffee- und Teehäuser. *„Ganz am Anfang wurden die Kaffeehäuser eröffnet. Es gab fast in jedem Bezirk Kaffeehäuser."*[35] Die Kaffeehäuser waren zwar gut geeignet, um soziale Kontakte zu knüpfen, aber konnten trotzdem viele Bedürfnisse nicht zufriedenstellend erfüllen. Ganz besonders stellten die Kaffeehäuser für Frauen keine Option zur Freizeitgestaltung dar. Außerdem konnten gläubigen Muslime nicht in diesen Lokalen beten. Viele kurdischen MigrantInnen waren keine sunnitischen Muslime. Vor allem die AlevitInnen standen sehr distanziert den sunnitischen Glaubensgemeinschaften gegenüber. Die Gründung der Vereine war sozusagen der nächste logische Schritt. Die Integration der GastarbeiterInnen stand noch nicht zur Debatte. Angefangen von den 1960er Jahren bis in die erste Hälfte der 1970er Jahre gab es von allen Beteiligten kaum Bemühungen, die Integration der GastarbeiterInnen voranzutreiben.

„Eine wichtige Rolle hätten in diesem Zusammenhang die Arbeitnehmervertretungen einnehmen können. Vonseiten der Gewerkschaften blieb das Engagement aber begrenzt, die ambivalente, teils auch ablehnende Haltung gegenüber ausländischen Arbeitskräften trat vielfach deutlich zutage. Das grundlegende „Dilemma" der Gewerkschaften lag in einem Interessenkonflikt zwischen dem Vertretungsanspruch gegenüber dem Kernklientel (werktätigen Inländern) und einer Solidarität mit allen Arbeitnehmern, also auch mit Arbeitsmigranten/innen, besonders aus der internationalistischen Grundhaltung der gewerkschaftlichen Organisationen heraus."[36]

Politik, Wirtschaft und die ArbeitnehmerInnenvertretungen sahen keinen Bedarf an Integrationsmaßnahmen. MigrantInnen, die ihre EhepartnerInnen und Kinder nach Tirol geholt hatten, oder deren Kinder in Tirol das Licht der Welt erblickt hatten, hatten Bedarf an DolmetscherInnen, um zum Beispiel ihre in Tirol auf die Welt gekommenen Kinder bei den türkischen und österreichischen Behörden anzumelden, oder um Job- und Wohnungssuche effektiver zu gestalten. Die sprachlichen Barrieren erschwerten die Kommunikation mit den Behörden. Auch diese Probleme sollten durch die Gründung von Vereinen gelöst werden.

---

34 IP 1 InformantInnen mit kurd. Hintergrund am 10.03.2021.
35 IP 1 InformantInnen mit kurd. Hintergrund am 10.03.2021.
36 Hahn/Stöger 2014 30.

> *„Ein Verein wurde im Jahr 1976-77 vor meiner Zeit als Aktivist in Tirol gegründet. Das waren Vereine, die gegründet wurden, um die Sprach- und ähnliche Probleme der Menschen zu lösen... Die Vereine, die anfangs gegründet wurden, dienten nicht zu politischen Zwecken. Die Menschen kamen zusammen, um ihre Bedürfnisse zu befriedigen, um eine Wohnung zu finden oder um ihre bürokratische Probleme zu lösen. Sie kamen zusammen, um das Übersetzungsproblem zu lösen."[37] Die ersten Vereine der GastarbeiterInnen wurden von TürkInnen und KurdInnen gleichermaßen besucht. Alle Menschen aus der Türkei unabhängig von ihrer Ethnizität versuchten solidarisch miteinander umzugehen. Die Bedürfnisse waren in der Regel dieselben. „Am Anfang gab es keinen Unterschied zwischen Türken und Kurden. Denn die Bedürfnisse waren gemeinsam. Der Grund für die Trennung zwischen Türken und Kurden ist weder die Türken noch Kurden. Wenn wir das nicht sehen, werden wir getäuscht."[38] Das hat sich mit der Zeit aus unterschiedlichen Gründen verändert. Das Ehepaar schildert die Phase der Gründung des ersten Vereines folgendermaßen: „Dann begann langsam die Politisierung und der türkische Staat begann, die Türken als Gegenpol abzugrenzen. In Deutschland war es etwas anders als in Österreich, denn in Deutschland gab es eine studentische Bevölkerung. Gegen Ende der 1976 wurde in Tirol, eine Arbeiterunion gegründet. Sie hatte schätzungsweise 70-80 Mitglieder. Sie löste sich sehr schnell auf. Sie hatten kein gutes Bewusstsein und hatten noch nicht begriffen, wie man sich organisiert. Unsere bäuerliche Herkunft entwickelte den Regionalismus. Viele begannen nicht nach Bedürfnissen der Mitglieder zu agieren, sondern es ging mehr um eigene Position."[39]*

Erste Versuche„ Vereine zu gründen scheiterten, daraufhin begannen viele GastarbeiterInnen sich für die Gründung neuer Vereine zu engagieren, die nicht nur auf die sprachlichen, sozialen und bürokratischen Probleme der GastarbeiterInnen fokussierten, sondern sich auch mit den demokratiepolitischen, arbeitsrechtlichen und menschenrechtlichen Themen und Fragen beschäftigten. Neue Vereine sollte auch sportlichen, kulturellen und sozialen Zwecke dienen und Bedürfnisse in dieser Hinsicht befriedigen.

> *„Wir haben angefangen zu lernen, zum Kampf für die Demokratie beizutragen und dass wir auch Menschen sind. Wir haben begonnen, unsere Rechte zu verteidigen und solidarisch mit den Menschen die von ihren Jobs gekündigt wurden, zu handeln"[40].*

Die kurdischen AlevitInnen, die die Mehrheit unter den kurdischen GastarbeiterInnen in Tirol bilden[41], sind in ihrem Ursprungsland die Minderheit. Die AlevitInnnen praktizieren wenige sunnitische Traditionen und werden, obwohl eindeutige Zuordnungen oft schwer möglich sind, in der Regel von Sunniten und Schiiten nicht als Muslime wahrgenommen.

> *„Die Gruppe der Aleviten, der etwa ein Fünftel der in Deutschland lebenden Türken angehört, unterhält keine Moscheen, da die Aleviten („Ali-Anhänger") weder das fünfmalige Gebet noch die anderen Riten der šarı'a praktizieren. Da sie zudem Alkohol trinken und Schweinefleisch essen, werden sie von Sunniten und Schiiten gar nicht dem Islam zugerechnet"[42]*

Dadurch, dass viele KurdInnen, die nach Tirol immigriert sind, sowohl eine ethnische als auch eine religiöse Minderheit waren, waren sie zwingend auch eine politische Minderheit. Im Spektrum der Vereinsorganisationen sind die linken Strukturen dominanter, obwohl zahlreiche politisch konservativ eingestellte KurdInnen in Tirol leben. Darum ist es wichtig und notwendig, um die Organisationsstrukturen der KurdInnen in Europa bzw. in Tirol zu verstehen, die politisch linken Traditionen, die unter den KurdInnen in Europa stark vertreten sind, genauer zu betrachten. Es ist relativ schwer sich ein Bild der kurdischen Vereinsstrukturen in Tirol oder

---

37 IP 1 InformantInnen mit kurd. Hintergrund am 10.03.2021.
38 IP 1 InformantInnen mit kurd. Hintergrund am 10.03.2021.
39 IP 1 InformantInnen mit kurd. Hintergrund am 10.03.2021.
40 IP 1 InformantInnen mit kurd. Hintergrund am 10.03.2021.
41 Vgl. Gümüşoğlu et al. 2009.
42 Halm 2000: 90.

generell in Europa zu machen, ohne die Geschichte der 1968er Bewegung in der Türkei mit einzubeziehen. Der nächste Abschnitt gibt einen Überblick über diese Bewegungen.

Linke politische Bewegungen in der Türkei

Wie in vielen Ländern, fand die 1968er Bewegung auch unter den Studierenden in der Türkei Anklang und Widerhall. In der Folge der Welle der weltweiten Studierendenproteste konnten in der Türkei neomarxistische Bewegungen und linksextreme Organisationen entstehen. Die neu entstandenen Bewegungen fanden insbesondere unter den kurdischen Studierenden großen Zuspruch. Im Vergleich zu den rechten Parteien und Bewegungen, die generell abgeneigt waren, den Minderheiten ein attraktives Angebot zu machen, konnten die Linken, die mehr Rechte für die Minderheiten versprachen, häufig marginalisierte Minderheiten besser ansprechen. Daher ist es nicht verwunderlich, dass die KurdInnen als Minderheit die linken Strukturen für attraktiver hielten.

Aus der 1968er Bewegung in der Türkei entstanden drei politische Traditionen. Die von Deniz Gezmiş gegründete Volksbefreiungsarmee der Türkei THKO (*Türkiye Halk Kurtuluş Ordusu*) war einer der ersten Versuche im bewaffneten Kampf durch von der türkischen Demokratie enttäuschte Studierende. Deniz Gezmiş war einer der populärsten Studierendenführer unter der 1968er-Bewegung in der Türkei. Die THKO wurde im Jahr 1970 gegründet. Ziel der THKO war es, die Unabhängigkeit der Türkei von den westlichen Mächten und insbesondere gegenüber den USA zu erlangen. Die Organisation trat, um dieses Ziel zu erreichen, für eine Nationaldemokratische Revolution (*Milli demokratik devrim*) ein. Die Gründungs-Mitglieder Deniz Gezmiş, Yusuf Aslan und Hüseyin Inan wurden nach dem Militärputsch 1971 zum Tode verurteilt und die Todesurteile wurden am 6. Mai 1972 durch Hängen vollstreckt. Deniz Gezmiş und die THKO standen noch stark unter dem Einfluss des Kemalismus, was von der kurdischen Linken stark kritisiert wurde. Die Föderation der demokratischen ArbeiterInnen-Vereine DIDF (*Demokratik Işçi Dernekleri Federasyonu*) wurde in Österreich von den SympathisantInnen bzw. von den GastarbeiterInnen, die Deniz Gezmiş' Ideen nahe standen, gegründet und organisiert.

Als zweite politisch linke Tradition gilt die unter Mahir Çayans Führung gegründete türkische Volksbefreiungspartei - Front THKP-C (*Türkiye Halk Kurtuluş Partisi - Cephesi*). Mahir Çayan war ebenso wie Deniz Gezmiş auch einer der populärsten Studierendenführer der 1968er Bewegung. Mahir Çayan und die THKP-C vertraten im Vergleich zur THKO radikalere Ideen. Çayan vertrat die Ansicht, dass die Türkei neokolonial geführt sei, und nur durch eine bewaffnete Revolution ihre Unabhängigkeit erlangen könne. Çayan bevorzugte das kubanische bzw. lateinamerikanische Revolutionsmodell (Fokusmodell). Er war nicht für eine nationaldemokratische Revolution, sondern entwickelte die künstliche Balance-Theorie (*suni denge teorisi*). Çayan starb am 30. März 1972 mit 9 seiner Weggefährten in einem Schusswechsel mit den Sicherheitskräften. Nach seinem Tod wurde die THKP-C quasi aufgelöst, aber seine AnhängerInnen gründeten die Partei Revolutionärer Weg (*Devrimci Yol*), der sich bis zum Putsch im Jahr 1980 in der Türkei zur stärksten linksradikalen Kraft entwickeln konnte. In den 70er Jahren und später Anfang der 80er Jahre waren Çayans Ideen des Revolutionären Wegs unter den linken

GastarbeiterInnen sehr verbreitet. Auch viele kurdische GastarbeiterInnen haben mit Çayans Ideen sympathisiert. In Österreich steht die Anatolische Föderation Çayans politischer Tradition nahe.

Für Tirol war die dritte politisch linke Tradition aus der Türkei am relevantesten, denn viele kurdische AlevitInnen in Tirol konnten sich mit Ibrahim Kaypakkayas Ideen am besten identifizieren. Kaypakkaya und die von ihm gegründete Arbeiter-und-Bauern-Befreiungsarmee der Türkei TIKKO (*Türkiye Işçi Köylü Kurtuluş Ordusu*) und die Kommunistische Partei der Türkei – Marxistisch/Leninistisch TKP – ML (*Tükiye Komünist Partisi – Marksist/Leninist*) stellt die radikalste politische Linie unter den türkischen MarxistInnen in Europa und damit auch in Tirol dar, und wird unter den KurdInnen „*Partizan*" genannt. Kaypakkaya vertrat im Gegensatz zu Gezmiş und Çayan, Mao Tse-tungs Volkskriegstheorie und dementsprechend konnte er unter kurdischen BäuerInnen großen Einfluss gewinnen. Was Ibrahim Kaypakkaya so interessant für viele KurdInnen machte, war ohne Zweifel seine Einstellung zum Kemalismus, der die Staatsideologie in der Türkei bildete, sowie Kaypakkayas Perspektive zur KurdInnen-Frage in der Türkei. Kaypakkaya war einer von den ersten unter den türkischen Linken, der den Kemalismus als Faschismus bezeichnete. „*Kemalistische Diktatur, ist eine Scheindemokratie, in der Wirklichkeit militärisch-faschistische Diktatur*"[43] Selbst für viele MarxistInnen war es in den 70er Jahren schockierend den Kemalismus so offen und radikal anzugreifen,. Selbst Gezmiş und Çayan bewerteten den Kemalismus als progressiv. Es war sehr mutig, den Kemalismus anzugreifen. Kaypakkaya hatte auch bei einem weiteren Tabuthema, nämlich der KurdInnen-Frage, radikale Ansichten, die mit allen Normen und Standards in der Türkei brach. Kaypakkaya vertrat die Ansicht, dass die KurdInnen eine Nation bildeten und wie alle anderen Nationen Selbstbestimmungsrechte in Anspruch nehmen könnten. „*Die Kommunisten überlassen die Entscheidung, ob die kurdische Nation einen eigenen Staat gründen wird, vollständig und endgültig der kurdischen Nation.*"[44] Ein wichtiger Grund, warum Kaypakkaya unter den kurdischen AlevitInnen in Tirol besonders beliebt war, war, dass er den bewaffneten Kampf in Dersim begann. TIKKO konnte in Dersim und Umgebung, woher viele in Tirol lebende kurdische AlevitInnen stammen, großen Zuspruch gewinnen und neue KämpferInnen rekrutieren. Kaypakkaya wurde am 18. Mai 1973 vier Monate nach seiner Verhaftung durch Folter ermordet. Kaypakkaya wird immer noch von vielen KurdInnen als Held und Ikone gefeiert. ATIGF (*Avusturya Türkiyeli Işçi ve Gençlik Federasyonu*) Föderation der ArbeiterInnen und Jugendliche aus der Türkei in Österreich ist politisch Kaypakkaya bzw. der Tradition der TIKKO zuzuordnen.

Im Jahr 1978 wurde von Abdullah Öcalan die Arbeiterpartei Kurdistans (PKK) gegründet. Diese wurde nach dem Militärputsch in der Türkei von 1980 und der Aufnahme des bewaffneten Kampfs zur bekanntesten und einflussreichsten kurdischen Gruppierung.

Ersten Vereine in Tirol

In der zweiten Hälfte der 70er Jahre und danach in den 80er Jahren beschleunigte sich die Entwicklung der Organisationsstrukturen der GastarbeiterInnen zunehmend. Kaffee- und

---

43 Kayapakkaya 2004: 212.
44 Kayapakkaya 2004: 311.

Teehäuser, Vereine etc. wurden von GastarbeiterInnen gegründet bzw. eröffnet. Auch die ersten Geschäfte für Lebensmittelhandel und Kebabläden wurden in dieser Phase eröffnet. Es gab in den 1970ern auch noch keine Moscheenvereine in Tirol.

> *„In den 70er Jahren gab es nicht wirklich Moscheen in Tirol. In den 80er Jahren begannen sich Moscheen auszubreiten. Die Leute haben sich an den Feiertagen einen Saal gemietet und dort gebetet. Kurden gingen auch zu diesen Eidgebeten. Es gab sogar vereinzelte AlevitInnen die an den Gebeten teilgenommen haben."*[45]

Anfänglich waren in Österreich beinahe alle migrantischen Vereine und Moscheegründungen auf das Herkunftsland ausgerichtet. Die Tatsache, dass viele Menschen ihren Aufenthalt für temporär hielten und Aufenthaltsbewilligungen und Beschäftigungsverhältnisse meist auf ein bis zwei Jahre beschränkt waren, begünstigte den Umstand, dass man sich nach den bestehenden Strukturen im Herkunftsland ausrichtete. Die Vereine und Glaubenseinrichtungen nahmen mit der Zeit immer mehr an Zahl und Heterogenität zu. Als erster Verein wurde der „Bund der türkischen Arbeiter in Tirol" im Jahre 1978 in Innsbruck gegründet. Davor gab es Versuche, einen ArbeiterInnen-Verein zu gründen, aber keine dieser Bestrebungen bis 1978 konnte sich mittel- bis langfristig etablieren. Im „Bund der türkischen Arbeiter in Tirol" waren beinahe alle politischen, ethnischen und religiösen Gruppierungen aus der Türkei vertreten. Menschen aus verschieden Regionen und Provinzen aus der Türkei trafen sich in einem Sammelbecken, um ihre Probleme wie Sprache, sozialen Austausch, Wohnungssuche etc. zu lösen. *„Im „Bund der türkischen Arbeiter in Tirol" standen vorerst sportliche Aktivitäten, die Organisation von Kulturveranstaltungen und die gegenseitige Unterstützung im Vordergrund."*

Der „Bund der türkischen Arbeiter in Tirol" politisierte sich mit den politischen Entwicklungen in der Türkei. Die starke Politisierung des Vereins hat zur Spaltung der GastarbeiterInnen-Community aus der Türkei geführt. Die konservativen Gläubigen und rechtsnationalistischen Teile des Bunds traten rasch aus. Später gründeten sie eigene Gebetshäuser und Vereine. Die politischen Spannungen im Herkunftsland verstärkten die politischen Differenzen zwischen den GastarbeiterInnen immer mehr. Obwohl anfänglich die meisten KurdInnen und TürkInnen dafür waren, sich gemeinsam zu organisieren, nahmen vor allem nach dem Militärputsch im Jahr 1980 die Spannungen auch unter den GastarbeiterInnen zu, ausgelöst durch die türkische Behörde der religiösen Angelegenheiten (*Diyanet*) und die bewusst nationalistische Politik der türkischen Botschaft in Salzburg. KurdInnen und Linke aus der Türkei organisierten kurz nach dem Putsch eine Großdemonstration und einen Hungerstreik in Innsbruck, um die TirolerInnen auf die grausamen Geschehnisse in der Türkei aufmerksam zu machen.

Nachdem progressive Kräfte begonnen hatten die ersten linken Strukturen zu bilden, welche gleichzeitig stark anti-türkisch eingestellt waren, war es aus Sicht der *Diyanet* und der türkischen Botschaft unumgänglich, dagegen zu intervenieren und ihren Einflussbereich zu erweitern.

> *„Im religiösen Bereich wurden die staatsnahe „Türkisch-Islamische Union für kulturelle und soziale Zusammenarbeit in Österreich" (ATIB) und die islamistische „Islamische Föderation" („Millî Görüş") relevant, die beide ab den 1970er Jahren als Dachverbände migrantische Infrastrukturen aufbauten und betreuten."*[46] Das interviewte Ehepaar beschreibt seine diesbezüglichen Erfahrungen folgendermaßen: *„Die Organisation von Linken, Sozialdemokraten und Kommunisten begann den türkischen Staat zu stören. 1984 beschlagnahmte das Konsulat meinen Reisepass. Weil ich anfing,*

---

45 IP 1 InformantInnen mit kurd. Hintergrund am 10.03.2021.
46 Hahn/Stöger 2014: 43.

politisch aktiv zu arbeiten... Sie beschlagnahmten die Pässe von Dutzenden von Leuten wie mir. Weil wir anfingen, aktiv gegen den Militärputsch vom 12. September zu arbeiten. Die aktiven Arbeiter in der Gegend wurden notiert. Wir wurden angezeigt und dem Konsulat gemeldet. Als wir zum Konsulat gingen, um unseren Reisepass zu verlängern, wurde unsere Aussage aufgenommen... Mir wurde nahegelegt, dass ich mich in der Türkei stellen soll. Sie wollten, dass ich mich an der bulgarisch-türkischen Grenze ergebe. Ich habe noch diesbezügliche Dokumente aus dem Jahr 1984".[47] Die österreichischen Behörden haben dabei dem türkischen Konsulat in Salzburg geholfen in dem sie die Informationen über die AktivistInnen weitergegeben haben. „Aus einem Informationsfluss zwischen der Tiroler Sicherheitsdirektion und dem türkischen Generalkonsulat in Salzburg geht hervor, dass Daten von AktivistInnen an die türkische Vertretung weitergeleitet wurden. Folge des politischen Aktivismus war für viele, dass ihr türkische Reisepass nicht verlängert wurde und betroffene AktivistInnen deshalb gezwungen waren, einen Asylantrag in Österreich zu stellen."[48]

Nach dem Austritt der konservativ und nationalistisch orientierten Mitglieder wurde der „Bund türkischer ArbeiterInnen in Tirol" anfänglich von den SympathisantInnen des *Devrimci Yol* kontrolliert. „*Die verstärkte Politisierung des „Bundes der türkischen Arbeiter in Tirol" führte zu einem Austritt konservativer und rechtsnationalistischer Mitglieder, die jeweils ihre eigenen Vereine gründeten...*"[49] Es waren auch aus den Reihen der *THKO* und *TIKKO* AnhängerInnen aber die Mehrheit der Linken standen *Devrimci Yol* näher. *Devrimci Yol* war auch in der Türkei die stärkste Kraft unter den Linksradikalen. Viele KurdInnen sympathisierten mit *Devrimci Yol*. Durch die Gründung der Vereine entwickelten sich die politischen Debatten unter den verschiedenen Traditionen. „*Der ursprüngliche Verein orientierte sich an der Politik von Devrimci Isci (Revolutionäre Arbeiter), der europäischen Schwesterorganisation des Dev Yol, die Abspaltung Partizan folgte der Linie der TKP-ML.*"[50]

Eine der ersten Diskussionen innerhalb des „Bundes der ArbeiterInnen" entfachte sich in Bezug auf den Namen. Vor allem die kurdischen MigrantInnen, die Kaypakkayas Ideen nahestanden, begannen, die Bezeichnung *Türk* (türkisch) zu hinterfragen und forderten eine Änderung des Namens. Das interviewte Ehepaar, das seit Ende der 70er Jahre politisch aktiv war und jahrzehntelang in den Vorständen der verschiedenen Vereinen Tätigkeiten ausgeübt hatten, erzählen im Interview Folgendes:

> *„Als unser politisches Bewusstseinsniveau stieg, begannen politische Debatten. Wir vertraten die Ansicht, dass man die Definition türkisch im Vereinsnamen mit der Bezeichnung aus der Türkei ersetzen sollten, und wir fragten, warum nur türkisch? Wir haben gesagt, dass Sie auf diese Weise die Kurden ignorieren und verwendeten später die Definition aus der Türkei."[51]*

Diese Diskussionen verursachten schlussendlich auch eine Spaltung unter den Linken. Die beiden politischen Traditionen spalteten sich auf und führten später zu zwei unterschiedlichen Vereinen in Tirol. Die SympathisantInnen der ATIGF in Tirol traten aus dieser Phase am stärksten hervor. *Devrimci Yol* verlor seinen Einfluss weitgehend. „*Der Innsbrucker Dev Yol erlebte in dieser Zeit eine Krise, da die Mutterorganisation in der Türkei durch das Regime weitgehend zerschlagen worden war."[52]*

Der Militärputsch im Jahr 1980 in der Türkei hatte nicht nur starken Einfluss auf die politische Organisation der Diaspora, sondern löste auch eine neue Migrationswelle aus. Diesmal kamen

---

47 IP 1 InformantInnen mit kurd. Hintergrund am 10.03.2021.
48 IP 1 InformantInnen mit kurd. Hintergrund am 10.03.2021.
49 Eren/Schnitzer 2015: 64.
50 Eren/Schnitzer 2015: 64.
51 IP 1 InformantInnen mit kurd. Hintergrund am 10.03.2021.
52 Eren/Schnitzer 2015: 66.

nicht nur GastarbeiterInnen, die gering qualifiziert waren und in der Türkei geringe Bildungs-
chancen hatten, sondern es flohen hauptsächlich Linke und Oppositionelle aus der Türkei.
Viele Intellektuelle, KünstlerInnen, PolitikerInnen mussten sich auf Grund der Unterdrückung, Folter und Massaker in Sicherheit bringen. Durch die politische Fluchtbewegung
konnte sich die Stimmung in den Vereinen schneller verändern. Unter den politischen Flüchtlingen waren zahlreiche KurdInnen, die von den marxistischen, leninistischen und maoisti-
schen Ideen fasziniert waren.

> *„...die politischen Immigranten, die hierher kamen, begannen das Bewusstsein der Arbeiter zu erhöhen. Damit wurde
> einen klareren Bewusstsein gebildet... sie sagten zu uns „Leute, ihr sagt, dass ihr wegen den wirtschaftlichen Gründen
> hierhergekommen seid, aber das ist nicht die Farbe des Geschäfts." Okay, ich bin aus wirtschaftlichen Gründen gekom-
> men, aber es gab auch einen politischen Grund dafür."[53]*

Effekte, die der Militärputsch in der Türkei auslöste, konnten sich unter den KurdInnen und
Linken zu einer Haltung gegen die Republik Türkei entwickeln.

In der Phase nach dem Putsch im Jahr 1980 trat die PKK, die erst 1978 gegründet worden
war, im Vergleich zu den vielen anderen Linken Organisationen stärker hervor. Vor allem in
Kurdistan konnte die PKK ab Mitte der 1980er Jahre viele KämpferInnen und SympathisantInnen für sich gewinnen bzw. rekrutieren. Der relativ rasche Aufstieg der PKK fand in den
1980ern auch unter den KurdInnen in Tirol seinen Widerhall: AnhängerInnen begannen, sich
in Innsbruck zu organisieren.

> *„Ab 1983 brachten die politischen Flüchtlinge, die keiner der bestehenden Organisationen angehörten, die Zeitungen
> der PKK nach Innsbruck. Einige der ehemaligen AnhängerInnen des Dev Yol begannen mit der Linie dieser Partei zu
> sympathisieren."[54]*

In den 1980ern transformierten sich die Erwartungen von vielen Menschen vom vorüberge-
henden Aufenthalt zum dauerhaften Aufenthalt. Die Kinder waren zum Teil in Tirol auf die
Welt gekommen und bereits im Pflichtschulalter. Der Putsch hat die Lage der Bauern und
Bäuerinnen verschlechtert.

> *„Anfang der 80er Jahren, wollte die Mehrheit der Menschen nicht mehr zurück und sie konnten es auch nicht. Viele
> haben begonnen, ihre Kinder mitzunehmen. Die Arbeitslosigkeit in der Türkei nahm zu und die dortige Ordnung gab
> niemandem Hoffnung. Sie haben den Status ihrer Verwandten, die in der Türkei lebten gesehen. Wir sahen, wie die
> Bauernschaft mehr und mehr verschwand. Lassen wir die Kurden, auch die Türken wollten nicht mehr zurück."[55]*

Auswirkungen des verfestigten Aufenthalts auf die Lebensumstände

Ab Mitte der 1980er wurde es immer klarer, dass die ursprüngliche Erwartung, nach einigen
Jahren in die Heimat zurückzukehren, keine Option mehr darstellte, bzw. zu einer auf einen
späteren Zeitpunkt verschobene Option geworden war. Es gab vereinzelt GastarbeiterInnen,
die tatsächlich nach ein paar Jahren zurückkehrten, aber die große Mehrheit akzeptierte, dass
man noch sehr lange in der Diaspora leben würde.

---

53 IP 1 InformantInnen mit kurd. Hintergrund am 10.03.2021.
54 Eren/Schnitzer 2015: 66.
55 IP 1 InformantInnen mit kurd. Hintergrund am 10.03.2021.

Dieser verfestigte Aufenthalt hatte starke Einflüsse auf Wohnsituation, Bildung der Kinder, vom Konsumverhalten bis hin zur Ausrichtung und Einstellung der Vereine.

In den 80er Jahren änderte sich allgemein für GastarbeiterInnen im beruflichen Kontext kaum etwas. Die meisten waren weiterhin im Sekundärbereich tätig und es waren kaum FacharbeiterInnen unter den KurdInnen anzutreffen. Sozialer Aufstieg kam durchaus vor, aber in der Gesamtheit waren die KurdInnen vorwiegend sogenannte *low-skilled* Arbeitskräfte.

> „*Türkische Migranten/innen verblieben jedoch in den 1970er und 80er Jahren mehrheitlich im sekundären Sektor. 1988 arbeiteten (gemäß Mikrozensus) 70% der in Österreich erwerbstätigen türkischen Staatsbürger im sekundären Sektor, bis ins Jahr 1993 hatte sich dieser Anteil kaum verringert. 191 Auch der dominierende Einsatz als Hilfs- oder Anlernarbeiter hatte sich nur wenig verändert. Bei einer repräsentativen, zu Beginn der 1980er Jahre durchgeführten Befragung waren nur 11,2% der befragten Türken/innen als Facharbeiter, 2,7% in „leitende[r] Position" und lediglich 0,4% als Angestellte tätig.*"[56]

Die MigrantInnen aus der Türkei/Kurdistan verblieben im Arbeitsmarkt auch in den 1980er Jahren überwiegend Hilfskräfte, eine Entwicklung, die auch die folgende Zusammenstellung abbildet:

---

56 Hahn/Stöger 2014: 37.

	1973	1973	1984	1984	1983/84*
	Absolut	% Gesamt-be-schäftigte	Absolut	% Gesamt-be-schäftigte	% der befrag-ten TürkInnen
Bauwirtschaft	64000	22,5	18300	7,6	15,4
Erzeugung und Verarbeitung von Metallen (inkl. Bergbau)	49500	11,6	20400	5,1	20,7
Erzeugung von Textilien	20200	27,4	8900	19,1	24,8
Fremdenverkehr und Gastronomie	17300	17,4	18400	13,8	-
Erzeugung von Be-kleidung und Schuhe	9700	12,3	3900	6,7	-
Erzeugung und Verarbeitung von Leder	2199	31,3	500	12,2	-
andere Industrie (inkl. Chemie	-	-	-	-	15
Kleingewerbe	-	-	-	-	10,6
„sonstige Dienst-leistungen"	20400	3	30200	3,7	11,8

Anmerkung: * = „Repräsentativerhebung" des Instituts für Höhere Studien.
Tabelle 1: Beschäftigung von ausländischen Arbeitskräften in ausgewählten Bereichen, 1973 und 1983/84[57]

> *„Die Arbeitsfelder für Arbeitsmigranten/innen veränderten sich insgesamt im Verlauf der 1970er Jahre relativ stark: In einzelnen Bereichen, wie der Bauwirtschaft und der Industrie, speziell in der Textil- und Metallindustrie – analog zu deren allgemeinem Bedeutungsverlust als Arbeitgeber – sank die Zahl der ausländischen Arbeitskräfte bis in die erste Hälfte der 1980er, im tertiären Sektor (Handel und Dienstleistungen) stieg sie hingegen an."*

Die Zahl der beschäftigten Frauen stieg in den 1980er Jahren im Vergleich zu den 1970er Jahren. Viele Frauen hatten die Hürde der 5 Jahre Beschäftigungsregelung überwunden und hatten damit Zugang zum Arbeitsmarkt. Das war für die meisten Frauen die erste Erfahrung mit bezahlter Erwerbstätigkeit, denn die meisten waren im Herkunftsland nicht beschäftigt bzw. nur in den Dörfern in der Landwirtschaft oder zu Hause unbezahlt tätig.

---

57 Hahn/Stöger 2014: 37.

> *„Nur eine Minderheit der türkischen Frauen, die als Arbeitsmigrantinnen nach Österreich kamen und von der – bereits zitierten – zu Beginn der 1980er Jahre entstandenen Erhebung erfasst wurden, war in ihrer Heimat bereits außerhäuslich erwerbstätig gewesen."[58]*

Auch die Frauen waren wie die Männer im industriellen Sektor beschäftigt. *„28,2% in der Textil- und 15,2% in der Metallindustrie, 17,4% im Kleingewerbe und 28,2% im Bereich der Dienstleistungen."[59]* Die erwerbstätigen Frauen waren von Kündigungen im Vergleich zu den österreichischen Frauen und migrantischen Männern stärker betroffen.

Mit dem Familiennachzug musste sich eine neue Gruppe von MigrantInnen in den Bildungssystemen und am Arbeitsmarkt etablieren und integriert werden, nämlich Kinder und Jugendliche, die meistens im Kleinkindalter nach Tirol kamen, oder die in Österreich auf die Welt kamen. Viele dieser in Österreich aufwachsenden Kinder und Jugendlichen hatten enorme Schwierigkeiten im österreichischen Bildungssystem und am Arbeitsmarkt: *„In der Volkszählung des Jahres 1981 schienen über 30 Prozent der unter-20jährigen Türken/innen als arbeitslos auf."[60]* Jugendliche, die zum Teil in Österreich aufgewachsen sind, wurden als vorübergehend in Österreich anwesende Arbeitskräfte eingestuft.

Zugang zu einer Lehrstelle und Berufsausbildung war mit großem Aufwand verbunden. Man benötigte eine eigene Erlaubnis oder Freigabe, wenn man als AusländerIn einen Beruf mit Lehrabschluss erlernen wollte. *„1976 gab es in Österreich erst 23, 1984 401 Lehrlinge mit türkischer Staatsbürgerschaft."[61]*

Die Schwierigkeiten der zweiten Generation am Arbeitsmarkt resultieren in Schwierigkeiten im Bildungssystem. Vor allem in den Schulen gab es besonders viele Sorgen und Nöte für die Kinder der MigrantInnen. Anfänglich fokussierten alle Beteiligten auf Schulpflicht und sprachliche Hürden.

> *„Förderunterricht in Deutsch wurde relativ früh, in manchen Bundesländern ab Anfang der 1970er Jahre, angeboten, weitere Lösungsvorschläge dieser Zeit sahen temporär getrennte Klassen vor (etwa der Schulversuch der „Bunten Klasse" in Salzburg ab 1973) und teilweise auch muttersprachlichen Zusatzunterricht, der aber meist im Kontext einer erwarteten „späteren Rückkehr" der Kinder stand."[62]*

Die meisten Eltern wünschten sich für ihre Kinder nach der Pflichtschule keine Berufstätigkeit, wie sie es selber hatten, sondern engagierten in der Regel sich für eine Lehre oder Hochschulausbildung.

> *„Die „Bildungsrealität" dieser Generation stand jedoch „in krassem Gegensatz zu den Bildungshoffnungen". Im Jahre 1982 erreichten nur 23% der türkischstämmigen Kinder die 9. Schulstufe.... Dazu kam ein überproportionaler Anteil von Kindern nicht österreichischer Herkunft in den Sonderschulen: 1982 besuchten 10% aller türkischen Pflichtschüler/innen Sonderschulen."[63]*

Die Eltern waren weitgehend ungebildet und mussten unter prekären Bedingungen arbeiten. Besonders die langen Arbeitszeiten machten die Kinderbetreuung schwer. Die Kinder der

---

58 Hahn/Stöger 2014: 38.
59 Hahn/Stöger 2014: 38.
60 Hahn/Stöger 2014: 38.
61 Hahn/Stöger 2014: 39.
62 Hahn/Stöger 2014: 42.
63 Hahn/Stöger 2014: 43.

zweiten Generation litten unter dieser komplexen Arbeitssituation ihrer Eltern stark. Teilweise konnten die Eltern aufgrund der Wohnungs- und Arbeitssituation ihre Kinder in Tirol nicht betreuen, und einige Kinder mussten in der Türkei bei den Großeltern oder anderen Verwandten aufwachsen.

Der Familiennachzug brachte somit Herausforderung mit sich, was die Lebenseinstellung und den Verlauf der Migrations- und Integrationsprozesse stark beeinflusste. Begründet durch die neue Situation des Wohnens und Arbeitens mussten sich viele GastarbeiterInnen reorientieren und eine neue Lebensplanung erstellen. Davon waren nicht nur die KurdInnen betroffen, sondern alle GastarbeiterInnen aus der Türkei und Kurdistan. Die politische Migration auf Grund des Militärputsches in der Türkei prägte jedoch die kurdische Community stärker als andere MigrantInnen in dieser Reorientierungsphase.

Diese neuen Herausforderungen spiegelten sich in den Vereinsstrukturen wider. Viele von kurdischen ArbeiterInnen dominierte linke Vereine begannen, ihre Strukturen zu festigen und sich nicht nur regional, sondern bundesweit zu organisieren. Bedingt durch die politische Migration und Umgestaltung des temporären Aufenthalts zur dauerhaften Niederlassung, erstarkte unter den linken Vereinen in Tirol die politische Linie Kayapkkayas mehr und mehr. Vereine wie DIDF und ATIGF begannen, die durch die neue Situation entstandenen Herausforderungen in ihren Aktivitäten mehr Raum zu geben.

Es gab vereinzelte KurdInnen, die die nationale Befreiung Kurdistans als politisches Ziel hatten. Es wurde der österreichisch-kurdische Solidaritätsverein oder *Ala Rizgari* (Fahne der Freiheit) gegründet, aber diese galten als Ein-Mann-Organisationen bzw. hatten eine sehr bescheidene Anzahl von SympathisantInnen. Nach dem Putsch verlor die Linie des *Devrimci Yol* ihre Dominanz unter den Linken sowohl in der Türkei als auch in Europa weitgehend. Kaypakkaya nahestehende politische Tradition hingegen begann, sich nicht nur nach den politischen und wirtschaftlichen Entwicklungen in Türkei/Kurdistan auszurichten, sondern sich auch stärker mit den Themen und Problemen der GastarbeiterInnen in Tirol und Österreich zu beschäftigen. Das Ehepaar, die damals eine der ersten ATIGF AktivistInnen waren, beschreibt diesen Prozess im Interview wie folgt:

> *„Ab 1979 waren wir komplett politisiert. Aber unser politisches Bewusstsein hat uns nach den 80er-Jahren auf die Straße gebracht. Ich hatte die Fußballmannschaft vom Bund der türkische Arbeiter in Tirol gegründet. Während wir vor 1980 eher sportliche, kulturelle und Aktivitäten gegen die Entlassungen der GastarbeiterInnen machten, wurde unsere Arbeit nach dem Militärputsch 1980 noch politischer. Dann begannen wir, über die Angemessenheit unsere Politik zu diskutieren. Diese Debatten brachten Differenzen und unterschiedliche Perspektiven mit sich. Das zwang uns mehr mit der Verteidigung der sozialen Rechte hier zu befassen, mit den Problemen, die sich aus der Ausländerproblematik ergaben. In diesem Prozess haben wir den Tiroler Kultur- und Sportverein gegründet. Wenn ich mich nicht täusche, war das Jahr 1983. Anfang der 1980er Jahre haben wir bereits als Koordinationskomitee der ATIGF gearbeitet. Wir waren in Kontakt mit ATIGF-Mitgliedern in anderen Bundesländern Österreichs. Das ATIGF- Koordinationskomitee überließ seinen Platz später der ATIGF als Föderation im Jahr 1986, wenn ich mich nicht irre. Ich schätze, dass 90 Prozent der ATIGF-Aktivisten kurdisch-alevitischer Abstammung waren. Das heißt nicht, dass es keine Türken gab. Türkische sozialistische und revolutionäre Menschen waren unter unseren Gründern.“* [64] *Das ATIGF Koordinationskomitee konnte in Tirol, Vorarlberg, Oberösterreich und Wien unter den KurdInnen Anklang finden. Das Koordinationskomitee vom ATIGF brachte in der ersten Hälfte der 80 er Jahre eine monatlich erscheinende Zeitschrift Namens Zafer [Triumph] in türkische Sprache heraus. Im „Zafer“ wurde viel über den Militärputsch in*

---

64 IP 1 InformantInnen mit kurd. Hintergrund am 10.03.2021.

der Türkei und seinen Folgen berichtet und die Ausländerfeindlichkeit in Österreich war damals eines der Dauerthemen der Zeitschrift.

Für die ATIGF und AktivistInnen von damals gilt der im Jahr 1987 organisierte „Lange Marsch" von Bregenz nach Wien als ein Meilenstein, was den Kampf für gleiche Rechte anbelangt.

„Zum ersten Mal in der Geschichte Österreichs wurde ein „Langer Marsch" von Bregenz nach Wien abgehalten. Ca. 30 Leute wurden in dieser einen Woche in verschiedenen Städten mit Unterstützungen und Interesse begrüßt. Überall waren Beispiele von der internationalen Solidarität zu sehen."[65]

Das Ehepaar schildert seine Erinnerungen diesbezüglich folgendermaßen:

„Wir haben österreichweit Forderungen gestellt. Dazu organisierten wir Demos, Konzerte, Infostände. Wir haben zum Beispiel einen langen Marsch organisiert. Wenn ich mich nicht täusche, war das im Jahr 1987. Wir sind von Vorarlberg gestartet und nach Wien marschiert. Unsere Hauptforderung war das aktives und passives Wahlrecht. Gleichzeitig wollten wir die Fremdenfeindlichkeit plakativ bekämpfen. Wir arbeiten in diesem Land, wir tragen zu diesem Land bei, wir zahlen unsere Steuern. Ausländische Arbeiter hatten sehr wenige Rechte. Wir versuchten zum Ausdruck zu bringen, dass diese Forderungen unsere Rechte sind. Die meisten Mitglieder der ATIGF waren Kurden. Daher war die Mehrheit der Teilnehmer Kurden. Als ATIGF vertraten wir die Ansicht, das was uns von den anderen Organisationen unterschiedete war, dass der nationale Befreiungskampf mit dem Kampf für die Demokratie eng zusammen gebunden sein sollte. Der lange Marsch dauerte etwa 10 Tage. Wir bekamen allgemein positives Feedback. Zu dieser Zeit waren die faschistischen Kräfte in Österreich noch nicht so organisiert wie heute. Wir haben von der österreichischen Bevölkerung keine negativen Reaktionen oder Aggressionen bekommen. Wie immer haben die Medien darauf geachtet, nicht zu viel zu berichten. Die großen Medien haben nicht viel darüber berichtet, mit Ausnahme einiger lokaler Medien und Medien des antifaschistischen Segments, zeigten nicht viele Aufmerksamkeit. Aber in einigen lokalen Zeitungen wurde darüber berichtet."[66]

In den 1980er Jahren kamen auch KurdInnen aus dem Irak nach Österreich, besonders nach dem Giftgasangriff des Regimes von Saddam Hussein auf die kurdische Zivilbevölkerung im Jahr 1988, der international für Aufregung gesorgt hatte. In Innsbruck wurden Demos und Aktionen von KurdInnen gegen das Vorgehen der Saddam Regierung in Irak organisiert. Viele kurdische Familien aus dem Irak ließen sich hauptsächlich in Wien und Graz nieder. Einzelne Familien kamen auch in die westösterreichischen Bundesländer Tirol und Vorarlberg, aber die Anzahl war zu gering, um einen eigenen Verein oder Organisationen zu gründen. Nach dem zweiten Golfkrieg im Jahr 1991 kamen einzelne Verwandte und Familien dazu, aber dennoch konnte daraus keine große Community entstehen. Einige der irakischen KurdInnen hatten anfänglich Kontakt mit den kurdischen AktivistInnen aus der Türkei, aber das diente in erster Linie dazu, die neu angekommenen Familien in Innsbruck zu unterstützen. Viele irakische KurdInnen vernetzten sich stärker mit ihren Communities in Wien und Graz.

Entgültige Verfestigung des Aufenthalts in Tirol

Zwischen 1987 und 1989 kamen viele türkische StaatsbürgerInnen nach Österreich, um einen Asylantrag zu stellen. Viele der Neuankömmlinge stellten Asylanträge auf Grund von wirtschaftlichen und familiären Gründen.

---

65 10 Jahre ATIGF: 8.
66 IP 1 InformantInnen mit kurd. Hintergrund am 10.03.2021.

„aber auch aus der Türkei wanderten fortlaufend Menschen zu. „Neue" türkische Migranten waren Asylwerber, die besonders seit 1987 (mit einem Höhepunkt im Jahre 1989 mit 3.200 Anträgen) bis zu Beginn der 1990er Jahre einen erheblichen Teil der türkischen Zuwanderer nach Österreich bildeten."[67]

Unter diesen KurdInnen war auch mein Vater der im Jahr 1988 nach Österreich bzw. Tirol kam. Die folgende Tabelle bietet einen Überblick über die Entwicklung der Bevölkerungsverhältnisse:

Jahr	TürkInnen	Gesamt	Prozent
1961	3	462899	0
1971	2226	540771	0,41
1981	6890	586663	1,17
1991	13652	631410	2,16
2001	16017	673504	2,38

Tabelle 2: In Tirol Wohnhafte TürkInnen 1961 bis 2001[68]

Zu Arbeitsmigration und Familiennachzug kamen Heiratsmigration und StudentInnen hinzu. Durch die Kinder, die in Tirol auf die Welt kamen, stieg die Zahl rasch. Auf der anderen Seite kehrten sehr wenige GastarbeiterInnen zurück. Einige wenige Menschen zogen im Pensionsalter zwar wieder in ihre Herkunftsprovinzen zurück, aber der Großteil der MigrantInnen blieben in Tirol. Vor allem der erreichte Lebensstandard und die Lebensqualität, das Familienleben und die Bildungssituation der Kinder sowie das Gesundheitssystem in Tirol begünstigte die Entscheidung, in Tirol zu bleiben relativ stark. Aus diesen Gründen stieg die Anzahl der Menschen aus der Türkei bzw. die Anzahl der KurdInnen in Tirol und Österreich deutlich.

In der zweiten Hälfte der 80er-Jahre konnten die ersten KurdInnen, die mindestens 10 Jahre in Tirol lebten, einen Antrag auf österreichische Staatsbürgerschaft stellen. Nicht nur die KurdInnen, sondern viele andere GastarbeiterInnen aus verschiedenen Ländern beantragten die österreichische Staatsbürgerschaft. Obwohl in den Jahren 1988 und 1989 nur eine Handvoll türkischer StaatsbürgerInnen ÖsterreicherInnen wurden, konnte man anhand der statistischen Daten beobachten, dass in den folgenden Jahren die Zahl der Einbürgerungen kontinuierlich gestiegen ist.

„Ab den 1990er Jahren erhielten Türken/innen zunehmend die österreichische Staatsbürgerschaft: Zwischen 1991 und 2010 waren dies über 120.000 Menschen, die zu ca. einem Drittel bereits in Österreich zur Welt gekommen waren."[69]

Wie viele von den eingebürgerten türkischen StaatsbürgerInnen kurdische Wurzeln hatten, ist nicht feststellbar. Die Auswertung der statistischen Zahlen und Daten waren dadurch, dass die meisten KurdInnen türkische StaatsbürgerInnen waren, ohnehin schon sehr schwierig, was durch die Zunahme der Einbürgerungen noch komplizierter wurde. Darum sind die Daten für

67 Hahn/Stöger 2014: 47.
68 Hessenberger 2004: 25.
69 Hahn/Stöger 2014: 53.

ÖsterreicherInnen mit kurdischen Wurzeln in den meisten Fällen nicht repräsentativ. Dennoch kann man anhand von Daten über die Menschen aus der Türkei eine Einschätzung über die Anzahl der KurdInnen gewinnen. Mit den ab den 1990er Jahren zunehmenden Einbürgerungen stieg die Anzahl der selbstständig Erwerbstätigen unter den KurdInnen. Obwohl die meisten MigrantInnen mit kurdischen Wurzeln mehrheitlich ArbeiterInnen und Angestellte blieben, stieg die Zahl der selbstständig erwerbstätigen MigrantInnen. Durch politisches Asyl, Familienzusammenführung, Kinder, die in Tirol auf die Welt gekommen sind etc. stieg die Zahl der MigrantInnen aus der Türkei/Kurdistan am Ende der 1980er und Anfang der 1990er Jahre deutlich, was einen größeren Markt und eine größere Zielgruppe für die Selbstständigen bedeutete. Die Nachfrage nach Lebensmitteln aus dem Herkunftsland stieg dadurch an. Die Angebote im Bereich Lebensmittel und Gastronomie konnten ab den 1990er Jahren rasch wachsen. Obwohl die Einbürgerungen mit den Jahren schwieriger wurden, ist festzustellen wie viele KurdInnen sich selbstständig machen konnten. Anhand der Daten über die Selbstständigkeit türkischer StaatsbürgerInnen kann auf die Anzahl der kurdischen Selbständigen rückgeschlossen werden. Verglichen mit anderen MigrantInnengruppen stieg die Zahl der eingebürgerten türkischen StaatsbürgerInnen erst relativ spät an.

Branche	1981	1991	2001
Land- und Forstwirtschaft	21	46	45
Energie- und Wasserversorgung	2	-	1
Bergbau; Steine- und Erdengewinnung	-	-	3
Verarbeitendes Gewerbe; Industrie	263	148	162
Bauwesen	38	26	79
Handel; Lagerung	88	332	397
Beherbergungs- und Gaststättenwesen	63	287	433
Verkehr; Nachrichtenübermittlung	14	24	103
Geld-, Kreditwesen, Privatvers.; Wi- Dienste	14	44	151
Persönl., soz. u. öffentl. Dienste; Haush	34	79	155
Alle Branchen	537	986	1539
Alle Branchen exkl. Primärsektor	516	940	1484

Tabelle 3: Selbständige mit türkischer Staatsbürgerschaft, 1981-2001[70]

Auch in den 90er Jahren änderte sich bei der Beschäftigungssituation der KurdInnen nicht wesentlich. Viele Betriebe der Textil- und Metallindustrie, die MigrantInnen beschäftigten, mussten in den 90er Jahren schließen oder die Produktion ins Ausland verlegen. Viele Unternehmen haben mittlerweile in Asien und Osteuropa GeschäftspartnerInnen bzw. Zulieferer, was sehr starke Einflüsse auf die Arbeitsmarktsituation in Tirol mit sich gebracht hat.

70 Hahn/Stöger 2014: 50.

„Dennoch blieb für Türken/innen das Hauptbeschäftigungsfeld der sekundäre Sektor: Gemäß Mikrozensus waren im Jahre 1993 Arbeitskräfte mit türkischer Staatsbürgerschaft mehrheitlich (zu 53%) in Gewerbe und Industrie tätig, weitere 14% im Bauwesen, 9% im Bereich „Handel und Verkehr", 16% in „konsumorientierten" (u.a. Tourismus und Gastronomie), 2% in „öffentlichen und sozialen", sowie 1% in „produktionsnahen" Dienstleistungen."[71]

Obwohl die von Sylvia Hahn und Georg Stöger genannten Zahlen für Tirol nicht gänzlich repräsentativ sind, sondern sich auf Gesamtösterreich beziehen, kann man sich auf Grund der wirtschaftlichen Daten in Tirol ein Bild über die Beschäftigungsverhältnisse der KurdInnen in Tirol machen.

Die hohe Zahl der ZuwandererInnen am Arbeitsmarkt zu Beginn der 90er Jahre führte zu Lohndruck und dementsprechend stieg die Arbeitslosigkeit unter den nicht österreichischen Teilen der ArbeiterInnenklasse. Mangelnde Sprachkenntnisse und Qualifikation führte dazu, dass die erste und zweite Generation stark am Arbeitsmarkt benachteiligt wurde. Die konkreten Verhältnisse am Arbeitsmarkt, Neoliberalisierung, die nach dem Zerfall der Sowjetunion ihre Entwicklung beschleunigte, und vielschichtige Diskriminierung erschwerten die sozialen Aufstiegsmöglichkeiten der KurdInnen besonders stark.

„1998 waren 10,8% der Türken/innen arbeitslos (bei einer Gesamtarbeitslosigkeit von 7,5%), 2004 13,2% (gesamt 6,6%) und 2010 13% (gesamt 6,6%)"[72]

In den 1990er Jahren konnten die Freizeitaktivitäten der KurdInnen relativ expandieren. Freizeitgestaltung, die am Anfang mit Treffen auf Bahnhöfen und Familienbesuchen begrenzt war, konnten sich mit den Gründungen der Vereine in den 80ern weiterentwickeln, und in den 90er Jahren konnte man bereits religiöse, sportliche und kommerzielle Angebote stärker nutzen. Meistens fehlte bei den Aktivitäten Kontakt mit den NichtmigrantInnen. KurdInnen und Linke Vereine in Tirol organisierten regelmäßig mit meistens aus dem Herkunftsland eingeladenen KünstlerInnen politische Feste, Konzerte, Theater Aufführungen etc. Die großen Veranstaltungen fanden meistens im Veranstaltungssaal Olympisches Dorf oder in der Konzert Halle Hafen statt. Für Jugendliche wurden Volkstanz, Theater, Musik und Sportkurse von den Vereinen angeboten, die von der 3. Generation meistens relativ gut besucht war.

Die in den 1970er und 1980er Jahren bestehenden Schwierigkeiten für die MigrantInnen im Bereich der Bildung setzten sich großteils fort:

„Türkischstämmige Kinder und Jugendliche (nun partiell schon als „dritte" Generation) sind immer noch in Haupt- und Sonderschulen über- und in höheren Bildungsformen unterrepräsentiert.280 Im Schuljahr 1998/99 besuchten 4,8% der Schüler mit türkischer Staatsbürgerschaft eine Sonderschule, unter Schülern mit österreichischer Staatsbürgerschaft lag der Anteil hingegen nur bei 1,1%.281 Die „Bildungsbeteiligungsquote" der 15-24jährigen türkischer Herkunft liegt deutlich unter dem österreichischen Durchschnitt und ist besonders nach dem 20. Lebensjahr sehr gering.282 Benachteiligend für Kinder und Jugendliche mit Migrationshintergrund wirken offenbar deren später Schuleintritt (und damit eine kurze Dauer der Pflichtschule), die Vorauswahl, die mit dem Besuch einer Hauptschule erfolgt und soziale Konstellationen."[73]

Viele der Jugendlichen und junge Erwachsenen konnten gegen Ende der 90er Jahren in besseren Jobs als ihre Eltern arbeiten. Dadurch, dass in den 90er Jahren der Zugang zu Berufsausbildung durch Lehre einfacher wurde, konnten sich viele der MigrantInnenkinder im Vergleich

---

71 Hahn/Stöger 2014: 49.
72 Hahn/Stöger 2014: 51.
73 Hahn/Stöger 2014: 52.

zu den 1980er Jahren beruflich besser qualifizieren. Durch die in Tirol aufwachsende Generation konnte man aus Sicht der GastarbeiterInnen teilweise sprachliche Barrieren abbauen. Trotzdem verschwand die Diskriminierung nicht.

> „In diesem Zusammenhang sei aber darauf verwiesen, dass auch bei besserer Bildung – etwa aufgrund sozioökonomischer Faktoren und Diskriminierungen – nicht zwingend bessere Berufschancen für Migranten/innen resp. für Menschen mit Migrationshintergrund bestehen. Besonders deutlich zeichnet sich diese Ungleichheit in Bezug auf Frauen ab. "[74]

Als nach dem Ende der 1980er Jahre die Migration aus der Türkei nach Tirol und Österreich zunahm, wurde in den folgenden Jahren die Migrationspolitik Tirols und Österreichs zunehmend restriktiver. Die neuen kontingentierten Regelungen und Begrenzungen im rechtlichen Bereich erschwerten die Zuwanderung nach Tirol. Bis auf Familienzusammenführung und neue Eheschließungen aus dem Herkunftsland war es sehr schwer, nach Tirol zu immigrieren.

> „1993 wurde die sozialpartnerschaftliche Zuwanderungspolitik und -regulierung durch eine Quotenregelung ersetzt, die fixe – an Arbeits- und Wohnungsmärkten, zudem an „Kapazitäten des Schul- und Gesundheitswesens" orientierte – Maximalzahlen für die Bundesländer vorsah und damit wieder an die älteren Überlegungen einer existierenden ‚Belastungsgrenze' anknüpfte...Mit dem Beitritt Österreichs zur Europäischen Union wurde auch das Assoziationsabkommen der EWG mit der Türkei aus dem Jahre 1980, das türkischen Staatsbürgern einzelne rechtliche Vorteile einräumte, für Österreich bindend. "[95] Viele KurdInnen und ehemalige GastarbeiterInnen erhielten in den 90er Jahren durch Erlangen der österreichischen Staatsbürgerschaft und den Befreiungsschein einen besseren Zugang zum Arbeitsmarkt. Mit den Einbürgerungen und dem freieren Zugang zum Arbeitsmarkt konnten manche Menschen auch ihre Wohnsituation verbessern. Ganz besonders durch die Einbürgerungen konnten sich viele nun Eigentumswohnungen leisten. Durch die neue Wohnpolitik wurde für MigrantInnen auch der Zugang zum Sozialbau leichter. „Nachdem die migrantische Wohnsituation ein jahrzehntelanges Dauerproblem dargestellt hatte, begannen seit Ende der 1990er Jahre auch Versuche der kommunalen Wohnbau, etwa über durchmischtes Wohnen und interkulturelle Wohnprojekte, als Integrationsmöglichkeit zu nutzen. "[96] Viele KurdInnen investierten ihre Ersparnisse in Wohnungen, Gebäude, Geschäfte, Grundstücke im Herkunftsland bzw. Türkei/Kurdistan. Durch die Einbürgerungen nahm dieser Trend ab, was nicht heißt, dass niemand mehr im Herkunftsland Investitionen tätigte. Aber als österreichische/r StaatsbürgerIn konnte man nun Eigentumswohnungen kaufen und das führte dazu, dass man nicht nur die Ersparnisse in der Türkei/Kurdistan ausgab, sondern vermehrt auch in Tirol.

In den 1990er Jahren wurde die Diskriminierung der „Ausländer" stärker, nachdem Jörg Haider in den 1980ern die FPÖ-Führung übernommen hatte und die jahrzehntelangen Fehlentwicklungen im Bereich der Integration in den Fokus rückte, die nicht nur, aber auch dadurch zu erklären waren, dass weder die GastarbeiterInnen noch die Betriebe und die österreichische Politik von einem dauerhaften sondern nur von einem temporären Aufenthalt ausgegangen waren und auf Rückkehr gehofft hatten. Die Integrationsdebatte wurde zunehmend von den Medien und Politik als Problem wahrgenommen und dargestellt. Der Integrationsprozess wurde oft als einseitiger Anpassungsprozess betrachtet.

„Der Blick blieb insgesamt aber ambivalent: Migranten/innen wurde einerseits als wirtschaftliche „Notwendigkeit" wahrgenommen, andererseits als Bedrohung, durch „Überfremdung", „Ausländerkriminalität" bis hin zu Unfällen im Straßenverkehr."[77]

> Diese Entwicklungen haben die politische Debatte um Integration in Österreich und Tirol stark beeinflusst. Die politischen Integrationsbemühungen wurden ein relativ starkes Thema. „1997 stellte man auf Bundesebene die Beschränkung der Einwanderung unter Grundsatz „Integration vor Zuwanderung", sah Integration vermutlich aber – wie schon in

---

74 Hahn/Stöger 2014: 52.
75 Hahn/Stöger 2014: 53.
76 Hahn/Stöger 2014: 54.
77 Hahn/Stöger 2014: 46.

den vorangegangenen Jahrzehnten – eher als „Anpassungsleistung der Migrant/innen", denn als Herstellung von Gleich-berechtigung."[78]

Die von der Sozialdemokratie dominierten Gewerkschaften und ArbeitnehmerInnen Vertre-tungen erinnerten sich an ihren historischen und internationalen Antidiskriminierungsauftrag und begannen, Integrationsmaßnahmen zu fördern.

„Das passive Wahlrecht für nicht-österreichische Staatsbürger bei Betriebsratswahlen wurde erst 2006 – über 30 Jahre später als in Deutschland – umgesetzt, höherrangige Funktionäre mit Migrationshintergrund gibt es bislang jedoch kaum."[79]

In den 90er Jahren ändere sich in der Vereinslandschaft der KurdInnen in Tirol einiges. Die Kräfteverhältnisse zwischen den Vereinen wurden durch die Gründung alevitischer Vereine und der immer stärker werdenden PKK nachhaltig verändert. Anfang der 90er Jahre konnte sich in der Türkei/Kurdistan der bewaffnete Kampf der PKK zu einem Volksaufstand ent-wickeln. Viele KurdInnen identifizierten sich in den kurdischen Städten mit dem Kampf der PKK und dadurch konnte die PKK politisch und militärisch zu einer ernstzunehmenden Macht aufsteigen. Aufstieg der PKK sorgte auch im Ausland für Schlagzeilen und wurde inter-national und global diskutiert. Die türkische Armee reagierte wie zu erwarten war mit noch mehr Gewalt. Je gewalttätiger der Krieg in der Türkei/Kurdistan wurde, desto mehr konnten sich PKK-SympathisantInnen, die in den 1980er Jahren von den Linken in Innsbruck als eine Randgruppe wahrgenommen wurden, etablieren. Sie bekamen relativ starken Zulauf.

„Jedes Massaker der türkischen Armee wurde von Protesten zehntausender KurdInnen in ganz Europa begleitet, die AktivistInnen hatten starke Strukturen aufgebaut, die in der Lage waren, die Kämpfe in der Türkei über das Sammeln von Spenden und über die Öffentlichkeitsarbeit zu unterstützen."[80]

Die österreichische Justiz begann gegen die PKK vorzugehen. *„Im April 1994 wurden vier kur-dische Aktivisten wegen der Mitgliedschaft in einer kriminellen Organisation nach §278a verurteilt. Drei von ihnen ausschließlich auf Grund des umstrittenen Mafia-Paragraphen."[81]*

Nachdem sich die österreichische Justiz gegen Aktionen der PKK einsetzte, begannen die KurdInnen ihre Vorgehensweise in Tirol zu ändern. Die KurdInnen gründeten im Jahr 1995 das „Kurdische Volkshaus Kultur und Sportverein in Innsbruck". Das Kurdische Volkshaus gilt auch heute als Vertretung der KurdInnen in Tirol. Nicht-linke Dispositionen der KurdIn-nen sind damals wie heute kaum wahrnehmbar und nicht umfangreich organisiert. Eine Mo-schee namens *Said-i Nursi* wird mehrheitlich von KurdInnen besucht, die als streng gläubige MuslimInnen bezeichnet werden können. Die regelmäßigen BesucherInnen der *Said-i Nursi* Moschee sind überwiegend aus den Provinzen Diyarbakır, Elazığ und Aksaray die mit *Hizbul-lahi Kurdi* sympathisieren. *Hizbullahi Kurdi* sollte man nicht mit den Schiitischen *Hisbollah* in Libanon verwechseln. *Hizbullahi Kurdi* ist eine gewalttätige kurdische islamistische Organisa-tion, die Anfang der 1980er Jahre in Diyarbakır gegründet wurde und einer von den wenigen Radikal islamistische Bewegungen in Kurdistan. Die AktivistInnen der *Said-i Nursi* Moschee haben im Jahr 2016 einen Gedenkveranstatung für den *Hizbullahi Kurdi* Führer der im Jahr

---

78 Hahn/Stöger 2014: 54.
79 Hahn/Stöger 2014: 54.
80 Eren/Schnitzer 2015: 67.
81 Eren/Schnitzer 2015: 67.

2000 starb, in Innsbruck organisiert. Auch in Telfs und Reutte gibt es von KurdInnen stark besuchte Moscheen aber die Mehrheit der KurdInnen bewegen sich damals wie heute in linken Milieus. Die KurdInnen besuchen in Telfs ATIB Moschee und in Reute die Einrichtung der *Milli Görüs*.

Auch in der Szene der AlevitInnen gab es in den 1990er Jahren neue Strömungen. Ab der zweiten Hälfte der 80er Jahre gründeten AlevitInnen in verschiedenen Städten Deutschlands die ersten Vereine. In Österreich war es erst im Jahr 1989 so weit, der erste alevitische Verein wurde in St. Pölten ins Leben gerufen. Nach dem Massaker von Sivas[82] konnten die Alevit-Innen tausende Menschen auf der Straße mobilisieren, was auch in Innsbruck im Jahr 1993 zur Gründung eines alevitischen Vereins führte. Unter den Gründungsmitgliedern waren viele *zazaki* und *kurmanci*-sprachige KurdInnen aus Dersim, Erzincan, Gümüşhane und Sivas. Kurd-Innen, die in alevitischen Vereinen aktiv sind, sehen sich in erster Linie als AlevitInnen. Der Glaube ist bei den kurdischen AlevitInnen wichtiger als Ethnizität bzw. die nationale Zugehö-rigkeit. „*Many if not most of the Kurdish Alevis define themselves as Alevis first and only in the second place, or not at all, as Kurds.*"[83]

Dadurch, dass AlevitInnen jahrzehntelang weder in ihrem Herkunftsland noch in Europa eine Vertretung hatten und ihre Existenz lange in der Türkei ein Tabu-Thema war, gab es keine einheitliche oder standardisierte Form von Alevitentum. Die aus derselben Region oder Pro-vinz stammenden AlevitInnen hatten ihre eigenen Interpretationen, Traditionen und Bräuche die teilweise stark voneinander abwichen. Vom ersten Tag an konkurrierten die verschiedenen Richtungen und es wurden Machtkämpfe geführt, was mit der Zeit zur Spaltung der AlevitIn-nen führte. Die Hauptdiskussion der AlevitInnen, die aktuell immer noch als sehr umstrittenes Thema erscheint, betrifft das Verhältnis zum Islam. Auf der einen Seite steht der *Cem Vakfı*, der das Alevitentum als Teil des Islams versteht und in Österreich die staatlich anerkannte Alevitische Glaubensgemeinschft bildet und auf der anderen Seite die Linie der Föderation der Alevitengemeinden in Österreich (*AABF*) der das Alevitentum unabhängig vom Islam als eigenständigen Glauben betrachtet. In Europa und Österreich sind die Mehrheit der Vereine Mitglied der alevitischen Föderationen und dementsprechend sehen sie das Alevitentum als eigenständige Religion. In Tirol gibt es insgesamt 7 alevitische Vereine und davon sind vier Mitglied (Kufstein, Jenbach, Innsbruck und Imst) der AABF und betrachten dementsprechend das Alevitentum als eigenständige Religion und drei Vereine (Innsbruck, Imst und Jenbach) sind Mitglied der staatlich anerkannten Alevitischen Glaubensgemeinschaft, die AlevitInnen als MuslimInnen bewertet. Die Vorstandsmitglieder der alevitischen Glaubensgemeinschaft in Kufstein antworten die Frage ob die AlevitInnen Muslime sind folgendermaßen:

> „*Die AlevitInnen sind keine Moslems, um Gotteswillen nicht...Ich sehe schon dass es zum Islam kulturelle und histo-rische Verbindungen gibt, die gibt es ja. Zum teil zum Judentum und Christentum auch. Natürlich wenn die Aleviten*

---

82 Am 2. Juli 1993 wurde das Madimak Hotel in der zentralanatolischen Stadt Sivas, in dem TeilnehmerInnen eines alevitischen Festivals beherbergt waren, von einer radikal islamistisch motivierten Masse ins Brand gesteckt. 37 Menschen, darunter bekannte DichterInnen und KünstlerInnen, kamen ums Leben.
83 Özmen/Schmidinger 2013: 14.

da gelebt haben wo es Mehrheitlich Moslems leben, da gibt wird es mehr Bezüge geben, man wird es mehr anpassen haben müssen. Aber es ist ein eigenständiges Religion mit verschiedenen Bezügen. [84]

Die wachsende Mitgliederanzahl von alevitischen und kurdischen Vereinen, die mit dem nationalen Befreiungskampf sympathisierten, haben die Vereins- und Organisationslandschaft der kurdischen und türkischen Linken in Tirol stark verändert. ATIGF der bis zum Anfang der neunziger Jahre in Tirol mit zwei Vereinen Vertreten war und als stärkste Organisation galt, verlor seine Dominanz mit der Zeit immer mehr. ATIGF blieb einer der stärksten Kräfte unter den KurdInnen in Tirol aber bekam durch kurdische und alevitische Vereine ernsthafte Konkurrenz. Durch die Spaltung der TKP-ML im Jahr 1994/95 wurde auch ATIGF gespalten. Durch die Spaltung verloren *Kaypakkaya*-nahe Vereine Europaweit an Stärke aber blieben in Tirol trotzdem mit zwei Vereinen in Innsbruck und Wörgl vertreten.

Entwicklungen von der Jahrtausendwende bis Heute

Die zweite Hälfte der 1990er Jahre war aus Perspektive der KurdInnen turbulent. Der Kampf zwischen den Sicherheitskräften der Türkei und der PKK auf der einen Seite, der starken Einfluss auf die kurdische Community hatte, und die zunehmende Diskriminierung bzw. steigende Islamophobie in Österreich und Europa auf der anderen Seite. Im Jahr 1999 konnte ein Sonderkommando der türkischen Sicherheitskräfte den PKK-Führer Abdullah Öcalan in Kenia entführen, und ihn in die Türkei bringen. Vermutlich ist die Erinnerung an Öcalans Verhaftung unter den SympathisantInnen der PKK noch immer mit einem Trauma verbunden. Nach Öcalans Verhaftung gab es in Innsbruck Aktionen, um seine Haftbedingungen zu verbessern. In dieser Zeit solidarisierten sich viele andere links gerichtete Vereine und Organisationen mit den SympathisantInnen der PKK. Es gab bei den Protesten in Deutschland Selbstverbrennungsaktionen.

Nach der Verhaftung Abdullah Öcalans verbreitete sich unter den KurdInnen Frustration und führte schlussendlich beinahe zum Zerfall der PKK. Die kurdische Bewegung wurde dadurch nicht nur in der Türkei schwächer, sondern auch in Europa und Tirol. Das führte dazu, dass Ideologie, Ziel und Organisationsformen der PKK geändert werden mussten.

> *„Doch die Arbeiterpartei Kurdistans reorganisierte sich und änderte ihre Linie radikal: Das ursprünglich Ziel eines sozialistisch geprägten, unabhängigen Staates Kurdistan wurde aufgegeben. Dies hatte zur Folge, dass sich Orientierungslosigkeit unter vielen AktivistInnen breit machte. Die neue diplomatische Linie der Partei, die nunmehr auf eine demokratische Lösung innerhalb der türkischen Grenzen ausgerichtet war, stellte einen Bruch mit der Vergangenheit dar...* [85]

Während im Herkunftsland viele neue Ereignisse die „Kurden Frage" neu formierten, wurden das Alltagsleben und die Verhältnisse in Tirol für KurdInnen kaum verändert. Nach dem EU-Beitritt Österreichs konnten viele KurdInnen, die die österreichische Staatsbürgerschaft besaßen, sich frei in den EU Ländern bewegen. Vereinzelt wanderten einige in Länder wie Deutschland und Frankreich aus.

---

84 IP 2 InformantInnen alevitische Glaubensgemeinschaft am 31.01.2021.
85 Eren/Schnitzer 2015: 68.

> *„Mit dem Beitritt Österreichs zur Europäischen Union wurde auch das Assoziationsabkommen der EWG mit der Türkei aus dem Jahre 1980, das türkischen Staatsbürgern einzelne rechtliche Vorteile einräumte, für Österreich bindend."*[86]

Nach der Verhaftung Öcalans veränderte die PKK ihre politische und ideologische Linie stark. Öcalan und die PKK distanzierten sich von Sozialismus und Kommunismus, was nicht heißt, dass die PKK sich vom Marxismus komplett abwandte, sondern dass Öcalan begann, über Möglichkeiten der Umsetzung von ökologisch-anarchistischen Gesellschaftsmodellen in Kurdistan nachzudenken. Die als Konsequenz der Verhaftung Öcalans entwickelte neue politische Linie der PKK wurde Anfang der 2000er unter den linken Vereinen, die überwiegend aus KurdInnen organisiert waren, stark diskutiert. Zum Beispiel begannen im Jahr 2000 die politischen Gefangenen in den türkischen Gefängnissen aus verschiedenen Organisationen wie DHKP-C, TIKKO, MLKP etc. gegen die Umsetzung von F-Typ Zellen einen Hungerstreik bzw. Todesfasten. Die PKK Mitglieder nahmen an dem Todesfasten nicht teil, was für große Aufregung unter den Linken in Innsbruck sorgte. In Innsbruck organisierten etwa zwei Wochen lang mehrere Mitglieder unterschiedlicher linker Vereine Solidaritäts- Hungerstreiks, um sich mit den Gefangenen in der Türkei zu solidarisieren.[87] Das kurdische Volkshaus nahm an dem Hungerstreik nicht teil. Daraus kann man erkennen, wie sich die Vereinslandschaft der KurdInnen verändert hatte, indem die Vereine ab der Mitte der 1980er Jahre viele Aktionen für die Rechte der MigrantInnen organisiert hatten. dennoch war der Diskurs unter den Vereinen stark vom Herkunftsland bestimmt.

Im Laufe der Jahre verloren die Vereine vielfach den Anschluss an die dritten Generation der in Tirol Geborenen KurdInnen. Die Vereine blieben für die Jugendlichen der dritten und vierten Generation ein Ort der Erwachsenen und Eltern:

> *„Die Kinder der ArbeitsmigrantInnen waren den Sprachbarrieren entwachsen, das kulturelle Angebot an Sprach-, Tanz- und Musikkursen reichte nicht aus, um die jungen KurdInnen dauerhaft an den Ort zu binden, der zentral für den Austausch der Elterngenerationen war."*[88]

Die Jugendlichen und junge Erwachsenen, die nur begrenzt die türkische und kurdische Sprachen beherrschen, konnten schwer die in den Vereinen geführten Diskussionen verstehen, sich damit identifizieren und partizipieren. Dadurch, dass aus dem Herkunftsland immer weniger junge Menschen nach Tirol kamen und die in Tirol geborenen Menschen sich weniger für die Vereine und ihre Themen interessierten, konnten die Vereine nur wenige junge BesucherInnen und Mitglieder gewinnen und dementsprechend machte sich ein Mangel an Nachwuchs spürbar. Bei dem Interview, das im Rahmen dieser Arbeit mit den Vorstandsmitgliedern der alevitischen Glaubensgemeinschaft in Kufstein durchgeführt wurde, erzählen diese über die Jugendlichen:

> *„Meine Kinder wissen, was Alevitentum ist, aber beschäftigen sich wenig dafür...Realität Nummer eins ist die Altersdurchschnitt der Mitglieder nach oben geht, dass die jugendlichen immer weniger werden und nicht nur bei Aleviten sondern bei allen Migranten auch bei den Moscheen und anderen Vereinen"*[89]

---

86 Hahn/Stöger 2014: 53.
87 http://no-racism.net/article/784/
88 Eren/Schnitzer 2015: 69.
89 IP 2 InformantInnen alevitische Glaubensgemeinschaft am 31.01.2021.

Nachdem für KurdInnen eine Autonomie in Syrien relativ realistisch aussah und in der Türkei die Friedensgespräche vorangeschritten waren, wurden die Oslo-Gespräche von den türkischen Behörden bekannt gegeben. Die Abgeordneten der prokurdischen Partei *HDP (Halklarin Demokratik Partisi)* konnten Öcalan im Gefängnis besuchen. Die Abgeordneten durften teilweise zu den PKK Führungskadern in den irakischen Kandil Bergen um Gespräche zu führen. Diese Stimmung sorgte bei den KurdInnen für Euphorie und Enthusiasmus. Bei den Parlamentswahlen am 7. Juni 2015 in der Türkei schaffte die prokurdische Partei HDP zum ersten Mal die 10% Hürde und konnte als Partei ins Parlament einziehen. In Innsbruck wurden spontane Jubelkundgebungen organisiert.

> *„Die positive Stimmung fand jedoch ein baldiges Ende. Die schleppenden Koalitionsgespräche kündigten Neuwahlen an und bei einem Anschlag in der syrisch-türkischen Grenzstadt Pirsus (Suruc) auf kurdische und türkische JungsozialistInnen, die eine Reise nach Kobane organisiert hatten, um dort beim Aufbau der Stadt zu helfen, kamen junge Menschen ums Leben. In Tirol folgte auf Grund der Ereignisse eine Solidaritätskundgebung. "*[90]

Nachdem der Friedensprozess in der Türkei scheiterte, und der sogenannte ,Islamische Staat' in Irak und Syrien immer mehr Gebiete erobern konnte, stieg die Verunsicherung unter den KurdInnen in Irak und Syrien. Die Ausweitung des Bürgerkriegs in Syrien brachte neue Herausforderungen mit sich. Dieser Prozess löste schlussendlich im Jahr 2014/15 eine neue Migrationswelle aus.

Durch die Migrationswelle in den Jahren 2015/16 auf Grund des Bürgerkriegs in Syrien kamen viele Flüchtlinge aus Syrien und Irak nach Österreich bzw. Tirol. Vor dem Jahr 2015 war in die Anzahl der syrischen StaatsbürgerInnen in Österreich relativ gering. Die meisten KurdInnen flohen erst nach dem Beginn des syrischen Bürgerkriegs nach Österreich. Die Auswanderung aus von KurdInnen bevölkerten Regionen wurde durch die Angriffe des sogenannten ,Islamischen Staates' beschleunigt. Laut Statistik Austria leben 3588 (Stand 1.1.2020) syrische StaatsbürgerInnen und 1129 IrakerInnen in Tirol.[91] Auch hier gibt es keine zuverlässige Statistik über die ethnische Zusammensetzung dieser Gruppen. Dadurch, dass Öcalan für viele KurdInnen aus Syrien als Held gilt, sind die Beziehungen zwischen den KurdInnen aus der Türkei und Syrien enger als zu den KurdInnen aus dem Irak. Manche KurdInnen arbeiten in den Vereinen der KurdInnen aus der Türkei aktiv mit.

In der Folge des Genozids des ,Islamischen Staates' flohen viele KurdInnen êzîdischen Glaubens nach Europa. Die ÊzîdInnen aus Irak bekamen relativ schnell Asylstatus in Österreich, die ÊzîdInnen aus Armenien hingegen konnten diesen Status nicht einfach erlangen. Manche ÊzîdInnen zogen, nachdem sie einen positiven Asylbescheid bekommen hatten, nach Wien. Dennoch gibt es in Tirol eine kleine êzîdische Community. Der von Thomas Schmidinger interviewte êzîdische Kurde, der in Vorarlberg lebt, beschreibt die êzîdische Community folgendermaßen: *„In Tirol gibt es viel mehr Êzîdî. Die feiern auch gemeinsam und machen Partys zusammen. Ich hab aber kein Auto und kann dort nicht hinfahren. "*

KurdInnen, die während der Migrationswelle im 2015/16 nach Tirol kamen, sind erst in der Anfangsphase des Migrations- und Integrationsprozesses. Viele haben noch sprachliche und bürokratische Hürden, die sie mit der Zeit bzw. über die Generationen überwinden werden.

90 IP 2 InformantInnen alevitische Glaubensgemeinschaft am 31.01.2021.
91 Statistik Austria: Bevölkerung am 1.1.2020 nach detaillierter Staatsangehörigkeit und Bundesland. Abrufbar unter: https://www.statistik.at

Die meisten bilden noch die erste Generation in Tirol und dementsprechend ist der Bezug und die Sehnsucht nach dem Herkunftsland noch stark spürbar.

Laut Statistik Austria leben 648 StaatsbürgerInnen Irans in Tirol.[92] Wie viele davon kurdischer Abstammung sind, ist schwer feststellbar. Schätzungsweise ist die Anzahl der KurdInnen unter den iranischen StaatsbürgerInnen sehr gering. Man kann die Anzahl der KurdInnen maximal auf eine Handvoll schätzen. Die KurdInnen aus dem Iran haben keinen Verein, Glaubensgemeinschaft oder eine ähnliche Vertretung in Tirol.

De Diskurs unter den in Tirol lebenden AlevitInnen wurde von den Machtkämpfen zwischen Cem Vakfi (die staatlich anerkannte Alevitische Glaubensgemeinschaft) und AABF dominiert. Das Zentrum dieses Machtkampfes war hauptsächlich in Wien aber hatte starke Effekte auf die AlevitInnen in Tirol.

> *„In Österreich wurde diese Spaltung auch deutlich, als im Frühling 2009 drei verschiedene Anträge zur staatlichen Anerkennung einer eigenen Religiösen Bekenntnisgemeinschaft gestellt wurden. Zunächst stellte am 23. März der Wiener Mitgliedsverein der Föderation der Aleviten-Gemeinden in Österreich, der „Kulturverein von Aleviten in Wien" (Viyana Alevi Kültür Birliği, VAKB), einen Antrag zur Anerkennung einer „Islamisch-Alevitischen Glaubensgemeinschaft". Am 9. April folgte ein Antrag der Föderation selbst, die sich als „die einzige legitimierte Vertretung der Aleviten in Österreich" betrachtet und darauf beharrt, dass das „Alevitentum […] keine islamische Konfession, sondern ein eigenständiger Glaube mit islamischen Wurzeln" wäre. Als Dritte stellten schließlich auch noch das Alevitische Kulturzentrum Österreich (AKÖ), „das sich als Verein kurdisch-alevitischer MigrantInnen konstituierte" einen eigenen Antrag auf Anerkennung als religiöse Bekenntnisgemeinschaft, der jedoch aufgrund formaler Fehler mittlerweile abgelehnt wurde."[93] Diese Spaltung hat in Tirol dazu geführt, dass es in den kleinen Bezirken Imst und Jenbach mit allgemein relativ geringen Bevölkerungszahlen zwei verschiedene AlevitInnen-Vereine gibt, die hauptsächlich von den kurdischen AlevitInnen besucht werden. In Jenbach besuchen teilweise nahe Verwandte und Familienmitglieder verschiedene Vereine. Auch in Innsbruck gibt es zwei verschiedene alevitische Glaubensgemeinschaften.*

Zu Beginn des Millenniums ist die Anzahl der österreichischen StaatsbürgerInnen unter den KurdInnen stark gestiegen. Die Anzahl der türkischen StaatsbürgerInnen ist von 2001 bis 2018 deutlich gesunken[94]. Das liegt nicht daran, dass so viele türkische StaatsbürgerInnen Tirol verlassen haben, sondern daran, dass viele ehemalige türkische StaatsbürgerInnen den österreichischen Reisepass angenommen haben.

> *„Ab den 1990er Jahren erhielten Türken/innen zunehmend die österreichische Staatsbürgerschaft: Zwischen 1991 und 2010 waren dies über 120.000 Menschen, die zu ca. einem Drittel bereits in Österreich zur Welt gekommen waren. Verglichen mit anderen Zuwanderergruppen erfolgten die Einbürgerungen von Türken/innen aber – wie bereits erwähnt – relativ spät."[95]*

Sowohl Vorstandsmitglieder der alevitischen Glaubensgemeinschaft als auch das Vorstandsmitglied der ATIGF Vereins in Wörgl erzählten bei den Interviews, dass die Mehrheit ihrer Mitglieder mittlerweile österreichische StaatsbürgerInnen sind. Es ist stark anzunehmen, dass die Mehrheit der Menschen mit kurdischen Wurzeln in Tirol StaatsbürgerInnen Österreichs sind.

---

92 Statistik Austria: Bevölkerung am 1.1.2020 nach detaillierter Staatsangehörigkeit und Bundesland. Abrufbar unter: https://www.statistik.at
93 Özmen/Schmidinger 2013: 13.
94 Statisches Handbuch Tirol 2019: 66.
95 Hahn/Stöger 2014: 53.

Die von den meisten angestrebte soziale Aufwärtsmobilität blieb im Großen und Ganzen auf der Strecke. Zwar ist die Anzahl der Lehrlinge und ausgebildeten FacharbeiterInnen im Vergleich zur zweiten und dritten Generation gestiegen, aber die Zahl der Hochschul- und UniversitätsabsolventInnen blieb im Vergleich zur Gesamtbevölkerung relativ gering. Laut dem Statistischen Handbuch Tirol im Jahr 2006 waren im Jahr 1994 106, im Jahr im 2004 205[96] und laut dem Statisches Handbuch Tirol 2019 107 ordentliche Studierende mit türkischer Staatsbürgerschaft auf der Universität Innsbruck registriert.[97] Man kann nicht genau sagen wie viele von den Studierenden KurdInnen sind. KurdInnen die auf den Universitäten inskribiert sind und österreichische Staatsbürgerschaft besitzen sind ebenfalls schwer auffindbar. Die soziale Aufwärtsmobilität der KurdInnen erfolgte am Beginn des neuen Jahrtausends in den meisten Fällen durch berufliche Selbstständigkeit und selten durch Bildungserfolge. Berivan Aslan, ehemalige Grüne Nationalratsabgeordnete und aktuell Wiener Landtagsabgeordnete ist eines von wenigen Beispielen, bei dem sich jemand durch Bildung sich sozial aufwärts bewegen konnte. Sie ist zwar in Konya als Tochter einer kurdischen Familie auf die Welt gekommen aber im Tiroler Bezirk Telfs aufgewachsen wo man ein Kettenmigrationsmuster von KurdInnen aus Konya erkennen kann. Sie besuchte die Grundschule und absolvierte ihr Hochschulstudium in Tirol und schaffte es mit den Grünen als erste ‚Kurdin' in das österreichische Parlament. Es als erste Parlamentarierin mit kurdischem Hintergrund in Österreich aus Telfs bzw. Tirol diesen Aufstieg geschafft zu haben ist nicht nur ihre individuelle Leistung, sondern spricht für die ganze kurdische Community in Tirol. Für TirolerInnen mit kurdischen Wurzeln stellt sie ein wichtiges Rollenmodell dar. Die KurdInnen in Tirol sind stolz, die erste Nationalratsabgeordnete mit kurdischen Wurzeln in Österreich als Vertreterin in das Parlament gewählt zu haben.

KurdInnen in Tirol in der Gegenwart

Kurdische MuslimInnen

Die KurdInnen sind in der Regel mehrheitlich sunnitische MuslimInnen. Dadurch, dass die Mehrheit der KurdInnen in Tirol mit großer Wahrscheinlichkeit alevitischen Hintergrund (die InterviewpartnerInnen bestätigen diese Vermutung) haben, und die linken Strukturen der KurdInnen politisch wenig Raum für konservativ und strenggläubige Menschen bieten, sind die Organisation und Vertretungen der gläubigen MuslimInnen nicht fortgeschritten. Dass die von KurdInnen organisierten Moscheen mit fünf Vereinen begrenzt sind und von linken und alevitischen Vereinen insgesamt mehr als 15 existieren, lässt auch vermuten, dass die AlevitInnen unter den KurdInnen in Tirol die Mehrheit bilden. *„Nicht linke Strömungen der KurdInnen sind in Tirol kaum wahrnehmbar, eine Orginastionsstruktur fehlt."*[98] Es existieren nur kleine Gruppen die als radikal islamistisch bezeichnet werden können, was in Bezug auf die Herkunftsregion nur bei den KurdInnen der Fall zu sein scheint, und das unabhängig davon von welchem Teil Kurdistans (Türkei, Iran, Syrien, Irak) die Rede ist.

---

96 Statisches Handbuch Tirol 2006: 144.
97 Statisches Handbuch Tirol 2019: 139.
98 Eren/Schnitzer 2015: 67.

In Innsbruck gibt es nur eine Moschee, die hauptsächlich von strenggläubigen KurdInnen besucht wird. In der *Said-i Nursi* Moschee dominiert eine fundamentalistische Islam-Interpretation, deren kurdische AnhängerInnen in der Regel nur eine kleine Minderheit in Innsbruck darstellt. Die BesucherInnen der *Said-i Nursi* Moschee sind eine in sich geschlossene Gruppe. Sie stellen ihre muslimische Identität über ihre kurdische Ethnizität. Die BesucherInnen bevorzugen es, unter sich zu bleiben und haben wenig Kontakt mit den anderen KurdInnen in Innsbruck. Die *Said-i Nursi* Moschee existiert seit ca. 10 Jahren in Innsbruck.

Viele muslimische KurdInnen hauptsächlich aus dem mittelanatolische Provinz Konya leben in Folge von Kettenmigration in Telfs. Viele haben zwar Kontakt mit dem kurdischen Volkshaus in Innsbruck und manche sind dort Mitglied, aber die meisten sind regelmäßige BesucherInnen der Moscheen im Bezirk Telfs. Auch in Landeck leben KurdInnen aus Konya, die in den Moscheen organisiert sind.

Zwei weitere Moscheen befinden sich im Zillertal und Reutte, die mehrheitlich von KurdInnen besucht werden. Viele KurdInnen aus der Provinz Bingöl sind in verschiedenen Gemeinden des Zillertals (Bezirk Schwaz) ansässig. Viele KurdInnen aus Bingöl sind zwar konservative MuslimInnen, aber dennoch durch die Ethnizität teilweise kurdischen Vereinen in Innsbruck nahe stehend. Die KurdInnen aus Bingöl im Zillertal sind meistens in der Mevlana Moschee in Fügen im Zillertal organisiert, die weder *ATIB* noch *Diyanet* oder *Milli Görüş* angehört.

Die KurdInnen in Reutte hingegen stammen aus der mittelanatolischen Provinz Aksaray, sind sehr konservativ und teilweise strenggläubige MuslimInnen. Die KurdInnen aus Aksaray in Reutte besuchen in der Regel die Moschee von *Milli Görüş* und leben seit über 30 Jahren in Reutte.

Es gibt vereinzelt muslimische KurdInnen in allen Bezirken Tirols, für die Religion im Vordergrund steht und gegenüber den linken KurdInnen in Tirol distanziert sind. Sie sind meistens BesucherInnen der Moscheen von *Diyanet* und *Milli Görüş*.

Kurdische Linke

Kurdische Linke sind die offensichtlich am besten organisierte Gruppe unter den KurdInnen in Tirol. ATIGF ist in Tirol mit zwei Vereinen (Innsbruck und Wörgl) vertreten, was sonst in keinem anderen Bundesland in Österreich der Fall ist. In Innsbruck gibt es noch Vereine wie das Kurdische Volkshaus, die Anatolische Föderation, DIDF oder ADHF (*Avusturya Demokratik Haklar Federasyonu* – Föderation der demokratischen Rechte in Österreich) und viele vereinzelte Vertretungen verschiedener türkisch/kurdischer linker Organisationen in Europa. Die linken KurdInnen suchen auffällig mehr Kontakt in Bezug auf politische Arbeit mit den österreichischen Organisationen als viele andere MigrantInnen-Organisationen in Tirol. Die kurdischen Linken sind seit Jahrzehnten ein wichtiges Glied der Protestkultur in Tirol. Die meisten Organisationen sind traditionell bei den unterschiedlichen Linken Wahlbündnissen Mitglied, wie bei den letzten beiden AK Wahlen in Tirol oder bei Erste-Mai Aufmärschen in Innsbruck Mitorganisator. Oft stehen die kurdischen Linken für antifaschistische und antirassistische Bündnisse als Verbündete zur Verfügung.

Was Gender- und Geschlechter-Fragen betrifft haben die KurdInnen verglichen mit vielen anderen MigrantInnen-Gruppen aus muslimischen Ländern durch ihre linke Haltung eine besondere Stellung. KurdInnen sind sehr aktiv in Fragen zu Gendergerechtigkeit. Die kurdischen Linken sind gegenüber LGBTIQ* Personen und Gruppen offener als viele anderen MigrantInnen-Vereine. Die Rolle der Frauen bildet eine entscheidende Säule unter den kurdischen Vereinen.

Der österreichische Verfassungsschutz und die EU stuft Organisationen wie PKK und DHKP/C als Terrororganisationen. Der Verfassungsschutz bewertet die PKK als ethnisch-separatistisch motivierte Terrororganisation ein.

> *„Die „Partiya Karkerên Kurdistanê" („Arbeiterpartei Kurdistans", PKK) ist eine straff strukturierte Organisation mit separatistisch-marxistischer Ausrichtung. Die PKK steht auf der Terrorliste der EU. Seit Jahren versucht sie, die Streichung von dieser Liste zu erwirken, und ist bemüht, sich – in Europa – ein weitgehend gemäßigtes Erscheinungsbild zu geben. Auf politischer Ebene bemüht sie sich, als einzig legitime Vertreterin und Ansprechpartnerin in der Kurdenfrage anerkannt zu werden."*[99]

Alevitische KurdInnen

Wie bereits erwähnt, existieren in Tirol insgesamt sieben Vereine der alevitischen Glaubensgemeinschaften, die hauptsächlich von den KurdInnen aus Dersim, Erzincan, Elazig, Sivas und Bingöl stammen. Vier Vereine (Innsbruck, Kufstein, Jenbach und Imst) davon sind Mitgliedsvereine der AABF und dementsprechend vertreten sie die Ansicht, dass der Alevitentum eine eigenständige Religion sei. Cem Vakfi hingegen ist mit drei Vereinen (Innsbruck, Jenbach, Imst) vertreten, die sich als MuslimInnen betrachten. Es scheint so als die Diskussion unter den AlevitInnen bzgl. Teil des Islams oder eigenständiger Religion sei, in Zukunft weiterhin die AlevitInnen stark beschäftigen wird.

> *„Zweite Generation sieht Tirol schon als Heimat, ich zumindest schon, ich sehe Österreich als meine Heimat. Die meisten könnten gar nicht unten leben... Ich würde niemals irgendwohin ziehen. Weil wir dort fremder als in Österreich sind. Wir sind in Österreich aufgewachsen unsere Kindheit haben wir hier verbracht. Die Türkei ist für uns ein Urlaubsort, wo wir auch Verwandte besuchen... uns verbindet einfach nichts mehr... Meine Kinder haben überhaupt keinen Bezug mehr, auch politisch nicht mehr. Von den Jungen wird niemand mehr zurück gehen. Wenn sie zurückgehen, wären sie genauso entwurzelt wie die Großeltern hier einmal gewesen...Was mir in 20 Jahren vorstellen kann, dass irgendwie der Alevitentum sich weiterentwickelt in den europäischen Kulturraum. Anstelle von Ali andere Bilder, europäische Bilder kommen wird. Meine Meinung nach gehört Ali nicht zu uns, wir haben keine arabische Einstellung. Das war für uns Aleviten eine Tarnung. Die Aleviten haben durch Ali die Familien geschützt...Warum haben wir Aleviten keine Koran zu Hause, warum beten wir nicht wie die Muslime, warum haben wir kein Ramadan...Wir können vielleicht die Einstellung meiner Eltern mit den verändern wir Menschen 2. und 3. Generation in Tirol können es ändern."*[100] *Es sieht so als würde jede einzelne oben angeführte Beschilderung über AlevitInnen und das Alevitentum in Tirol die alevitische Community auch in Zukunft stark beschäftigen. Es scheint so, als würde aus diesen Diskussionen unter den AlevitInnen eine neue Form eines europäischen Alevitentum entstehen, das starke christliche Einflüsse in den Glauben integriert wird. Laut den InterviewpartnerInnen in Kufstein ist es teilweise jetzt schon so, dass man mit den Kindern zu Hause Weihnachten und Ostern in irgendeiner Art und Weise feiert. Themen wie Ali und Islam werden vermeintlich unter dem aktuellen politischen Klima in Europa, das die MuslimInnen immer mehr als Bedrohung sieht, dazu führen, dass viele AlevitInnen sich vom Islam klarer distanzieren wie im Fall der AlevitInnen in Kufstein. Es ist stark zu vermuten, dass die Diskussionen und Machtkämpfe unter den AlevitInnen in den kommenden Jahrzehnten die Glaubensrichtung noch prägen werden.*

---

99 Verfassungsschutzbericht 2018: 17.
100 IP 2 InformantInnen alevitische Glaubensgemeinschaft am 31.01.2021.

KurdInnen aus Syrien

Die Diaspora der syrischen KurdInnen in Tirol konnte sich erst nach dem Jahr 2012 im Zuge der syrischen Fluchtmigration als Folge des Bürgerkriegs entwickeln. Die Community ist durch die türkische Besatzung im Jahr 2018 gewachsen. Nach der türkischen Besatzung gab es zwar keine große Welle wie in den Jahren 2015/16, aber dennoch konnte die Anzahl der KurdInnen in Tirol merklich wachsen.

> *„Wie bereits ausgeführt ist von etwa 1.300 bis 1.500 syrischen KurdInnen in Vorarlberg auszugehen. Dies ist genug, um eine eigene Community zu bilden, die sich wohl auch dauerhaft in Vorarlberg etablieren wird. Erste Ansätze dafür sind bereits deutlich zu erkennen."*[101]

Wovon Schmidinger in seiner Übersicht zu KurdInnen in Vorarlberg ausgeht, gilt auch für die KurdInnen aus Syrien in Tirol.

Die KurdInnen aus Syrien unterscheiden sich von den KurdInnen, die als „temporäre GastarbeiterInnen" immigrierten insofern, als sie als Flüchtlinge ins Land kamen. Zusätzlich sind sie überwiegend alphabetisiert. *„Zudem stammen einige der syrischen KurdInnen aus gebildeten Familien, die ohne den Krieg nie Syrien verlassen hätten."*[102]

In dem Fall von syrischen KurdInnen reden wir von einer neu immigrierten Gruppe, die aktuell von der ersten Generation dominiert wird. Es sind zwar schon Kinder in Tirol geboren oder viele im Kleinkindalter nach Tirol gekommen, aber die Ton angebende Generation ist immer noch die erste Generation. Die KurdInnen aus Syrien sind erst in der Anfangsphase des Integrationsprozesses in Tirol.

KurdInnen aus Syrien orientieren sich vielfach an der PKK und ihren Schwesterorganisationen in Syrien PYD/YPG. Es gibt aber nicht nur die genannten Organisationen in Syrien, sondern viele sympathisieren mit den rivalisierenden kurdischen Parteien des Kurdischen Nationalrates in Syrien (ENKS), insbesondere der Demokratischen Partei Kurdistans-Syrien (PDK-S). Die syrischen KurdInnen organisieren Demos oder nehmen regelmäßig bei den Demonstrationen gegen den Einmarsch der Türkei in Rojava teil. Unabhängig mit welchen Organisationen sie sympathisieren, sind sie oft bei den Aufmärschen auf den Straßen von Innsbruck zu beobachten.

KurdInnen aus dem Irak und Iran

Beinahe alle irakischen KurdInnen kamen als Flüchtlinge nach Tirol. Im Vergleich zu den KurdInnen aus der Türkei und Syrien ist die Community relativ klein. Sprachliche und religiöse Vielfalt stellt ein Hindernis für die Entstehung einer geschlossenen und alle umfassenden Community dar. Vor allem die ÊzîdInnen sind eine sehr in sich geschlossene Glaubensgemeinschaft. Was für die KurdInnen aus Syrien gilt, gilt es auch für KurdInnen aus dem Irak. Obwohl nach den Golfkriegen vereinzelt Familien nach Tirol immigriert sind, kamen die meisten während der Migrationswelle in den Jahren 2015/16 als Flüchtlinge. Die Mehrheit der KurdInnen

---

101 Schmidinger 2020.
102 Schmidinger 2020.

bilden aktuell die erste Generation in Tirol und sind noch wie die syrischen KurdInnen am Anfang des Integrationsprozesses.

KurdInnen aus dem Iran leben entweder sehr wenige in Tirol. Weder die InterviewpartnerInnen noch die anderen AktivistInnen konnten diesbezüglich verlässliche Informationen liefern. Was man jedenfalls festhalten kann, ist dass die KurdInnen aus dem Iran über keine organisierten Strukturen in Tirol verfügen.

Conclusio

KurdInnen, die in den verschiedenen Bezirken Tirols leben, haben aus verschiedenen Perspektiven betrachtet im Vergleich zu den ersten GastarbeiterInnen viele Differenzen aber gleichzeitig auch Gemeinsamkeiten. Im Rahmen der vorliegenden Arbeit wurden Vorstandsmitglieder der Alevitischen Glaubensgemeinschaft in Kufstein und des *Yildiz* Kultur und Sport Vereins, der ein Mitglied des Vereins ATIGF ist, die mehrheitlich von den KurdInnen aus der Türkei besucht werden, interviewt. In beiden Interviews haben die Vorstandsmitglieder mitgeteilt, dass die Mehrheit ihrer Mitglieder die österreichische Staatsbürgerschaft besitzen. Die meisten KurdInnen in Tirol haben mittlerweile im Gegensatz zur ersten Generation der GastarbeiterInnen keine Probleme mit Aufenthaltstitel, Verlängerungen, sprachlicher Kommunikation oder Substandard Wohnungen. Für die anerkannten Flüchtlinge aus dem Irak und Syrien gelten die sprachlichen, bürokratischen und rechtlichen Fragen nach wie vor.

Die meisten GastarbeiterInnen hatten ländlichen Ursprung und kamen erst in Tirol mit der ArbeiterInnen-Bewegung in Kontakt. Die Voraussetzungen für die KurdInnen waren vor der Migration nach Europa in vielerlei Hinsicht beschränkt. Die staatliche Unterdrückung sorgte über Generationen hinweg für Armut im Herkunftsland. Die armen BäuerInnen hatten kaum Chancen auf Bildung. Möglichkeiten, um sich sozial aufwärts bewegen zu können, waren durch den strukturellen Rassismus in der Region und in dem Fall von GastarbeiterInnen besonders in der Türkei sehr gering. Für die alevitischen KurdInnen kam religiöse Unterdrückung hinzu. Als die ersten KurdInnen nach Tirol kamen waren ihre Ziele und Visionen relativ bescheiden. Für Viele war eines Tages die österreichische Staatsbürgerschaft zu besitzen ein Utopie. Man kann im Fall der KurdInnen beobachten, dass der Militärputsch im Jahr 1980 in der Türkei den Prozess, sich dauerhaft in Tirol niederzulassen, beschleunigt hat. Die politische Migrationswelle nach 1980 hat sich von der Vereinslandschaft bis hin zur Einstellung als Vorübergehende GastarbeiterInnen in Tirol zu bleiben stark verändert.

Die Kinder und Jugendlichen haben weniger Bezug auf das Herkunftsland. Je mehr Generationen in Tirol aufwachsen desto stärker wird die Verbindung zu Tirol und nimmt der Bezug zum Herkunftsland ab. Es gibt zwar keine repräsentativen Studien dazu, aber viele KurdInnen bewerten Tirol als ihr Heimat.

In der klassischen Migrationsforschung werden die KurdInnen und AlevitInnen aus der Türkei, die als GastarbeiterInnen nach Europa kamen, als Ganzes betrachtet und es wird meistens zwischen den MuslimInnen und AlevitInnen oder TürkInnen und KurdInnen nicht unterschieden. Zu den Klassikern der Migrationsforschung gehört die Arbeit von Leo Lucassens, der einen Vergleich zwischen PolInnen und TürkInnen im Ruhrgebiet anstellte. Obwohl Lucassens Arbeit wissenschaftlich einen Meilenstein in der Migrationsforschung darstellt, wird die Vielfalt unter den türkischen StaatsbürgerInnen nicht in die Untersuchung miteinbezogen. Das heißt nicht, dass es den MigrationsforscherInnen nicht bewusst ist, dass die Türkei ein multiethnisches Land mit religiöser Vielfalt ist. Die Staaten in den Herkunftsländern haben kein Interesse, die genaue Anzahl der KurdInnen festzustellen. Dementsprechend ist es für die Migrationsforschung relativ schwer, die Anzahl der KurdInnen unter den GastarbeiterInnen festzustellen. Es wäre für die Migrationsforschung allgemein interessant zu sehen, ob es für das Verhalten von MigrantInnen-Gruppen einen Unterschied ausmacht, ob die immigrierte Gruppe in ihrem Herkunftsland Minderheiten waren. Im Fall der KurdInnen scheint es so, als wäre es ausschlaggebend gewesen, dass die KurdInnen eine unterdrückte Minderheit im Herkunftsland waren. Bei den kurdischen AlevitInnen ist es deutlicher zu beobachten, weil die kurdischen AlevitInnen sowohl ethnisch als auch religiös eine Minderheit bilden. Auch die ÊzîdInnen zeigen ähnliche Verhaltensmuster. Es scheint so, als ob es zwischen den Minderheiten und Mehrheiten während der Migrations- und Integrationsprozesse im Aufnahmeland Verhaltensunterschiede gäbe. Es ist stark zu vermuten, dass die Minderheiten in den Herkunftsländern, die Rassismus, Diskriminierung und Unterdrückung ausgesetzt waren und sich dementsprechend schon in den Herkunftsländern anpassen mussten, eine schnellere Integration im neuen Zielland bewerkstelligten. Denn sich zu integrieren ist bei vielen Minderheiten über Jahrzehnte und in manchen Fällen über Jahrhunderte als Reflex zur Sicherung ihrer Existenz entwickelt worden. Die Mehrheiten hingegen, die im Herkunftsland die ethnische und religiöse Norm gebildet haben und sich nicht anpassen mussten, tun sich schwerer sich den neuen Gegebenheiten in den Zielländern anzupassen. Dies bleibt ein Desiderat der (österreichischen) Migrationsforschung.

Literatur

Eren, Gamze/Schnitzer, Jakob 2015: „Eine Geschichte der kurdischen Linken in Tirol" In: Jarosch, Monika (Hg): *Gaismair Jahrbuch 2016. Zwischentöne.* Innsbruck-Wien-Bozen. Studienverlag Ges.m.b.H, 63-75.

Gümüşoğlu, Turgut/Batur, Murat/Kalaycı, Hakan/Baraz, Zeynep. 2009. Türkische Migranten in Österreich. Eine Querschnittstudie der türkischen Migrantengemeinschaft zwischen transnationaler Struktur und Integration. Frankfurt: Peter Lang.

Hahn, Sylvia/Stöger, Georg 2014: *50 Jahre österreichisch-türkisches Anwerbeabkommen.* Fachbereich Geschichte/Zentrum für Ethik und Armutsforschung. Salzburg.

Halm, Heinz 2000: *Der Islam: Geschichte und Gegenwart.* Verlag. C.H.Beck. München.

Haug, Sonja 2000: *Soziales Kapital und Kettenmigration. Italienische Migranten in Deutschland.* Bundesinstitut für Bevölkerungsforschung. Wiesbaden.

Hessenberger, Edith 2004: *Ethnische Netzwerke und sozial-räumliche Segregation türkischer MigrantInnen in Innsbruck.* Diplomarbeit an der Fakultät für Geo- und Atmosphärenwissenschaften der Leopold-Franzens Universität Innsbruck.

Interviewpartnerinnen: kurdische AktivistInnen aus Innsbruck.

Interview mit den Vorstandsmitgliedern der Alevitischen Glaubensgemeinschaft Kufstein.

Interview mit dem Vorstandmitglied der Yildiz Kultur und Sport Verein Wörgl.

Kaypakkaya Ibrahim 2004: *Ausgewählte Werke*. Umut Yayimcilik. Istanbul .

Lucassen Leo 2006: „Poles and Turks in the German Ruhr Area: Similarities and Differences." In: Lucassen, Leo/Feldman, David/Oltmer, Jochen (Hg): *Paths of Integration*. Amsterdam University Press, Amsterdam. 27-45.

Özmen, Pelin/Schmidinger, Thomas 2013: Innsbrucker Diskussionspapiere zu Politik, Religion und Kunst Nummer 45. AlevitInnen in Vorarlberg. Innsbruck.

Schmidinger, Thomas 2020: „Politische Kämpfe in der Provinz. Kurdische Diasporen in Vorarlberg." In: Grond, Agnes/Brizič, Katharina/Osztovics, Christoph/Schmidinger, Thomas (Hg): *Vom Taurus in die Tauern: kurdisches Leben in den österreichischen Bundesländern*. Teil 1. Wien: Praesens.

Statistisches Handbuch Bundesland Tirol 2019: Amt der Tiroler Landesregierung. https://www.tirol.gv.at/fileadmin/themen/statistik-budget/statistik/downloads/Statistisches_Handbuch_2019.pdf.

Statistisches Handbuch Bundesland Tirol 2016: Amt der Tiroler Landesregierung.

Tiroler Soziale Dienste 2015/16: Wirkungsbericht 2015/16 nach SRS.

Verfassungsschutzbericht 2018: Bundesministerium für Inneres Bundesamt für Verfassungsschutz und Terrorismusbekämpfung (BVT).

10 Jahre ATIGF.

Politik, Sport, Musik, Literatur, Gastronomie: Kurdisches Leben in Oberösterreich

SEVDA ÖZCAN

ABSTRACT

Dieser Beitrag befasst sich mit den KurdInnen Oberösterreichs und geht auf eine empirische Studie zurück. Nach einem Überblick über Bevölkerungszahlen und kurdische Vereinsgründungen fasst der Artikel die Ergebnisse der Studie zusammen, die auf elf Interviews mit KurdInnen aus der Türkei, Syrien, dem Irak und dem Iran beruht. In den Interviews wurde besonders auf die Phase des Ankommens in Oberösterreich und das subjektive Erleben dieser ersten Zeit eingegangen. Der Beitrag schließt mit einem Überblick über kulturelle, ökonomische und soziale Aktivitäten der KurdInnen in Oberösterreich.

The following paper is based on an empirical study and discusses the Kurds in Upper Austria. After an overview of statistics and Kurdish associations, the article outlines the results of the study, comprising eleven interviews conducted with Kurds from Turkey, Syria, Iraq and Iran. The interviews paid special attention to the stage of arriving in Upper Austria and the Kurds' subjective experience of this first period. The paper concludes with an overview of the cultural, economic and social activities of the Kurds in Upper Austria.

1. Einführung

Die KurdInnen in Oberösterreich bilden eine große und heterogene Bevölkerungsgruppe. In diesem Beitrag werden die kurdischen Vereine und Gruppierungen, kulturelle und politische Aktivitäten, sowie persönliche Erfahrungen von KurdInnen im Zuge der Migration nach Oberösterreich dargestellt.

Krieg in den Herkunftsländern, politische Verfolgung, kulturelle Unterdrückung und ökonomische Marginalisierung zählen zu den Faktoren, die dazu führen, dass KurdInnen ihre Herkunftsländer verlassen. Ein sehr prominentes Beispiel unter den europäischen ExilkurdInnen ist der Musiker Ahmet Kaya. Ahmet Kaya hatte einen kurdischen Vater und eine türkische Mutter. In der Türkei produzierte er seine Werke in türkischer Sprache. Die bloße Ankündigung eines kurdischsprachigen Songs auf einer Veranstaltung in Istanbul führte dazu, dass Kaya die Türkei verlassen musste. Kaya lebte daraufhin in Frankreich im Exil. [1] Sein Lied „Yüregim Kanıyor" [Mein Herz blutet] steht stellvertretend für die Erfahrungen vieler KurdInnen in den kurdischen Gebieten selbst und in der Diaspora:

---

1 https://www.sueddeutsche.de/kultur/kurdische-kampflieder-lieder-des-guten-1.2198300-3.

„Hiç yoktan susturuldu şarkımız. Yüreğim kanıyor, yüreğim kanıyor. Bitmeseydi ... bitmeseydi bizim öykümüz böyle."² [*Aus Nichtigkeit wurden unsere Lieder zum Schweigen gebracht. Mein Herz blutet, mein Herz blutet. So hätte es nicht enden sollen ... Unsere Geschichte hätte so nicht enden sollen.*]

Ein weiteres Beispiel für einen prominenten Exilkurden ist der Sänger Şivan Perwer, der nach dem Verlassen der Türkei aber anders als Ahmet Kaya ausschließlich kurdische Werke produzierte. Wie Ahmet Kaya bezieht sich Şivan Perwer in seinen Werken vielfach auf die Geschichte der Unterdrückung. Perwer erlangte über die kurdische Community hinaus Bekanntschaft, weil er mit dem österreichischen Musiker Willi Resetarits vor großem Publikum in Österreich auftrat. Ihre Tour machte auch in Oberösterreich Station, das Konzert fand am 18.11.2006 im Linzer Posthof statt.³

Abbildung 1: Şivan Perwer und Willi Resetarits musizieren im Linzer Posthof. 18.11.2006 © Lukas Beck

Auch bei kurdischen KünstlerInnen, die in Oberösterreich leben, finden sich diesbezügliche Äußerungen zu Unterdrückung und Migration, ein bekanntes Beispiel ist der Musiker Bawercan Karataş. Er wurde in Mardin/Türkei geboren und verlebte seine Jugend in seiner Heimat. Aufgrund seiner Leidenschaft, kurdische Lieder zu singen, wurde er politisch verfolgt und musste nach Österreich auswandern. Heute lebt Bawercan in Linz, wo er sich im Kulturleben engagiert. Neben seiner musikalischen Laufbahn betätigt sich Bawercan auch als Übersetzer. So übersetzte er unter anderem die Geschichte von Mem û Zîn, die als das kurdische Nationalepos gilt, für das interkulturelle Linzer Projekt „Geschichten aus aller Welt". (siehe Abschnitt 5 dieses Artikels)⁴

---

2 Vgl. Erdem 2005.

3 http://www.willi-sivan.com.

4 https://www.linz.at/kultur/81252.php PDF S.:24.

2. Statistik

Wie viele KurdInnen heute in Oberösterreich leben, ist nicht leicht festzustellen. Anhand der Statistik 2020 wird ersichtlich, dass Oberösterreich 1.490.279 Einwohner hat. Damit ist Oberösterreich das drittgrößte Bundesland Österreichs in Bezug auf die EinwohnerInnenzahl.[5] Von diesen eineinhalb Millionen Menschen haben 189.000 Personen haben eine ausländische Staatsangehörigkeit, davon wiederum stammen 47.333 Menschen aus der Türkei.[6] Außerdem leben in Oberösterreich 6.023 syrische, 2.014 irakische, und 1.502 iranische StaatsbürgerInnen. Diese Zahlen zeigen deutlich, dass die Türkei für Zuwanderung aus den kurdischen Gebieten nach Oberösterreich eine zentrale Rolle spielt. Die zweitgrößte Gruppe, die syrischen StaatsbürgerInnen sind im Wesentlichen seit dem Ausbruch des syrischen Bürgerkriegs zugewandert.

Aber wie viele dieser türkischen, syrischen, irakischen und iranischen StaatsbügerInnen sind KurdInnen? In den Statistiken wird nur die Staatsangehörigkeit angezeigt, ethnische, sprachliche, religiöse und kulturelle Minderheiten scheinen hier nicht auf. Daher ist es schwierig, anzugeben, wieviele KurdInnen sich unter den verschiedenen Staatsangehörigkeiten verbergen. Hüseyin Şimşek bietet folgende Einschätzung:

> *„Wir haben leider noch keine zuverlässigen Daten, die die türkei-stämmigen Kurden nach ihrer religiösen Zugehörigkeit differenzieren. Wir können nur schätzen, dass es auch genauso viele alevitischen Kurden wie die Schafiis nach Österreich eingewandert sind, da diejenigen, die aus Dersim, Erzincan, Bingöl, Sivas-Koçgiri, Marasch und Musch stammen, grundsätzlich zu den Aleviten gehören. Die Schafii-Kurden kommen haupsächlich aus der Provinz Bingöl. Bei den Kurden in Konya, Ankara, Aksaray, Yozgat und Kirsehir ist die Hanefi-Konfession verbreitet, während die Kurden aus den eher westlichen Provinzen in der Türkei, wie Istanbul, Izmir, Bursa, Adana und Mersin verschiedene religiöse Zugehörigkeiten aufweisen.“*[7]

Wenn von der Staatsangehörigkeit und dem ungefähren Anteil der kurdischen Bevölkerung an der Gesamtbevölkerung des Herkunftslandes hochgerechnet wird, kämen wir auf ca. 10.000 KurdInnen aus der Türkei in Österreich, auf etwa 600 KurdInnen aus Syrien, 300 aus dem Irak und 100 aus dem Iran. Der Anteil der KurdInnen aus der Türkei liegt allerdings mit Sicherheit höher, da viele der türkeistämmigen OberösterreicherInnen mittlerweile eingebürgert sind und der Anteil der Türkeistämmigen vermutlich fast doppelt so hoch ist, wie jener mit türkischer Staatsbürgerschaft, wir dann also 20.000 statt 10.000 KurdInnen aus der Türkei hätten. Und auch jener aus Syrien kann durchaus auch höher sein, da der Anteil an KurdInnen innerhalb der syrischen Flüchtlingspopulation in Europa aufgrund der geographischen Verteilung im Norden Syriens höher ist als in der Gesamtgesellschaft. Insgesamt kann damit jedenfalls von einer Zahl zwischen rund 11.000 und 22.000 KurdInnen in Oberösterreich ausgegangen werden.

Über die religiöse Zugehörigkeit dieser Bevölkerung liegt kein statistisches Datenmaterial vor. Angesichts der bekannten Herkunftsländer ist jedoch anzunehmen, dass die Mehrheit der oberösterreichischen KurdInnen sunnitische Muslime sind, mit einer größeren alevitischen

---

5 https://de.statista.com/statistik/daten/studie/743118/umfrage/bevoelkerung-von-oberoesterreich.
6 http://www.statistik.at/web_de/statistiken/menschen_und_gesellschaft/bevoelkerung/bevoelkerungs-struktur/bevoelkerung_nach_staatsangehoerigkeit_geburtsland/index.html.
7 Vgl. Şimşek 2017: 255.

Minderheit. Bekannt ist auch eine Êzîdî-Community in Oberösterreich, die im Vergleich zu anderen österreichischen Bundesländern sogar relativ groß ist. Bereits 2010 erklärte ein Angehöriger dieser Gruppe, dass er etwa 100 Êzîdî in Oberösterreich kenne.[8] Nach dem Genozid des IS an den Êzîdî im Irak 2014 und der türkischen Besetzung Efrîns 2018 flüchteten weitere Êzîdî nach Österreich. Die Community dürfte seither also gewachsen sein.

Aus der Statistik ist ersichtlich, dass sich die türkischstämmige Bevölkerung vor allem in den größeren Städten wie Linz, Wels, Steyr, Ried und Perg ihren Lebensmittelpunkt hat. Das hängt in erster Linie mit den Arbeitschancen und Wohnmöglichkeiten zusammen. Linz als Landeshauptstadt bietet – wie alle größeren Städte – zahlreiche Arbeitsmöglichkeiten für MigrantInnen. Daher waren solche Städte immer Anziehungspunkte für einwandernde Menschen. Im Lauf der Zeit bildeten sich dann Netzwerke, die den nachkommenden MigrantInnen das Einleben in den neuen Umgebungen erleichterten. Die nächste Phase ist üblicherweise die Phase der Vereinsgründungen. Die inoffiziellen Netzwerke, durch die die MigrantInnen einander unterstützen, werden so in offizielle Organisationen übergeführt. Thomas Schmidinger[9] und Hüseyin Şimşek[10] stellen die Entwicklung der kurdischen Vereine aus türkischen, linken Vereinen ausführlich dar. Im Grunde gilt diese Entwicklung auch für Oberösterreich. Im Folgenden wird nun daher auf die Organisation der oberösterreichischen KurdInnen in Vereinen eingegangen.

3. Kurdische Vereine in Oberösterreich

In Linz gibt es derzeit folgende Vereine, die den KurdInnen Treffen und sozialen Austausch ermöglichen:

Die folgenden drei Vereine teilen sich ein Vereinslokal:

- *MESOPOTAMIA- anatolischer Kulturverein in Linz* (MAKD)
- *ASKÖ-(Arbeitsgemeinschaft für Sport und Körperkultur in Österreich) kurdischer Sportverein in OÖ*[11]
- *Verein AMARA- Vereinigung kurdischer Frauen in OÖ*

Weitere Vereine mit Türkeibezug sind:

- *Demokratischer ArbeiterInnen- und Kulturverein der Türkei und Türkei-Kurdistan*
- *Birlikte Yaşam (Miteinander leben - Offenes Integrationszentrum)*
- *ATIGF-Kulturzentrum UMUT*
- *NEWROZ- Kurdischer Kultur- und Sportverein*
- *ADA-Alternative Solidaritätszentrum und Taksim Initiative Linz*
- *ADHF-Verein für demokratische Recht*
- *DIDF-Kulturverein der demokratischen Arbeiter*
- *Kulturverein der Alewiten in Linz*

Ein Kurdischer Verein mit Iran-, Irak-, und Syrienbezug in Linz ist:

---

8 Schlatter 2013: 183.
9 Vgl. Schmidinger 2020.
10 Vgl. Şimşek 2021: Artikel Niederösterreich, dieser Band.
11 http://www.adaavusturya.at/?cat=9.

- Der *Kurdische-Exilgemeinde-Verein für kurdische Sprache, Bildungs-, Jugend- und Kulturarbeit*
- 2007 wurde in Linz auch ein êzîdischer Verein gegründet. Der *Verein der Yeziden in Österreich* war sogar der erste êzîdische Verein in Österreich überhaupt, hatte allerdings nicht lange Bestand.[12]

Außerhalb der Landeshauptstadt gibt es folgende kurdische Vereine in Oberösterreich:

- *Kurdischer Verein Wels*
- *Alevitischer Kulturverein* in Wels
- *Pir Sultan Abdal* Verein in Perg
- *Kurdischer Kulturverein Leonding*
- *Demokratisch Kurdischer Kulturverein Vöcklabruck*

Der kurdische Kulturverein Leonding ist von syrischen KurdInnen gegründet worden und veranstaltete gemeinsam mit dem Kurdischen -Exilgemeinde-Verein einen Marsch anlässlich des Massakers in Helebce sowie einen Festakt zum 67. Gründungstag der Republik Mahabad[13].

Die SympathisantInnen der PKK sind unter dem Dach des *Mesopotamia-Vereins* vereint. Dies ist ein Zweig des Dachverbands „Rat der Kurdischen Gesellschaft in Österreich" (FEYKOM) in Linz. Der Linzer Standort wurde vor 25 Jahren im Jahr 1995 gegründet, der Verein widmet sich nicht nur politischen Zielen, sondern setzt sich in jeder Hinsicht für die Rechte von MigrantInnen ein. Er versteht sich hauptsächlich als Vertreter der kurdischen Volksgruppe, ist aber auch Ansprechpartner für andere MigrantInnen aus dem Nahen und Mittleren Osten. Zu den Vereinstätigkeiten gehören unter anderem Bildung und Förderung von kurdischen Kindern in Linz. Dazu meinte das ehrenamtliche Mitglied des Vereins Mesopotamia, Frau *Özgür Taş*, in einem Interview:

> *„Bildung ist ein Schlüsselfaktor für aktive Partizipationsarbeit. Chancengleichheit im Bereich der Bildung ist eine sehr zentrale Forderung, die vor allem der jüngeren Generation von „Eingeborenen ÖsterreicherInnen" zugutekommt. Dass das schlechte Abschneiden bei den PISA-Studien mit den MigrantInnen-Kindern in Verbindung gesetzt wird, ist ein sehr offensichtliches Verschleiern der tatsächlichen Bildungssituation in Österreich. Nach wie vor gilt nämlich: Wer das nötige Geld für Bildung hat, bekommt sie auch. Kinder aus den sozial benachteiligten Familien sind die wahren Verlierer dieses Bildungssystems, zu denen auch ein sehr großer Teil der MigrantInnenfamilien gehören. Wir sind uns dieser Problematik sehr bewusst und setzen gerade in OÖ mehr Aufmerksamkeit der Eltern und zu mehr Förderung von SchülerInnen mit migrantischem Background an."[14]*

Auch der Verein *AMARA* engagiert sich mit ähnlichen Schwerpunkten. Er trennte sich 2016 vom Verein *Mesopotamia* und wurde zu einem eigenständigen Verein, der nur kurdische Frauen vertritt. Die Personen, die in dem Verein aktiv sind, sind ebenfalls ausschließlich Frauen. Sie setzen sich für die Rechte und Weiterbildungsmöglichkeiten von Frauen und Jugendlichen ein. Diesen Aufgabenbereich erklärt Özgür Taş mit den Worten:

> *„Der Verein Mesopotamia in Linz (heutzutage heißt er DKTM Demokratisches Zentrum der KurdInnen, durch die Einschränkungen der Meinungsfreiheit Erdogans im Jahr 2016 musste sich der Verein umbenennen) versteht sich als eine politisch-kulturelle Einrichtung, die sich für Anliegen und Belangen von kurdischen Frauen in OÖ einsetzt. Vor allem die Geschichte der Unterdrückung des kurdischen Volkes und in diesem Zusammenhang, die doppelte Benachteiligung von kurdischen Frauen, aufgrund ihres Geschlechtes und des sehr stark ausgeprägten patriarchalen Gesellschaftssystems, unterstreichen die Wichtigkeit der ‚politischen Handlung'. Als politische Handlung ist aus der Tätigkeit des Vereines herausgegriffen, die Partizipation von kurdischen Frauen im gesellschaftspolitischen Sinne, als*

---

12 Schlatter 2007: 191ff.
13 Vgl. Simsek 2017: 275.
14 https://initiative.minderheiten.at/ S.18- 18.08.2021

Selbstbestimmung und Selbstgestaltung, zu verstehen. Unser Leitsatz lautet: ‚Eine freie Gesellschaft zeigt sich darin, ob ihre Frauen frei sind!'"[15]

Ein weiterer wichtiger Bestandteil der Vereinsarbeit ist die Jugendarbeit. Diese hat einen zentralen kulturellen Aspekt: die Vereine versuchen, kurdische Kultur an die Jugendlichen weiterzugeben. Die Vereinsarbeit hat aber auch einen sozialen Aspekt: Jugendliche sollen von Gewalttaten abgehalten werden. Das illustriert folgende Aussage von Thomas Rammerstorfer einem Politiker und Buchautor, der sich mit dem Phänomen der Grauen Wölfe[16] befasste. Rammerstorfer schreibt auf der Kupf-Homepage (Kulturplattform Oberösterreich- gegründet 1996) folgendes:

„Die Welserin ist Döndü C. Sie ist keine Kurdin. Ihre Eltern stammen aus der türkischen Schwarzmeer-Region, sie ist AMS-Mitarbeiterin, hat Deutsch und Theologie studiert. Als ich sie treffe, ärgert sie sich gerade über einen versuchten Brandanschlag zweier kurdischer Burschen auf ein Lokal der „Grauen Wölfe" in Wels. „Genau sowas wollen wir verhindern. Wir wollen die Jugendlichen weg von der Straße holen, sie beschäftigen, mit ihnen lernen. Nach solchen Aktionen stehen wieder alle Kurden als Terroristen da".[17]

Insofern haben sich die kurdischen Vereine in Oberösterreich das Ziel gesetzt, Jugendliche gut auszubilden und ihnen eine Beschäftigung anzubieten, damit sie sich nicht von ihren Aggressionen überwältigen lassen. In diesen Tätigkeitsbereich fällt auch der Kurdische Sportverein ASKÖ ADA: Kinder und Jugendliche sollen mithilfe von sportlichen Tätigkeiten von Kriminalität abgehalten werden. Der Dachverband ASKÖ ist ein Verein mit vielen Subverbänden, die unter dem Dach des jeweiligen Landesverbands Betreuung und Dienstleitungen anbieten. Der ASKÖ-ADA ist einer dieser Verbände. Zielsetzungen sind laut Vereinshomepage:

„Die ASKÖ - Arbeitsgemeinschaft für Sport und Körperkultur in Österreich - ist eine nichtstaatliche Non- Profit-Organisation, die nach gemeinnützigen und sozialen Zielsetzungen agiert und demokratische Organisationsstrukturen aufweist. Wir handeln in der Interessensvertretung nach den sozialdemokratischen Grundsätzen Freiheit, Gleichheit, Gerechtigkeit und Solidarität."[18]

Insgesamt kann man sagen, dass die Ziele aller genannten Vereine sich stark gleichen: Sie betreiben Jugendarbeit, wollen KurdInnen eine Stimme geben, und durch kulturelle Veranstaltungen die kurdische Kultur in der Diaspora weiterleben lassen. Diese Ziele finden sich auch auf der Homepage des Dachverbandes Feykom beschrieben:

„Die Tätigkeiten des FEYKOM sind unter anderem die breite Präsentation kurdischen Kulturschaffens in Malerei, Theater, Musik, Literatur, Tanz und Film gemeinsam mit dem Kulturleben in Österreich. Weiters veranstaltet der Kurdische Rat Seminar- und Diskussionsreihen mit internationalen ExpertInnen, KünstlerInnen, SchriftstellerInnen und PolitikerInnen. FEYKOM fördert die Zusammenarbeit, die in Österreich lebenden Menschen und KurdInnen in den Bereichen Kultur, Gesellschaftspolitik, Arbeitsmarkt, Frauen, Wissenschaft, Menschenrechte, Globalisierung und internationale Kooperationen. All diese Tätigkeiten tragen zur Förderung eines kritischen und dynamischen gesellschaftlichen Dialogs in Österreich bei."[19]

In Oberösterreich hat sich so im Verlauf der vergangenen 30 Jahre eine lebhafte kurdische Vereinslandschaft etabliert. Diese spiegelt die Struktur der kurdischen Bevölkerung mit vielen KurdInnen aus der Türkei und wachsenden Diasporen aus den anderen Herkunftsländern. Die

---

15 Interview 2: 04.02.2020
16 Rammerstorfer 2018.
17 www.kupf.at/zeitung/159/in-kurdischen-kreisen/(eingesehen am 18.08.2021)
18 https://www.askoe.at/de. (eingesehen am 18.08.2021)
19 http://www.feykom.at.(eingesehen am 18.08.2021)

Szene transformiert sich nach den aktuellen Bedürfnissen und Entwicklungen in den Communities. Im folgenden Abschnitt stehen nun die kurdische Lebensrealität in Oberösterreich im Mittelpunkt, indem anhand ausgewählter Interviews über Erfahrungen mit der neuen Umgebung, der Arbeitswelt und dem Bildungssystem berichtet wird.

4. Kurdischer Alltag in Oberösterreich – eine empirische Studie

Diesem Abschnitt liegt eine Studie zur Integration kurdischer ImmigrantInnen in Oberösterreich zugrunde. Anhand von Interviews mit elf ÖsterreicherInnen, die türkische irakische, iranische, und syrische Wurzeln haben, wird versucht, die kurdische Lebensrealität in Oberösterreich zu erfassen. Die Interviews beziehen sich auf die erste Zeit nach der Einwanderung, erste Erfahrungen in Oberösterreich und schließlich auch auf die heutigen Lebensumstände, bei denen die Einbürgerung eine wichtige Rolle spielt. Zum Abschluss wird ein Thema aufgegriffen, das nicht nur in Oberösterreich, sondern im gesamten deutschsprachigen Raum immer wieder virulent wird: die Angriffe auf KurdInnen durch politische GegnerInnen aus dem Herkunftsstaat.

Bei der Konzeption der Studie wurde versucht, verschiedene klischeebeladene Themenfelder zu bearbeiten und neu zu interpretieren, wie z.B. Fragen zu Kultur und Religion, zu Frauenrechten uvm. Aus diesem Grund wurde versucht, ein möglichst diverses Sample zusammenzustellen: Samplingkriterien waren Geschlecht, Religion und Wohnsitz. Die Befragung rief bei den Interviewten großes Interesse hervor. Die weiblichen und männlichen Befragten waren sehr engagiert und versuchten alle Fragen detailliert zu beantworten. Die Interviews wurden grundsätzlich in deutscher Sprache durchgeführt. Zwei Interviews wurden von der Autorin auf Türkisch geführt und anschließend ins Deutsche übersetzt.

Im Folgenden werden die InterviewpartnerInnen kurz vorgestellt:

Interview 1: Der männliche Interviewpartner ist Ende 20 und kam mit 14 Jahren nach Österreich. Er stammt aus der Stadt Ankara. Durch Familienzusammenführung fing sein neues Leben in seinem jetzigen „Heimatland", so bezeichnet er Österreich, an. Er spricht fließend deutsch – das kann ein Indikator für erfolgreiche Integration sein. Der Interviewte ist im Gastgewerbe tätig und bezeichnet sich als gläubigen Moslem, ohne aber die Religion streng zu praktizieren.

Interview 2: Das Interview wurde mit einer Frau im mittleren Alter geführt. Sie wirkt selbstbewusst und ist ohne Religionsbekenntnis. Sie stammt aus Kahramanmaraş, einer Stadt in der Südosttürkei. Sie ist im Sozialbereich tätig. Die Interviewte kam im Erwachsenenalter nach Oberösterreich und stieg gleich ins Berufsleben ein. Ihre Englischkenntnisse ermöglichten ihr die Kommunikation im Anfangsstadium.

Interview 3: Das Interview wurde mit einem Studenten Anfang 20 geführt. Er ist Alevit, wurde in Erzincan geboren, seine Familie stammt jedoch aus Bingöl. Er kam im Alter von 5 Jahren durch Familienzusammenführung nach Österreich und beschreibt seine erste Phase in Österreich als unproblematisch. Er hat eine große Familie in Österreich, somit auch intensive und vielfältige Unterstützung von zu Hause.

Interview 4: Bei der Interviewten handelt es sich um die ältere Schwester des Interview-Partners Nr. 3. Durch diese Auswahl war es möglich, die Perspektiven zweier Personen mit ähnlichen Ausgangspunkten zu erfassen. Die Interviewte hat einen völlig anderen Blick als ihr Bruder. Sie hatte viel mehr Schwierigkeiten sich in die österreichische Gesellschaft einzubringen aber trotz dieser Erschwernisse bezeichnet sie sich heute als erfolgreiches Mitglied der Gesellschaft. Sie beendete ihr Studium und trägt ihren Titel mit Stolz.

Interview 5: Es handelt sich um einen männlichen Probanden Mitte 50, dessen Glauben das Alevitentum ist. Es sagt über seine Religion: „alte Alevitentum manche Aleviten sagen das Sie ein Teil des Islams sind meine Religion ist kein Teil des Islams"[20]. Er stammt aus der Stadt Ankara, ursprünglich jedoch aus Kahramanmaraş. Der Interviewpartner kam im Erwachsenenalter nach Österreich. In der Türkei hatte er einen Universitätsabschluss im Fach *International Relations* erworben. Er kann aber auf Grund des schwebenden Notifizierungsverfahrens seine Ausbildung in Österreich nicht nutzen, und muss dafür auch die deutsche Sprache auf ausreichendem Niveau beherrschen. Derzeit arbeitet er in der Gastronomie.

Interview 6: Dieses Interview wurde mit einer Frau Mitte 30 geführt, die gerade ein Studium absolviert, aber nebenbei auch ihren Beruf als Bankkauffrau tätig ist. Die Einreise nach Oberösterreich fand mit 11 Jahre statt. Aufgrund schwieriger familiärer Verhältnisse sah sie die erste Zeit in Österreich als Chance. Die Alevitin ist in Istanbul geboren und wuchs dort auf. Die Familie stammt aber aus Erzincan. Die Befragte ist Mutter zweier Kinder, die zurzeit im Volksschulalter sind.

Interview 7: Der Herr ist ein sehr engagierter Hobbykünstler aus Adana, er ist Mitte 40. Er gehört keiner Religionsgemeinschaft an, und ist Vater von zwei Töchtern. Gemeinsam mit seiner Frau ist er in der Gastronomie als selbständiger Unternehmer tätig.

Interview 8: Das Interview wurde mit einem Herrn aus Konya, der in jungem Erwachsenenalter nach Österreich einwanderte. Er ist berufstätig und Muslim. Das Interview fand in seinem Büro statt und machte seine Popularität unter seiner Branche deutlich sichtbar, er unterstützt seine Mitmenschen aus der Türkei bezüglich rechtlicher Dokumente.

Interview 9: Ein junger muslimischer Mann aus dem Nordirak wurde interviewt. Er wurde in Baden, Niederösterreich geboren. Die Ausreise seiner Eltern aus dem Nordirak geschah zur Zeit des Golfkrieges. Seit 1994 lebt die ganze Familie in Oberösterreich.

Interview 10: Der Interviewpartner ist ein sechsundfünfzig Jahre alter Herr ohne Religionsbekenntnis aus dem Iran. Er ist derzeit Krankenpfleger in Oberösterreich und mit einer Österreicherin verheiratet. Er wanderte aus politischen Gründen vor 35 Jahren aus dem Iran nach Österreich ein.

Interview 11: Es handelt sich um einen Herrn von Mitte 40 aus Syrien, der in jüngeren Jahren aus politischen Gründen aus seiner Heimat emigrieren musste. Er lebt seit über 30 Jahren in Oberösterreich mit einem politischen Pass. Er hat sich hier eingelebt, bezeichnet sich aber

---

20 Interview 5. 04.02.2020.

nicht völlig integriert. Durch seinen Beruf in der Gastronomie hat er häufig Kontakt mit ÖsterreicherInnen. Er baute sich in Österreich eine Familie und ein neues Leben auf.

Eine zentrale Frage, die durch die Interviews beantwortet werden sollte, war die Frage nach dem Einwanderungsgrund. In den Interviews wird diesbezüglich vor allem die Community genannt, die bereits in Österreich bestand. Die meisten Befragten hatten Freunde oder Familie in Oberösterreich, von denen sie in der ersten Phase auch unterstützt wurden. Einige nannten die wirtschaftliche Situation Österreichs als Grund ihrer Einreise. Die Entscheidung lag manchmal nicht bei der einreisenden Person, vor allem jüngere Befragte reisten mit ihrer Familie nach Österreich, und die Autoritätsperson der Familie entschied, wo der neue Wohnsitz sein sollte.

Interessant war die Entwicklung der persönlichen Einstellungen zur neuen österreichischen Umgebung. Allen TeilnehmerInnen wurde die Frage: „Was war ihr erster Eindruck in Österreich?" gestellt. Die Antworten bezogen sich meist auf die landschaftlichen Eigenarten von Oberösterreich, wie grün oder wie leise das Umfeld sei. Besondere Punkte, die erwähnt wurden, sind der Verkehr, und hier im Speziellen der Respekt, mit dem die VerkehrsteilnehmerInnen einander begegnen. Von diesen Eindrücken ausgehend wurde angenommen, dass Österreich ein sehr ordentliches und vertrauenswürdiges Land sei. Ob die ersten Eindrücke auch die Realität wiedergeben, ob man die Lage des Ortes gleich beim ersten Eindruck einschätzen kann, ist nicht immer eindeutig. Einige kamen mit viel mehr Erwartungen in das Land mitten in Europa, stellten sich viel größere Städte vor und waren hin und wieder auch enttäuscht, dass ihre Vorstellungen nicht in Erfüllung gingen. Eine der befragten Personen meinte zum Beispiel, dass er/sie als erstes eine große Distanz der Einheimischen wahrnahm.

Personen, die kein oft einziges deutsches Wort konnten, kamen in ein Land, in dem sie ihr restliches Leben verbringen wollten und betrachteten die Umgebung voller Aufmerksamkeit und Interesse. Nachdem ersten Einleben verschwammen die Gefühle und Ängste des Beginns. Die Eindrücke änderten sich auch abhängig von dem Alter der Person zum Anreisezeitpunktes enorm. Je jünger die einwandernden KurdInnen waren, desto schneller gewöhnten sie sich an die Regelungen, die in Österreich herrschten. Hier überwiegen Antworten wie: „In Oberösterreich waren keine Kinder auf der Straße"[21] Das steht in starkem Gegensatz zu den Freizeitaktivitäten, die in der Türkei ausgeübt werden, wo alle Nachbarskinder gemeinsam, bis es dunkel wurde auf den Straßen Fußball spielten. Diese Wahrnehmung ist auch in der Literatur häufig zu finden.[22]

Im Weiteren kam der als am größten empfundene größte Unterschied zur Sprache, das waren die ÖsterreicherInnen, die nur deutsch sprachen und die KurdInnen nicht verstehen konnten. In diesem Punkt gab es viele verschiedene Erfahrungen, „manche waren offener und manche weniger offen"[23] sagte eine Befragte hinsichtlich der ersten Phase ihres Lebens in

---

21 Interview 6, 27.02.2020.
22 Vgl. z.B. Gottschlich 2008: 164.
23 Interview 3, 19.01.2019.

Oberösterreich. Die Situation ändert sich nach der Eingewöhnungsphase, die Kontakte mit ÖsterreicherInnen vermehrten sich im Laufe des Schullebens oder Arbeitsverhältnisses.

Insgesamt zeigt sich in den Interviews, dass KurdInnen (nicht nur) in der Diaspora widersprüchlichen Vorstellungen und Zielstellungen ausgesetzt sind. Einerseits möchten sie die eigene Kultur und Sprache an ihre Kinder weitergeben, andererseits erleichtert ein gewisser Grad an Integration das Alltagsleben und wird auch vom Einwanderungsland mit zunehmendem Nachdruck gefordert[24]. In Bezug auf das Deutschlernen (siehe auch Punkt 4) kann man sagen, dass viele verschiedene Kurse zur Auswahl stehen, sowie auch Beratungsstellen zur Betreuung verschiedener Bedürfnisse. Die Integrationsstelle Oberösterreich bietet Unterstützung während des Asylverfahrens, der Ausbildung und in vielen anderen Bereichen.[25] Die meisten Beratungen finden auch in der Kurdischen Muttersprache statt, dies ist eine Situation für die MigrantInnen, die sie in den Herkunftsländern nicht hatten. Die Beratungen finden in *Migrare: Zentrum für MigrantInnen in Oberösterreich* in Auftrag der Arbeiterkammer statt, wo n in allen rechtlichen und sozialen Bereichen Unterstützung angeboten wird und auch die Integrationsstelle des Magistrat Oberösterreichs bietet eine Beratung in kurdischer Sprache an.

In Oberösterreich gibt es mehrere Institute, die MigrantInnen in ihrer ersten Zeit in Österreich unterstützen Einige dieser Institute sind: *Wir sind Oberösterreich, Zusammen Helfen in Oberösterreich - Gemeinsam für geflüchtete Menschen*. Auch an der Johannes-Kepler-Universität werden die MigrantInnen unterstützt durch das *REMI- Referat für Migration und Integration*.

Einen bedeutenden Raum in einer Migrationsbiographie nimmt das Thema Staatsbürgerschaft ein. Die meisten der hier Befragten sind der Meinung, dass die Einbürgerung ihre Lebenssituation in Österreich nicht sehr stark geändert hätte. Als hauptsächliche Veränderung wird der Unterschied bei administrativen Tätigkeiten genannt. In Interview Nr. 5 wird jedoch von einer starken Veränderung der Lebenssituation infolge der Annahme der österreichischen Staatsbürgerschaft berichtet: Der Interviewte meinte, dass sein Leben sich ziemlich geändert hätte, in erster Linie fühle er sich viel besser als österreichischer Staatsbürger, und in den bürokratischen Angelegenheiten hätte er den zeitlichen Vorteil. Und letztlich erwähnte er das Zugehörigkeitsgefühl, er fühlt sich endlich zu Einwanderungsland zugehörig.[26] Das Fehlen des Zugehörigkeitsgefühls zum Herkunftsland sei bei den meisten türkischen KurdInnen zu finden, da sie in der Türkei als KurdInnen stigmatisiert werden. Ein Land, in dem Sie sich bedroht fühlten und keine Möglichkeit zur Meinungsäußerung hatten, stelle für sie keine Heimat dar. Deswegen bemühen die KurdInnen in Österreich stärker um Integration, weil sie sich an keine andere Heimat gebunden fühlen. Dieses Ergebnis steht in einer Linie mit den Forschungen von Bilgin Ayata, die sich mit der emotionalen Bindung an Staatsbürgerschaften beschäftigt.[27] In Interview 1 wird dementsprechend von einem Heimatgefühl gegenüber Oberösterreich nach der Rückkehr von einem Türkeiurlaub berichtet.[28]

---

24 Vgl. dazu z.B. Plutzar/Kerschhofer-Puhalo 2009.
25 Vgl. 18.08.2021: https://www.integrationsstelle-ooe.at.
26 Interview 5, 04.02.2020.
27 Vgl. Ayata 2019.
28 Interview 1, 30.12.2019.

Trotzdem nehmen Themen aus den Herkunftsländern nach wie vor einen großen Stellenwert ein, wie auch diese Graffitis an der Linzer Donaulände zeigen:

Abb 2: Wandtext für die im Hungerstreik gestorbene Sängerin der politischen Musikgruppe Grup Yorum, Helin Bölek, Linz: Donaulände. (© Sevda Özcan)

Abschließend soll noch ein Thema zur Sprache kommen, welches nicht nur Oberösterreich betrifft, sondern auch andere österreichische Bundesländer und alle Diasporaländer, in denen KurdInnen leben. Es geht um die Angriffe von politischen GegnerInnen aus den Herkunftsländern auf KurdInnen in der Diaspora. Auch in Oberösterreich finden derartige Auseinandersetzungen statt und finden in den Medien Widerhall:

So kam es am 14. Oktober 2019 bei einer Kundgebung syrischer KurdInnen in Linz zu Angriffen von Seiten nationalistischer TürkInnen. Die Zeitung *Heute* titelte „Eskalation bei Kurden-Demo in Linz"[29], die Kronenzeitung berichtete über „Angst vor Kurden-Türken-Konflikt in Linz"[30]. **Ein ähnlicher Vorfall fand** im Juni 2016 zu türkischen Angriffen auf eine Kundmachung zu Forderungen bezüglich der Freilassung Abdullah Öcalans statt.

Derartige Ereignisse rufen regelmäßig Reaktionen österreichischer PolitikerInnen hervor, die die Konflikte in ihrem Sinn interpretieren und für eigene politische Zielsetzungen vereinnahmen. So reif im Zuge der Ereignisse von 2019 der FPÖ-Stadtrat Michael Raml nach verstärktem Polizeiaufgebot und wies gleichzeitig darauf hin, dass „ausländische Demonstranten den Steuerzahler Tausende Euro kosten"[31]. Im Zuge der Ereignisse von 2016 reagierte der Bürgermeister von Linz, Klaus Luger (SPÖ) auf die Thematisierung der Ereignisse durch Gemeinderätin Arzu Büyükkal (ebenfalls SPÖ), indem er sich von der „Kundgebung der PKK"[32]

---

29 https://www.heute.at/s/eskalation-bei-kurden-demo-in-linz-50610378.
30 https://www.krone.at.
31 https://www.krone.at.
32 http://www.thomasrammerstorfer.at.

distanzierte. Der FPÖ Fraktionsobmann im Gemeinderat, Günther Kleinhans erklärt dazu: „Wir sind schockiert. Sollten es sich tatsächlich um ethnische Konflikte handeln, müssen fremdenrechtliche Konsequenzen gezogen und die involvierten Organisationen unter die Lupe genommen werden"[33]

5. Sprachliche Bildung und kulturelle Aktivitäten

Ein zentraler Bereich im Zusammenhang mit Migration ist der sprachliche Bereich. Das betrifft besonders die neue Umgebungssprache Deutsch, die in den Interviews häufig Erwähnung findet. Diejenigen InterviewteilnehmerInnen, die als Erwachsene nach Österreich kamen, berichten, dass für das Deutschlernen die Unterstützung der Menschen aus der Umgebung am wichtigsten war: In Interview 3 wird berichtet: „Sie haben mir Spiele gezeigt und mir ein paar Sachen aufgezeichnet und beschrieben, wie zum Beispiel: hinten oder vorne mit der Zeichensprache erklärt"[34].

Für diejenigen, die als Kinder oder Jugendliche nach Österreich kommen, oder die hier geboren werden, ist die österreichische Schule der Ort des Deutschlernens. In den Erfahrungen der Interviewten Personen spiegeln sich die Entwicklungen im österreichischen Schulsystem mit SchülerInnen, die die Unterrichtssprache erlernen müssen.

Viele der MigrantInnen wurden an Schulen inskribiert, an denen es Integrationsklassen gab. Diese fokussieren jedoch auf das Einbinden von Menschen, denen eine Behinderung attestiert wurde, in den Unterricht von nicht als „behindert" geltenden SchülerInnen. Das Recht auf Integration wurde an der Volksschule im Jahr 1993 gesetzlich festgehalten, an der Sekundarstufe erfolgte es im Jahr 1997.[35] Das Deutschlernen fand ebenso in diesen Integrationsklassen statt: Im Interview 6 wird beschrieb die Probandin ihre ehemalige Integrationsklasse:

> *„Dort hat man sich sehr um uns bemüht, es waren halt einige Kinder mit Migrationshintergrund, die Schule ist überhaupt berühmt für Schüler mit einem Migrationshintergrund, da haben wir dann wirklich ein Jahr lang intensiv Deutsch gelernt."[36]*

Das Thema Sprache ist für die KurdInnen nicht nur im Zusammenhang mit dem Deutschen wichtig, es betrifft auch die kurdischen und weitere mitgebrachte Sprachen. Eine Vielzahl an Studien hat ergeben, dass Mehrsprachigkeit den Erwerb einer neuen Sprache keineswegs verzögert oder erschwert. Das Bildungsministerium bietet auch in Oberösterreich Muttersprachlichen Unterricht an, es ist jedoch aufgrund fehlender Anmeldungen noch kein Kurs in Kurmancî oder anderen kurdischen Sprachen zustande gekommen.

In allen Bereichen von Schule über Arbeit wird auch immer wieder die Hilfsbereitschaft der OberösterreicherInnen erwähnt. Nach dem sich die ersten kurdischen MigrantInnen an der

---

33 https://kurier.at/chronik/oberoesterreich/zwischenfall-bei-kundgebung-in-linz-mehrere-festnahmen/207.377.437 - 18.08.2021
34 Interview 3, 15.01.2020.
35 https://www.bizeps.or.at/wissenswertes/integrationsklasse/ - 18.08.2021
36 Interview 6, 27.02.2020.

Gesellschaft im wirtschaftlichen, aber auch kulturellen Sinne beteiligten, wurde es dann für die nächste Generation einfacher. Sie erhielten Beistand von erfahrenen Bekannten.

Wie sehr KurdInnen ein Bestandteil der oberösterreichischen Gesellschaft sind, zeigt ihre rege Beteiligung am kulturellen Leben in den verschiedensten Bereichen. Ein schönes Beispiel dafür sind die kurdischen Beiträge zum Projekt „Friedensstadt Linz"[37], das bereits vor 30 Jahren initiiert wurde. Die kurdischen Beiträge zu den „Geschichten aus aller Welt"[38], die im Rahmen von „Friedensstadt Linz" erstellt wurden, zeigen deutlich, wie Kurdisch gemeinsam mit anderen Sprachen und Kulturen die Linzer Stadtkultur mitprägt. Zwei der Geschichten sind teilweise oder ganz in kurdischer Sprache: die Geschichte von „Mem und Zîn" und die Geschichte vom Pepuk-Vogel.

Abb. 3: Geschichten aus aller Welt, Cover. Projekt Friedensstadt Linz.

Mem und Zîn wird vielfach als kurdisches Nationalepos bezeichnet. Die Erzählerin der Hörspielversion stammt aus Syrien. Die verschriftete Fassung des im 16. Jahrhundert aufgezeichneten, jedoch in erster Linie mündlich tradierten Epos hat eine für kurdische Texte sehr typische Editionsgeschichte hinter sich: Die mündliche Fassung der Erzählerin wurde ins Türkische übersetzt, vom Künstler Bawercan ins Kurmancî rückübersetzt und aufgeschrieben und schließlich ins Deutsche übersetzt.

Die Geschichte vom Pepuk-Vogel ist in türkischer Sprache erzählt. Die Erzählerin hat sie von ihrer Großmutter gehört. Sie selber kann kaum noch Kurdisch sprechen und erzählt daher in türkischer Sprache. Für den Vogelruf am Schluss der Geschichte wechselt sie jedoch die Sprache. Die dramatische Klage über den Tod des Vogels ist ihr in der Sprache der Großmutter – in Kurmancî – in Erinnerung geblieben:

37 Friedenstadt Linz: www.linz.at/kultur/81213.php. 18.08.2021.
38 Geschichten aus aller Welt 18.08.2021: www.linz.at/kultur/81252.php.

„Pepuuk" "Kekuu" "Ke qir?" "Mın qir" „Ke quşt?" „Mın kuşt" „Ke şuşt?" „Mın şuşt" "Ah! ah! Ah!" „Pepuk Papa Wer hat das getan? Ich habe es getan! Wer hat ihn getötet? Ich habe ihn getötet! Wer hat ihn gewaschen? Ich habe ihn gewaschen. Oh weh, oh weh, oh weh!"[39]

Erwähnung finden soll hier auch eine kurdischsprachige Sendung, die im Verband Freier Radios Österreich produziert wird. Die dort öffentlich zugänglich gemachten Sendungen und Beiträge werden durch das Archiv Cultural Broadcasting Archive gehostet, welches von Freier Rundfunk Oberösterreich betrieben wird.[40].

Weitere kulturelle Aktivitäten sind die Organisation von Konzerten und traditionellen Festen, wie z.B. dem Newrozfest:

Abb.4 Vorbereitungen Newroz 2019 in Linz. (©Sevda Özcan)

5. Fazit

Wie in dem Artikel dargelegt wurde, hat sich in Oberösterreich in den letzten 40 bis 50 Jahren eine lebendige, dynamische und sehr vielfältige kurdische Diasporagemeinde entwickelt. Das zeigt sich auch im Stadtbild mit seinen vielen kurdischen Pizza- und Kebabläden:

39 Geschichten aus aller Welt: S. 42.
40 18.08.2021: https://www.freie-radios.online/inhalt/impressum.

Abb 5: Kebab Roj in Linz. © Sevda Özcan

Zahlenmäßig ist die Community mit Türkeibezug am größten. Hier hat die Arbeitsmigration auch einen bedeutenden Anteil. Die irakische, syrische und iranische Community geht überwiegend auf Fluchtmigration zurück, was auch in den Interviews, die dem Artikel zugrundeliegen, deutlich wird. Kurdische Vereine gibt es nicht nur in der Hauptstadt Linz, sondern auch in anderen wirtschaftlichen Zentren wie Wels, Perg, Leonding und Vöcklabruck. KurdInnen sind in Oberösterreich ein fixer Bestandteil des sozialen, politischen und kulturellen Lebens.

6. Literatur

Ayata, Bilgin 2019: Affective citizenship. In: Slaby, Jan/Von Scheve, Christian (Hg.): *Affective Societies: Key Concepts*. London & New York: Routledge. 330-339.

Nevzat, Erdem 2005: *Ahmet Kaya'nın Hayati*. Istanbul: Nokta Kitap.

Gottschlich, Jürgen 2008: Türkei. *Ein Land jenseits der Klischees*. Berlin: Ch. Links Verlag

Grond, Agnes/Brizič, Katharina/Osztovic, Christoph/Schmidinger, Thomas (Hg): Wiener Jahrbuch für Kurdische Studien 8. Vom Taurus in die Tauern: kurdisches Leben in den österreichischen Bundesländern. Teil 1. Wien: Praesens.

Otyakmaz, Berrin Özlem/Karakasoğlu, Yasemin (Hg.) 2015: *Frühe Kindheit in der Migrationsgesellschaft: Erziehung, Bildung und Entwicklung in Familie und Kindergartenbetreuung*. Berlin: Springer.

Nauck, Bernhard/Kohlmann, Annette/Diefenbach, Heike 1997: Familiäre Netzwerke, intergenerative Transmission und Assimilationsprozesse bei türkischen Migrantenfamilien. In: Kölner Zeitschrift für Soziologie und Sozialpsychologie, 49/4, 477-499.

Schlatter, Anna Lena 2013: YezidInnen in Österreich: Organisationsversuche und Vereinsbildung. In: Hennerbichler, Ferdinand / Schmidinger, Thomas / Six-Hohenbalken, Maria / Osztovics, Christoph (Hg.): Wiener Jahrbuch für Kurdische Studien 1. Schwerpunkt: Transnationalität und kurdische Diaspora in Österreich. Wien: Wiener Verlag für Sozialforschung. 173 -205.

Schmidinger, Thomas 2020: Politische Kämpfe in der Provinz. Kurdische Diasporen in Vorarlberg. In: Grond, Agnes/Brizič, Katharina/Osztovic, Christoph/Schmidinger, Thomas (Hg): Wiener Jahrbuch für Kurdische Studien 8. Vom Taurus in die Tauern: kurdisches Leben in den österreichischen Bundesländern. Teil 1. Wien: Praesens. 25-74.

Şimşek, Hüseyin A. 2017: *50 Jahre Migration aus der Türkei nach Österreich*. Münster: LIT Verlag.

Şimşek, Hüseyin A. 2021: Artikel Niederösterreich, dieser Band.

KurdInnen aus der Türkei in Niederösterreich –
Vereine und Aktivitäten

Hüseyin A. Şimşek
(aus dem Türkischen übersetzt von Agnes Grond)

ABSTRACT

Dieser Beitrag behandelt KurdInnen, die in Niederösterreich leben und aus den kurdischen Gebieten der Türkei (Nordkurdistan) und anderen türkischen Regionen stammen. Diese Gruppe entwickelte sich vor allem aus den „GastarbeiterInnen". In ihren Anfängen handelte es sich um eine reine „ArbeiterInnen"-Community. Aufgrund von Familienzusammenführung zwischen 1973 und 1980 entwickelte sich die kurdische Community von einer reinen „Arbeiter"-Community weiter. Waren in den ersten zehn Jahren die meisten ankommenden Kurden männlich, gab es in Hinblick auf das Geschlechterverhältnis in den Folgejahren einen tiefgreifenden Wandel. Auch die ursprüngliche Homogenität in Bezug auf das Alter veränderte sich, die kurdische Community in Niederösterreich umfasste nunmehr Menschen jeder Altersgruppe. Ab den 1980er Jahren eine verstärkte Zuwanderung von Menschen, die um Asyl ansuchten. Ab dieser Zeit entwickelten sich die sozialen Aktivitäten der KurdInnen in Niederösterreich. 1993-1995 bewirkten die Dorfzerstörungen und Vertreibungen [in der Türkei] eine erneute Welle der Fluchtzuwanderung. Eine weitere Gruppe innerhalb der kurdischen Bevölkerung bilden die Studierenden an den Universitäten von St. Pölten und Krems.

This contribution focuses on the Kurdish population of Lower Austria, stemming from the Kurdish regions of Turkey (northern Kurdistan) as well as other regions in Turkey. This group primarily traces its roots back to ancestors arriving in Austria as "guest workers". In the beginning, the Kurds were a community of workers, and most of them were male. Family reunions resulted in the community becoming more balanced in terms of gender and age ratio. Starting in the 1980s, the numbers of asylum seekers grew constantly. It was this period that social activities and social organization of Lower Austria's Kurds. During the 1990ies, the destruction of villages and forced migration caused new flight immigration. Another important group developed in the last two decades: Kurdish students at the universities of St. Pölten and Krems.

Einleitung

Bezüglich einer genauen Anzahl der kurdischen Bevölkerung in Österreich und ebenso in Niederösterreich gibt es keine genauen Zahlen, da in Volkszählungen die Staatsbürgerschaft erhoben wird und ein eventueller kurdischer Hintergrund nicht berücksichtigt wird. Sowohl auf Bundes- wie auch auf Landesebene ist es somit nur möglich, mit Schätzungen zu arbeiten. In Österreich wird die kurdische Bevölkerung auf über 100.000 geschätzt. Es ist schwierig zu sagen, wie groß der Anteil in Niederösterreich ist. Mit dem 01.01.2021 betrug die Bevölkerung mit türkischer Staatsangehörigkeit in Niederösterreich 15.909 Personen.[1] Die Bevölkerung mit türkischer Staatsangehörigkeit hat damit seit 2002 (19.895 Personen) kontinuierlich abgenommen. Der Anteil an Personen, die im Lauf einer sechzigjährigen Einwanderungsgeschichte die österreichische Staatsangehörigkeit angenommen haben, scheinen in dieser Erhebung nicht auf. Man kann annehmen, dass ihr Anteil erheblich ist. Der kurdische Anteil unter der türkischen Bevölkerung Österreichs wird auf annähernd 40% geschätzt.[2] Man kann davon ausgehen, dass diese Anteile auch für Niederösterreich gelten.

Die meisten der niederösterreichischen KurdInnen leben in der Landeshauptstadt St. Pölten. Sie stammen hauptsächlich aus den türkischen Städten Bingöl, Muş, Malatya, Dersim und Erzincan. Die KurdInnen in Wiener Neustadt und Ternitz stammen hauptsächlich aus Malatya, Dersim und Erzincan. Im Mostviertel (wie z. B. in Amstetten und Umgebung), sowie im Waldviertel leben vorallem KurdInnen aus Zentralanatolien (Konya, Kırşehir und Yozgat), es gibt hier aber auch KurdInnen aus Maraş, wenngleich ihre Zahl gering ist. Weitere Gemeinden, in denen KurdInnen leben, sind Baden, Krems, Lilienfeld, Gmünd, Waidhofen und Laa an der Thaya. Einzelne kurdische Familien, die sich in Niederösterreich niedergelassen haben, können mittlerweile in jeder Stadt und in jedem Dorf gefunden werden. In Niederösterreich hat sich seit dem Ausbruch des Bürgerkriegs in Syrien gibt es eine weitere größere Gruppe gebildet. Diese ist relativ neu entstanden und hat sich in den letzten zehn Jahren aus Geflüchteten vor dem syrischen Bürgerkrieg entwickelt. Die drittgrößte Gruppe stammt aus dem Irak, die viertgrößte Gruppe aus dem Iran. Sporadisch kann man auch KurdInnen aus Armenien finden. Die meisten politisch aktiven KurdInnen in Niederösterreich sind die türkischen KurdInnen. Diese haben auch die vorhandenen Vereine gegründet. AnhängerInnen der KDP aus Syrien, dem Irak und dem Iran sind in diesen Vereinen jedoch eher nicht Mitglieder.

Unter den niederösterreichischen KurdInnen, die über eine Arbeitserlaubnis verfügen, sind die meisten ArbeiterInnen. An zweiter Stelle folgen die Selbstständigen, welche meist InhaberInnen kleiner Betriebe sind. Bei diesen Betrieben handelt es sich oft um Imbissstationen, Restaurants, Cafés, Lebensmittelgeschäfte sowie Landwirtschaftsbetriebe (beispielsweise in Waidhofen an der Thaya). Weitere kleinere kurdische Betriebe gibt es in den Sektoren Bau, Autowerkstätten, Raum- und Gebäudepflege. Die niederösterreichische kurdische Community hat sich somit von einer anfangs von ArbeiterInnendominierten Gruppe zu einer Community weiterentwickelt, deren Angehörige zunehmend im Dienstleistungssektor tätig sind.[3]

Die religiösen Zugehörigkeiten der niederösterreichischen KurdInnen

Die niederösterreichischen KurdInnen sind mehrheitlich AnhängerInnen des sunnitischen Islam, allerdings gibt es auch sehr viele AlevitInnen. Schätzungsweise ist die Gruppe der AlevitInnen und der sunnitischen KurdInnen zahlenmäßig annähernd gleich groß.

---

1 Alle Angaben zur Bevölkerungsstruktur entstammen der Statistik Austria.
2 Gümüşoğlu et al. 2009.
3 Interview 18. Januar 2020. Der/die InformantIn lebt in St. Pölten und ist ein/e pensionierte/r ArbeiterIn. Seit vielen Jahren schreibt er/sie auch Artikel für die Zeitung Öneri/Vorschlag. Vgl auch: Gümüşoğlu st al.: 2009.

Demographisch viel kleiner ist die Gruppe der SchiitInnen. Die Gruppe der ÊzîdInnen, die in erster Linie aus dem Irak stammt, ist ebenfalls klein[4].

Die meisten aus Dersim, Erzincan, Sivas-Koçgiri, Maraş und Muş stammenden KurdInnen, sowie zumindest die Hälfte der aus Bingöl und ein Teil der aus Adıyaman Stammenden bekennen sich zum Alevitentum. Sunnitische KurdInnen, die von Orten wie Bingöl, Diyarbakır, Van, Ağrı, Elazığ, Adıyaman migrierten, sind meist Angehörige der schafiitischen Rechtsschule. KurdInnen, die aus Konya, Ankara, Aksaray, Yozgat, Kırşehir stammen, sind meist Angehörige der hanefitischen Richtungen. AtheistInnen sind eine nicht zu vernachlässigende Gruppe und meist aus größeren Städten der Türkei wie İstanbul, Ankara, İzmir, Bursa, Adana, Mersin eingewandert.

Hintergründe für Vereinsgründungen auf türkisch-nationaler Ebene

In den ersten zehn Jahren der Gastarbeitermigration von 1964-75 artikulierte die kurdische Bevölkerung in Österreich ihre Anliegen nicht in auf der Basis von Vereinen organisierter Form. Versuche, sich zusammenzuschließen, bestanden in halbherzigen und vereinzelten Initiativen. Soziale Aktivitäten kurdischer ImmigrantInnen vollzogen sich in diesen ersten zehn Jahren vor allem von in erster Linie links orientierten Vereinen bis hin zu Organisationen, die von türkischen ImmigrantInnen gegründeten wurden und eher rechtsgerichtet und/oder islamisch geprägt sind. KurdInnen konnten in diesen Jahren in sehr unterschiedlichen Funktionen angetroffen werden: einernseits als Imam einer der türkisch-nationalistischen Partei MHP nahestehenden Moschee, andererseits aber auch als Obmann eines linken Vereines.

Eine Trennlinie zwischen den kurdischen GastarbeiterInnen bildete die religiöse Zugehörigkeit. Die aus Dersim, Erzincan, Bingöl, Sivas-Koçgiri, Maraş, Muş stammenden alevitischen KurdInnen verorteten sich vor allem in linken Vereinen, die aus Städten wie Bingöl, Konya, Ankara, Aksaray, Yozgat, Kırşehir, Diyarbakır, Van, Ağrı, Elazığ und Adıyaman stammenden sunnitischen KurdInnen waren eher in rechten und islamischen Vereinen anzutreffen. Die nationalstaatliche Zugehörigkeit war in dieser Zeit der dominante Faktor. Zwischen 1976 und 1980 begann sich in der Community eine spezifisch kurdische Identität zu entwickeln und es reichte nicht mehr aus, sich unter dem Schirm des Islam oder politisch links gerichteten Organisationen sozial zu betätigen.

Erste Vereine in Wien

Im Folgenden werden die Hintergründe für die zunehmende Organisation der österreichischen KurdInnen in Vereinen kurz beleuchtet. Dabei nimmt Wien eine Schlüsselstellung ein. Vereinsgründungen haben sich entweder an kurdischen politischen Parteien bzw. Bewegungen der Herkunftsländer orientiert oder waren Teil von größeren europäischen Initiativen. Erst viele Jahre später können Organisationsbildungsprozesse auch im Bundesland Niederösterreich beobachtet werden.

---

4 Vgl. Beitrag Schmidinger, dieser Band.

Als 1956 in Deutschland die *Avrupa Kürt Öğrenciler Birliği-KSSE* [Vereinigung kurdischer Studierender in Europa] gegründet wurde, waren in erster Linie Intellektuelle und Studierende aus dem Irak involviert. Unter ihnen war auch ein türkischer Kurde: İsmet Şerif Vanlı. Er war auch einer der Gründer und eine Weile Vorsitzender dieses Vereins. 1975 kamen rund 100 Kurden aus dem Irak nach Österreich. Kurden in Österreich war auch dieser Verein bekannt. Sie wollten einen Zweig der KSSE in Wien öffnen. Das Publikationsorgan der deutschen Vereinigung *„Armanç"* wurde nach Österreich gesendet und dort verteilt und gelesen. B.S., ein Migrant aus Ağrı erinnert sich: „Wir beschlossen, der KSSE beizutreten. Gemeinsam organisierten wir Zusammenkünfte und Aktionen. Unter den aktiven Mitgliedern waren Leute wie Taha Osso, Mustafa Amir, İbrahim Pirot, Sherzad Nejaad, Abdülselam Berwari, Aziz Miran" [5]

Als die KSSE 1975 in Berlin einen Kongress organisierte, an dem die europäischen Zweigstellen teilnahmen, nahm Ö.K. aus Ağrı als Vertreter der österreichischen KurdInnen teil. Da es zu dieser Zeit in Österreich keine kurdische Vertretung wie die KSSE gab, konnte Öztürk lediglich eine Briefkastenadresse als Kontakt hinterlegen. Dem Vorschlag, in Österreich einen Verein für türkische KurdInnen zu gründen, traten die irakischen KurdInnen strikt entgegen. B.S. berichtet, dass die irakischen KurdInnen ihre negative Haltung gegenüber einem türkisch-kurdischen Verein folgendermaßen rechtfertigten: „Wenn wir einen Verein gründen, wird das Baath-Regime mit einem Gemetzel reagieren."[6] Die türkischen KurdInnen entfremdeten sich der KSSE, deren Arbeiten in Österreich wurden jedoch bis 1990 weitergeführt. Unter den aktiven Mitgliedern waren Personen wie Sadi Amet Pire, Taha Osso, Mustafa Amir, İbrahim Pirot, Sherzad Nejaad, Abdülselam Berwari, Aziz Miran.

1980 begann eine neue Phase in der Geschichte der Vereinsgründungen, in der diejenigen Vereine, die von türkischen KurdInnen gegründet worden waren, sich von der politischen Mitte nach links bewegten. Die Grundhaltungen reichten von liberal, fortschrittlich, laizistisch, links, sozialistisch bis kommunistisch. Die überwiegende Mehrheit der Vereinsgründungen basierte auf den vorhin genannten politisch linken Grundhaltungen.[7]

Die österreichischen KurdInnen gründeten ihre ersten Vereine in der österreichischen Hauptstadt Wien. Der erste von türkischen KurdInnen gegründete Verein (1980) war der *Kürt İşçiler Derneği-KİD* [Kurdischer Arbeiterverein. Der kurdische Name lautet: *Komeleyê Karkeren Kurd*]. S.L. erzählt: „In der Mayerhofgasse in Wieden haben wir einen Kellerraum gemietet. Dort haben wir unsere Vereinsaktivitäten geplant und organisiert."[8] Von den Gründungsmitgliedern waren nur zwei Studierende, nämlich S.L. und B.S., die anderen waren migrierte kurdische ArbeiterInnen. Gegen Ende 1981 wurde dieser erste Verein geteilt und am 22. Dezember 1981 wurde der Verein *Kürt Kültür Derneği-KKD* [Kurdischer Kulturverein] angemeldet. Zuerst befand sich das Vereinslokal in Wien-Brigittenau in der Leystraße, danach in Rudolfsheim-Fünfhaus in der Staglgasse. Diese ersten zwei Vereine mußten aufgrund von materiellen

---

5 Şimşek, 2017: 258.
6 Şimşek, 2017: 259.
7 Nach den 1990er Jahren gab es nur eine Moschee der Kurdischen Islamischen Union und eine kurdisch-alevitische Vereinigung in Wien.
8 Şimşek, 2017: 264.

Schwierigkeiten 1982 geschlossen werden. Im selben Jahr wurde dann in Wien eine Zweigstelle des Schweizer *Kürdistan İşçi ve Kültür Derneği" (Komeleyê Çand û Karkerên Kurdistan-KOÇ-KAK)* [Kurdischen Arbeiter- und Kulturvereins] eröffnet.

Am 3. Oktober 1983 wurde der *Kürt Göçmenleri Destekleme Derneği-HEVKOM* [Verein zur Förderung der kurdischen Migranten und Migrantinnen] ins Leben gerufen. Das Vereinslokal befand sich im Kulturzentrum Amerlinghaus in Neubau.[9] Im gleichen Jahr, am 9. September 1983 wurde in Wien ein weiteres Zentrum gegründet: das *Kürt İnformasyon Bürosu* (Kurdische Informationsbüro-KİB). Ö.K. aus Ağrı entschied sich, dieses Zentrum zu eröffnen, nachdem er sein Studium beendet hatte und ins Berufsleben eingetreten war. Das Ziel des Zentrums war Informationen über Kurdistan und von KurdInnen bewohnten Ländern zu verbreiten, zu archivieren sowie die Durchführung von diplomatischen und herausgeberischen Bemühungen. Ö.K. berichtet: „Ich habe aus dem Irak, dem Iran und Syrien einzelne Personen gefunden, mit vier Gründern haben wir das Zentrum ins Leben gerufen." In der Servitengasse in Alsergrund wurde ein Büro gemietet.

Ende 1985 bis Anfang 1986 gab es Bemühungen einer Gruppe kurdischer Intellektueller, KünstlerInnen, Studierender und ArbeiterInnen einen Verein mit inhaltlich breiterer Basis zu gründen. Das erste, gut besuchte Treffen fand im Afro-Asiatischen Institut (AAI) mit zahlreichen TeilnehmerInnen statt. Insgesamt nahmen über 50 Personen an diesem Treffen teil. Nach den ersten vier bis fünf Treffen kam es zu einer vorläufigen Vereinsgründung. Als die Suche nach einem Büro noch im Gang war, kam vom Gründer der KİB, Ö.K., folgender Vorschlag: „Ihr müsst keinen neuen Verein gründen, kommt und arbeitet in diesem Verein mit!" Damit wurde das KİB vom reinen Informationsbüro zu einem Verein mit demokratiepolitischer Zielsetzung ausgebaut.

Diese ursprünglich von türkischen KurdInnen initiierten Aktivitäten trafen auch bei KurdInnen aus anderen Ländern auf Interesse. Das Newrozfest 1986 wurde gemeinsam gefeiert. Um in Wien ein kurdisches Zentrum zu gründen, wurde im Herbst 1986 eine Zusammenkunft organisiert. Auf dem ersten Kongress wurde der Vereinsvorstand mit 4 KİB- Mitgliedern, einem KDP-Mitglied, sowie einem Migranten aus der Türkei und einem aus dem Irak gewählt. Am 21. Februar 1987 wurde das Kurdische Zentrum mit Sitz im Werkstätten- und Kulturhaus (WUK) in Alsergrund gegründet.[10] Das KİB[11] berief 1983 eine außerordentliche Generalversammlung ein. Unter den BewerberInnen für den Vorstand befanden sich erstmals zwei unterschiedliche Listen. Eine der Listen stand den KurdInnen der ATIGF-nahe.[12] Die zweite

9 Der Verein hielt seine letzte Generalversammlung am 26. Mai 2007 ab, danach scheinen keine Aktivitäten des Vereins mehr auf.
10 Diese Institution ist nach wie vor aktiv und befindet sich in denselben Räumlichkeiten. Vor allem KurdInnen aus dem Irak, neben jenen aus Syrien, dem Iran und der Türkei sind hier organisiert.
11 KİB ist der älteste Gründungsverein von FEYKOM und setzt seine Aktivitäten heute fort. Der Verein ist in den offiziellen Aufzeichnungen unter dem Namen „Verein für Kultur und Information Kurdischer Angelegenheiten" aufgeführt.
12 Das ist eine Föderation der sozialistischen Einwanderer aus der Türkei (Föderation der Arbeiter und Jugendlichen aus der Türkei / Türkiyeli İşçi-Gençlik Federasyonu-ATİGF)

Liste gehörte einer weiteren kurdennahen Bewegung an. Auf der Generalversammlung übernahm die zweite Liste den Vorstand.[13]

Kurdische Vereine in Niederösterreich

Nachdem das KİB in Wien einen kurdischen Verein gegründet hatte, wurde es in den übrigen Bundesländern zum Vorreiter von weiteren Vereinsgründungen. Der erste kurdische Verein außerhalb Wiens wurde das am 31. Oktober 1992 in Vorarlberg gegründete *Mezopotamya Kültür Merkezi*. [Mesopotamisches Kulturzentrum][14]. Im selben Jahr, am 7. Februar 1992 gründeten die niederösterreichischen KurdInnen in Ternitz das *Ternitz Kürt Kültür ve İnformasyon Merkezi* [Kurdisches Kultur und Informationszentrum Ternitz]. Das Vereinslokal befindet sich in der Karl-Renner-Straße in Ternitz. Der Verein konnte am 7. Juni 2012 sein zwanzigjähriges Bestehen feiern.

Die Vereine der türkischen KurdInnen in Österreich sind in einem Dachverband organisiert: *Avusturya Kürt Dernekleri Federasyonu-FEYKOM (Verband der Kurdischen Vereine in Österreich.* Dieser Dachverband wurde am 27. Oktober 1992 gegründet und umfasste die Vereine in Wien, Vorarlberg, Niederösterreich und Steiermark. Gemeinsam mit Frauen-, Glaubens-, Jugend- und Sportvereinen gibt es unter dem Dachverband FEYKOM 20 Vereine. In den neun österreichischen Bundesländern wurden sieben Bundesländervereine organisiert. In den zwei Bundesländern, die keine Vereine haben, dem Burgenland gibt es in erster Linie KurdInnen aus der Türkei, auch wenn in geringer Zahl auch KurdInnen aus anderen Teilen Kurdistans anzutreffen sind.[15] In Kärnten, dem zweiten Bundesland, in dem es keine Vereine gibt, leben mittlerweile mehr KurdInnen aus Syrien und dem Irak, als aus der Türkei.[16]

2005 wurde in der niederösterreichischen Landeshauptstadt St. Pölten ein zweiter kurdischer Verein gegründet. Die KurdInnen in St. Pölten begannen 2005 mit Vereinsaktivitäten. Am 22. Oktober 2005 wurde eine Informationsnacht organisiert. Die offizielle Gründung des *Amara Mezopotamya Kültür Merkezi - AMKM* Amara Mesopotamien Kulturzentrum fand am 27. November 2005 statt. Auch dieser Verein wurde sogleich Mitglied der FEYKOM. K.E., der Obmann des Vereins fasst zusammen: "Unser Verein wurde mit dem Ziel gegründet, den kulturellen und politischen Bedürfnissen der niederösterreichischen Kurden gerecht zu werden."[17]

Zu den Aktivitäten der niederösterreichischen KurdInnen

Vereinsaktivitäten der niederösterreichischen KurdInnen finden vor allem in Ternitz durch KİB und in St. Pölten durch AMKM statt. In beiden Vereinen werden (wenn auch mit Unterbrechungen) Saz- und Folklorekurse angeboten. Es gibt den Wunsch nach Sprachkursen, aber

---

13 Şimşek 2017: 272. Siehe auch: Interview mit A.Z., 28. Januar 2020 im KIB-Zentrum.
14 Vgl. Schmidinger 2020: 45. Thomas Schmidinger gibt einen detaillierten Überblick über die ersten Vereine in Vorarlberg und ihre Vorläufer.
15 Mit der Umstrukturierung im Jahr 2013 wurde es in „Österreichisch-Demokratisch-Kurdisches Zentrum" umbenannt.
16 Ahmad 2020.
17 18.08.2021: www.sendika.at/haber_detay

aufgrunde des Lehrermangels können diese nicht regelmäßig durchgeführt werden. Ein weiterer Bereich der Vereinsaktivitäten bilden die 'Volksversammlungen'. Zu diesen werden RednerInnen aus der Türkei oder aus anderen europäischen Ländern eingeladen. Diese Versammlungen werden wie Panels oder Konferenzen organisiert. Im März 2013 zum Beispiel war in der vom KİB organisierten Volksversammlung der Abgeordnete der BDP (Barış ve Demokrasi Partisi) aus Diyarbakır, Altan Tan zu Gast.

In St. Pölten gibt es Veranstaltungen im Bereich Jugend und Sport, die vom AMKM organisiert werden. Der Fußballverein *Kinem Spor* führt seit über 13 Jahren Aktivitäten unter dem Dach des AMKM durch. Auch die Möglichkeiten für Sprachkurse sind in diesem Verein besser. Für die von K.A. organisierten und geleiteten Sprachkurse von Jänner bis Mai 2010 mit 15 Absolventen gab es eine Abschlussfeier mit Essen und Musik.[18] Weiteres organisiert der AMKM St. Pölten jedes Jahr im Mai ein Fußballturnier. 2012 nahmen daran elf Mannschaften teil, darunter die Vereinsjugend des AMKM *Kinem Amara Spor*. Im November 2012 beteiligte sich der AMKM St. Pölten an Solidaritätsveranstaltungen für hungerstreikende kurdische Strafgefangene in der Türkei teil. Am Ende der Solidaritätsveranstaltung für die Hungerstreikenden war der Forscher und Schriftsteller Faik Bulut Gast einer Volksversammlung. Am 29. Dezember 2012 wurde im Vereinslokal ein Panel zum Thema „Staatliche Massaker von Maraş bis Roboski" abgehalten. Das Panel wurde von vier verschiedenen niederösterreichischen Vereinen gemeinsam mit dem demokratischen Zentrum organisiert.[19]

Abb 1: St. Pölten AMKM (© Elbeyi Akpolat)

Unter den Aktivitäten sind auch Demonstrationen: Am 1. Februar 2017, einem Mittwoch, begann der „Freiheit für den kurdischen Führer Abdullah Öcalan und die politischen Gefangenen in der Türkei"-Marsch am Mühlweg in St. Pölten und endete am Donnerstag, 2. Februar vor dem Parlamentsgebäude in Wien.

18 www.sendika.at/haber_detay
19 18.08.2021: www.hallac.org

Die erste kurdische Bibliothek Österreichs

In Eichgraben-St. Pölten wurde 2008 die erste kurdische Bibliothek Österreichs[20] unter dem Namen Casımê Celil-Bibliothek[21] eröffnet. Casımê Celil war der erste Programmdirektor des kurdischen Radios Yerevan, die Bibliothek in Niederösterreich wurde von seinem Sohn Jelile Jelil gegründet. Die Bibliothek befindet sich in einem zweistöckigen Gebäude. In seiner Eröffnungsrede sagte Jelil Jelile, dass damit ein weiteres Vermächtnis seines Vaters vollzogen sei. Indem die vielen hinterlassenen Bücher, Zeitschriften, Zeitungen, Schallplatten, Kassetten und Musikalben aus Armenien nach Österreich brachte und sie in der Bibliothek zusammengeführt wurden, wurde für diejenigen, die sich mit kurdischer Geschichte und Kultur beschäftigen wollen, eine wertvolle Grundlage geschaffen.[22]

Literatur [online-Quellen eingesehen am 15.06.2021]

Ahmad, Soma 2020: Vom Zagros-Gebirge an die Karawanken. KurdInnen in Kärnten. In: Grond, Agnes/Brizič, Katharina/Osztovic, Christoph/Schmidinger, Thomas (Hg): *Vom Taurus in die Tauern: kurdisches Leben in den österreichischen Bundesländern.* Teil 1. Wien: Praesens. 97-108.

Casımê Celil-Bibliothek: https://www.kurdologie-wien.at/

Gümüşoğlu, Turgut/Batur, Murat/Kalaycı, Hakan/Baraz, Zeynep 2009: *Türkische Migranten in Österreich. Eine Querschnittstudie der türkischen Migrantengemeinschaft zwischen transnationaler Struktur und Integration.* Frankfurt: Peter Lang.

www.hallac.org

Schmidinger, Thomas 2020: Politische Kämpfe in der Provinz. Kurdische Diasporen in Vorarlberg. In: Grond, Agnes/Brizič, Katharina/Osztovics, Christoph/Schmidinger, Thomas (Hg) *Vom Taurus in die Tauern: kurdisches Leben in den österreichischen Bundesländern.* Teil 1. Wien: Praesens. 25-74.

Şimşek, Hüseyin A. 2017: *50 Jahre Migration aus der Türkei nach Österreich.* Münster: LIT Verlag

StatistikAustria: http://www.statistik.at/

www.sendika.at/haber_detay

---

20 Siehe auch Artikel Schmidinger, dieser Band.
21 18.08.2021: https://www.kurdologie-wien.at/
22 Vgl. auch Beitrag Schmidinger, dieser Band

Die anderen KurdInnen Niederösterreichs: Flüchtende und MigrantInnen aus Syrien, dem Irak und dem Iran im Land unter der Enns

Thomas Schmidinger

ABSTRACT

Neben den aus der Türkei stammenden kurdischen Communities, wurde Niederösterreich auch Heimat irakischer, iranischer und syrischer KurdInnen. Dieser Beitrag gibt einen Überblick über die verschiedenen KurdInnen aus diesen drei Teilen Kurdistans, deren Aktivitäten und Lebenssituation in Niederösterreich. Der Beitrag schildert das Scheitern erster Organisationsversuche und die Gedanken von Betroffenen über das Zusammenleben in Niederösterreich. Zudem wird die Frage gestellt wie weit das Kurdische als Sprache in Niederösterreich eine Zukunft hat und wie das offizielle Niederösterreich dieser Sprache begegnet.

In addition to the Kurdish communities originating from Turkey, Lower Austria has also become home to Iraqi, Iranian and Syrian Kurds. This article gives an overview of the different Kurds from these three parts of Kurdistan, their activities and their living situation in Lower Austria. The article describes their failed first attempts of organization and the thoughts of those concerned about living together in Lower Austria. In addition, the paper poses the questions as to how far Kurdish has a future as a language in Lower Austria and how the official side of Lower Austria deals with this language.

Einleitung

Niederösterreich bildet unter den österreichischen Bundesländern insofern einen Ausnahmefall, als seine eigentliche Metropole, Wien, im Zuge der Konflikte zwischen sozialdemokratischer Stadt und konservativem Land 1920 ein eigenes Bundesland wurde. Viele Dörfer und Kleinstädte in der unmittelbaren Umgebung Wiens, sind allerdings heute noch auf den Großraum Wien fokussiert und bilden das, was man im Volksmund den „Speckgürtel" der Stadt nennt. Dies hat auch Auswirkungen auf migrantische Diasporen. Wie weiße MehrheitsösterreicherInnen zieht es auch mittelständische MigrantInnen und ihre Nachkommen ins ‚grüne‘ Umland von Wien, womit dieses zwar weniger grün, allerdings aber auch nicht urbaner wird. KurdInnen aus diesem Wiener Umland sind damit auch Teil ihrer jeweiligen kurdischen Diaspora in Wien. Dort wo sich eine organisierte Diaspora herausgebildet hat, handelt es sich bislang weitgehend um eine Diaspora türkeistämmiger KurdInnen, die ihren Siedlungsschwerpunkt im Industrieviertel haben.[1] Diese türkeistämmigen KurdInnen, insbesondere zazasprachige AlevitInnen aus Dêrsim bildeten bislang auch der einzige Fokus von Arbeiten zum

---

1 Schmidinger 2011: 69ff.

Thema KurdInnen in Niederösterreich.[2] Allerdings gab es schon vor der großen Fluchtmigration aus Syrien vereinzelt KurdInnen aus dem Irak und Syrien im Land Niederösterreich. Kurdische Mediziner, die schon als Studenten nach Österreich gekommen sind, finden sich schon seit Jahrzehnten als Ärzte[3] teilweise in den entlegensten Winkeln Niederösterreichs. Vor allem aber beginnt sich diese frühere Dominanz türkeistämmiger KurdInnen in den letzten Jahren durch die Fluchtmigration syrischer KurdInnen langsam zu ändern. Auch in Niederösterreich wird die kurdische Diaspora diversifiziert. In diesem Sinne verdienen auch die kurdischen Diasporen aus Syrien, dem Irak und dem Iran entsprechende Aufmerksamkeit.

Methoden

Dieser Beitrag basiert auf öffentlich zugänglichen Statistiken der Statistik Austria, der Auswertung von Medienberichten, narrativen Interviews und einer Fokusgruppen-Diskussion mit verschiedenen KurdInnen aus Syrien und dem Irak in der Landeshauptstadt St. Pölten.[4] Die Interviewpartner wurden anonymisiert, soweit sie nicht explizit namentlich erwähnt werden wollten. Da es zu diesem Thema bislang keine Veröffentlichungen gibt, hält sich die verwendete Sekundärliteratur in Grenzen.

Statistik und Schätzungen

2002 lebten laut Statistik Austria 392 iranische 133 irakische und nur 58 syrische StaatsbürgerInnen in Niederösterreich. Zwei Jahrzehnte später hat sich dieses Bild sehr stark verschoben. 2021 sind die 5.126 syrischen StaatsbürgerInnen weit vor den 1.160 iranischen und 1.128 irakischen StaatsbürgerInnen. Der starke Anstieg syrischer StaatsbürgerInnen ist, wie auch sonst in Österreich, in Folge des syrischen Bürgerkrieges seit 2012 erfolgt, mit den stärksten Zuwächsen zwischen 2014 du 2016. Der Anstieg an irakischen StaatsbürgerInnen ist vor allem auf das Jahr 2015 zurückzuführen. Zwischen Anfang 2015 und Anfang 2016 stieg die Zahl irakischer StaatsbürgerInnen von 224 auf 1.800. 2017 erreichte sie einen Höchststand mit 2.015.[5] Dass diese Zahl danach wieder deutlich zurückging, deutet darauf hin, dass einerseits viele der irakischen AsylwerberInnen von 2015 kein Asyl erhielten und wieder in den Irak zurückkehrten, andererseits aber auch anerkannte Flüchtlinge nach Wien abwanderten.

Diese Zahlen geben selbstverständlich nur die Staatsbürgerschaft der Wohnbevölkerung wieder, nicht deren ethnische oder sprachliche Zugehörigkeit. Schätzen wir den Anteil KurdInnen unter den irakischen, iranischen und syrischen StaatsbürgerInnen in Niederösterreich

---

2 Ceviz/Weiss 2008; Şimşek 2017.

3 Hier wird bewusst nur die männliche Form verwendet, da dem Autor unter dieser ersten Generation kurdischer Ärzte in Niederösterreich nur Männer bekannt sind und in den 60er- und 70er-Jahren eigentlich nur junge Männer als Studenten nach Europa geschickt wurden. Teilweise studieren allerdings durchaus die Töchter dieser Männer heute selbst wiederum Medizin.

4 Fokusgruppe mit zwei Frauen aus Rojava (Syrien), zwei Männern aus Rojava und einem Mann aus Bashur (Iraq) am 8. August 2021.

5 Bevölkerung zu Jahresbeginn 2002-2021 nach detaillierter Staatsangehörigkeit – Niederösterreich: https://www.statistik.at/web_de/statistiken/menschen_und_gesellschaft/bevoelkerung/bevoelkerungsstruktur/bevoelkerung_nach_staatsangehoerigkeit_geburtsland/index.html, eingesehen am 2. Juli 2021.

allerdings ähnlich hoch ein, wie in ihren Herkunftsländern käme wir für 2021 allerdings auch ca. 500 syrische, 150-200 irakische und knapp 100 iranische KurdInnen in Niederösterreich. Diese Schätzung kann allerdings insbesondere für die syrischen KurdInnen zu gering sein, da ganz generell überdurchschnittlich viele Flüchtlinge aus Nordsyrien nach Mitteleuropa gekommen sind und insofern der Anteil der KurdInnen unter den syrischen Flüchtlingen überdurchschnittlich proportional zu ihrem Bevölkerungsanteil ist. Auch einige der 561 armenischen und 408 georgischen StaatsbürgerInnen in Niederösterreich sind kurdischsprachige Êzîdî. Dazu kommen auch noch jene etablierten KurdInnen aus Syrien, Iran und Irak, die oft schon seit vielen Jahren die österreichische Staatsbürgerschaft haben. Insgesamt kann damit die Zahl der KurdInnen, die nicht aus der Türkei kommen und in diesem Beitrag behandelt werden, durchaus um die 1.000 NiederösterreicherInnen ausmachen.

Religion

Die religiöse Zusammensetzung der kurdischen Bevölkerung Niederösterreichs ist statistisch nicht erfasst. Es gibt keine eigenen kurdischen Moscheen oder andere religiöse Einrichtung. Aufgrund der Zusammensetzung der kurdischen Bevölkerung im Irak, Iran und Syrien ist allerdings davon auszugehen, dass die überwiegende Mehrheit der KurdInnen aus diesen Herkunftsländern sunnitische Muslime sind, die – sofern sie sich überhaupt als religiös betrachten und regelmäßig eine Moschee besuchen – jeweils lokale sunnitische Moscheen besuchen.

Im Fokusgruppen-Gespräch wurde deutlich, dass jene, die das Bedürfnis haben, ihre Religion in Gemeinschaft zu praktizieren, oft ein Problem haben, eine geeignete Moschee zu finden. Von den teilnehmenden irakischen und syrischen KurdInnen, die alle nominell sunnitische MuslimInnen waren, ging kein einziger regelmäßig in die Moschee. Während in einer der Familien sogar Schweinefleisch gegessen wird, wird dies bei den anderen vermieden. Auch in Fragen des Alkoholkonsums gab es sehr unterschiedliche Praxen. Jene, die das Bedürfnis haben, zumindest an wichtigen Feiertagen eine Moschee zu besuchen, äußerten das Problem, dass viele der Moscheen vom „Türkischen Staat" kontrolliert würden. Insbesondere die Moscheen der ATİB, also der vom Türkischen Amt für Religion gegründeten Türkisch-Islamischen Union für kulturelle und soziale Zusammenarbeit in Österreich[6] würden von den syrischen und irakischen KurdInnen gemieden. Die TeilnehmerInnen der Fokusgruppe gingen, wenn sie in eine Moschee gingen in eine Bosnische oder eine Arabische Moschee.

Als problematisch erwies sich auch teilweise der Religionsunterricht an Schulen. Die an der Fokusgruppe beteiligten Eltern machten sich zu Beginn der Schullaufbahn ihrer Kinder ein persönliches Bild der jeweiligen Lehrerin bzw. des jeweiligen Lehrers und entschieden dann, ob ihre Kinder in den Religionsunterricht gehen sollten oder nicht. Einig waren sie sich darin, dass die Qualität und Ausrichtung des Religionsunterrichts sehr stark von der jeweiligen Lehrperson abhängen würde. Ein Vater meldete seine Kinder ab, da der Lehrer „nur türkische Propaganda" betreiben würde und keinen Islamunterricht gehalten habe. Andere waren zwar

---

6 Heine / Lohlker / Potz 2012: 68.

anfänglich skeptisch aber dann mit der jeweiligen Lehrerin zufrieden. Generell wurde aber bemängelt, dass viele LehrerInnen gar kein Arabisch könnten und wenig über den Islam wüssten.

Schiitische Muslime oder Êzîdî finden erst in Wien eine zumindest rudimentäre religiöse Infrastruktur vor. Beide finden in Niederösterreich kein organisiertes religiöses Leben vor.

„Speckgürtel" von Wien

Im Gegensatz zu den KurdInnen aus der Türkei, die überwiegend als ArbeitsmigrantInnen nach Österreich gekommen sind, gibt es unter den syrischen, irakischen und iranischen KurdInnen keine Cluster im Industrieviertel, wohin die damaligen ArbeitsmigrantInnen aus der Türkei ausgewandert sind. Neben der Landeshauptstadt St. Pölten, lebt der Großteil der niederösterreichischen KurdInnen aus Syrien, Irak und Iran im so genannten „Speckgürtel" um Wien. Ähnlich wie andere WienerInnen, sind auch KurdInnen, die sich ein Haus im Umland der Bundeshauptstadt leisten konnten und wollten, ins Grüne vor die Stadt gezogen. Die kulturellen und politischen Bezugspunkte dieses Teils der niederösterreichisch-kurdischen Diaspora sind allerdings weiterhin in Wien.

Umgekehrt zählt allerdings auch das niederösterreichische Umland von Wien zur erweiterten Heimat vieler Wiener KurdInnen, insbesondere wenn es um die in Kurdistan sehr beliebte Freizeitbeschäftigung des Picknicks geht. So organisierten etwa in Niederösterreich lebende kurdische KommunistInnen aus dem Irak öfters größere Picknicks zum Jahrestag der Gründung der Kommunistischen Partei Kurdistans 1993. Die größte dieser Feiern fand 2008 bei einigen Grillplätzen im Grünen bei Tulln statt.

Abb 1: Ansprache beim Picknick zum 15. Jahrestag der Gründung der Kommunistischen Partei Kurdistans am 6. Juli 2008 bei Tulln (© Thomas Schmidinger)

Vor allem schon länger im Land befindliche auch ökonomisch etablierte KurdInnen konnten sich ein Haus im Umland von Wien leisten, während neu ankommende Flüchtlinge entweder direkt nach Wien ziehen oder in billigeren Quartieren in weiterer Entfernung der Bundeshauptstadt bleiben. Dass die Kinder dieser etablierten KurdInnen oft als völlig etablierte MitbürgerInnen wahrgenommen werden, zeigt der Fall von Amang Hajo, der sich im Jänner 2021 in einer Wahl gegen zwei Mitbewerber als neuer Kommandant der Freiwilligen Feuerwehr Vösendorf durchsetzen konnte. Amang Hajo, der im 6. Wiener Gemeindebezirk eine Autowerkstatt betreibt, ist in Vösendorf aufgewachsen. Sein Vater ist bereits in den 1970er-Jahren aus Syrien nach Österreich geflohen.[7]

Auch Intellektuelle aus weiter entfernten Regionen Niederösterreichs nehmen teilweise verstärkt am politischen und kulturellen Leben kurdischer Vereine in Wien teil. Dies gilt insbesondere für iranische KurdInnen, die wohl die kleinste Gruppe in Niederösterreich bilden. Ein befragter iranischer Kurde aus einer niederösterreichischen Kleinstadt, erklärte: „Hier gibt es kaum wen aus Rojhelat und mit den Kurden aus Rojava, Bakur und Dohuk können wir uns nicht einmal sprachlich verständigen. Wenn ich an kurdischen Veranstaltungen teilnehmen will, dann besuche ich unsere Freunde aus Rojhelat in Wien."[8] Ähnliches berichtet ein Soranî-sprachiger irakischer Kurde aus Niederösterreich, den allein schon die sprachliche Distanz zu den Kurmancî-sprachigen Kurden aus Rojava dazu bringt, sich mehr mit seinen Landsleuten in Wien zu treffen als mit KurdInnen aus Rojava in seiner Umgebung.[9] Es ist vermutlich nicht zufällig, dass irakische Kurden aus Bahdinan sich hier leichter tun, da es zumindest eine sprachliche Nähe zu Rojava gibt.[10]

Besonders stark ist dieser Trend sich an den Communities in Wien zu orientieren aber selbstverständlich in den Umlandgemeinden Wiens.

Community in St. Pölten

Zwar gibt es im ganzen Land Niederösterreich einzelne Familien von KurdInnen aus Syrien. Eine kleine syrisch-kurdische Community existiert allerdings nur in der Landeshauptstadt St. Pölten, wo auch ein Teil der irakischen und iranischen KurdInnen lebt.

Dabei gibt es in St. Pölten immer wieder Überschneidungen der syrisch- und irakisch-kurdischen Community. Die TeilnehmerInnen der Fokusgruppen-Diskussion meinten allerdings, es gäbe eher sogar mehr als nur zwei kurdische Communities. Insbesondere die relativ große Gruppe aus Afrin, die nach der Besetzung ihrer Region durch die Türkei 2018 nach Österreich geflohen war und sich in St. Pölten niedergelassen hatte, würde eine weitere eigene Sub-Community bilden.

---

7   https://www.noen.at/moedling/feuerwehr-statt-fussball-amang-hajo-ist-neuer-kommandant-in-voesendorf-voesendorf-
ff-voesendorf-feuerwehrwahlen-print-244055794, eingesehen am 2. Juli 2021.

8 Interview mit einem iranischen Kurden aus einer Kleinstadt Niederösterreichs, 2. Juli 2021.

9 Interview mit einem irakischen Kurden aus einer Kleinstadt Niederösterreichs, 29. Juni 2021.

10 Ein irakischer Kurde aus Bahdinan, der mit einer Frau aus Rojava verheiratet ist, spielt in St. Pölten eine wichtige Rolle als Bindeglied zwischen irakischen und syrischen KurdInnen.

Einzelne Personen, etwa ein aus dem irakischen Teil Kurdistans stammender Mann der mit einer syrischen Kurdin verheiratet und seit langem in St. Pölten etabliert ist, gelten als Bindeglied in einer breiteren kurdischen Szene, die zwar wenig mit den PKK-nahen Strukturen der türkischen KurdInnen zu tun hat, allerdings viel mehr mit den Aktivitäten syrischer und irakischer KurdInnen in Wien. Teilweise gibt es auch Kontakte zu einigen KurdInnen aus dem Iran.

Zwar hat sich aus dieser Community bislang keine längerfristig existierende formale Organisation gebildet, allerdings gab es sehr wohl einige Veranstaltungen, die auch von syrischen und irakischen KurdInnen aus anderen Teilen Niederösterreichs besucht wurden. So wurden 2010, 2011 und 2012 Newroz-Feiern in St. Pölten organisiert. 2011 gab es zudem einige kleinere spontane Proteste in Solidarität mit der syrischen Revolution und gegen das Regime von Bashar al-Assad.

Abb 2: Newroz-Fest in St. Pölten im Kulturhaus Wagram am 20. März 2011 (© Daxaz Kurd)

Einige KurdInnen aus Afrin hatten 2019 in St. Pölten versucht einen Verein zu gründen, sich allerdings schon vor der Entfaltung von Vereinsaktivitäten wieder aus politischen Gründen zerstritten. Die TeilnehmerInnen der Fokusgruppen-Diskussion waren sich darin einig, dass der negative Einfluss der kurdischen politischen Parteien aus den Herkunftsländern einer der Hauptgründe für das Scheitern von Organisationsversuchen in Niederösterreich bilden würde. Auch bei den Newroz-Feiern hätten sofort die Vertreter verschiedener Parteien versucht Ansprachen zu halten bzw. zu verhindern, dass rivalisierende Parteien sich in Szene setzten. Diese Rivalitäten wurden auch als Hauptgrund genannt, warum die Newroz-Feiern nach 2012 nicht mehr fortgesetzt wurden obwohl heute, durch die Zuwanderung von KurdInnen aus Syrien, eine wesentlich größere Community in St. Pölten wäre.

KurdInnen außerhalb der Städte

Einzelne KurdInnen aus Syrien, Irak und Iran gibt es schon seit über zwei Jahrzehnten in verschiedenen Teilen Niederösterreichs. Vielfach handelt es sich dabei um ehemalige Medizin-Studenten, die nach ihrem Studium in Österreich geblieben sind oder nach einigen Jahren wieder hierher zurückgekehrt sind und im Waldviertel, in Gaming oder in anderen – vielfach durchaus entlegenen Regionen des Landes – Arztpraxen eröffnet haben. Auch wenn diese oft Familien gegründet haben, entstanden daraus keine kurdischen Communities. Die Kinder dieser einzelnen kurdischen Familien bildeten meist rasch einen normalen Teil der jeweiligen örtlichen Bevölkerung, sprechen den lokalen Dialekt und haben individuell sehr unterschiedliche Bezüge zu ihrer kurdischen Herkunft.

Im Zuge der verstärkten Fluchtmigration aus Syrien und dem Irak und der Unterbringung von AslywerberInnen in Grundversorgungsquartieren in vielfach entlegenen Gasthöfen im ländlichen Niederösterreich, entstanden teilweise allerdings um 2014/2015 auch kleine, meist kurzlebige kurdische Communities um solche Grundversorgungsquartiere, die teilweise damit begannen die wichtigsten kurdischen Feiertage, insbesondere Newroz, gemeinsam zu feiern. Was in den meisten Fällen nur ein Picknick mit der Familie war, wurde im März 2017 in der an der tschechischen Grenze liegenden Ortschaft Ehrenfeld (Marktgemeinde Großdietmanns im Bezirk Gmünd) im örtlichen Vereinshaus ein Newroz-Fest kurdischer Flüchtlinge gefeiert, an dem auch mehrere mehrheitsösterreichische Gäste teilnahmen.[11]

Da die meisten der im ländlichen Raum untergebrachten AsylwerberInnen nach einem positiven Asylbescheid nach St. Pölten oder Wien abwanderten, hatte sich allerdings keine dieser kleinen ländlichen Communities dauerhaft gehalten.

Bibliothek in Eichgraben

Eigene Vereine und Institutionen syrischer, irakischer und iranischer KurdInnen gibt es bislang in Niederösterreich nicht – mit einer signifikanten Ausnahme, der Kurdischen Bibliothek Casmê Celîl in Eichgraben[12] bzw. dessen 1994 gegründetes „Institut für Kurdologie – Wien", das eben nicht in Wien, sondern im Privathaus der Familie im niederösterreichischen Eichgraben beherbergt ist. Dabei handelt es sich allerdings nicht um einen klassischen kurdischen Verein, sondern um die Familienbibliothek der êzîdischen Intellektuellenfamilie Celîl, die der 1936 in Jerewan geborene sowjetische Kurdologe Celîlê Celîl nach 2003 mit finanzieller Unterstützung der Regionalregierung Kurdistans nach Eichgraben bringen ließ.

Die Bibliothek, die auf der Sammlung kurdischer Schriften seines Vaters Casmê Celîl und seines Bruders Ordîxanê Celîl basiert, gilt weltweit als wichtige kurdologische Bibliothek, ist allerdings nur begrenzt für Öffentlichkeit und Forschung zugänglich und wird weiterhin de facto als Familienbibliothek betrieben. Für die kurdische Diaspora in Niederösterreich spielt sie nur eine untergeordnete Rolle.

Syrische KurdInnen in der Öffentlichkeit

Schon früh wurden die Kurden auch in Niederösterreich Thema in der Öffentlichkeit. Bereits 1992 wurde auf der Schallaburg die Ausstellung „Kurden - Azadi - Freiheit in den Bergen" in Kooperation mit dem Ethnologen Alfred Janata organisiert, der auch den Katalog dazu herausbrachte.[13] Janata, der an sich v.a auf Afghanistan spezialisiert war und gemeinsam mit Christian Reder das „Österreichische Hilfskomitee für Afghanistan" gegründet hatte, brachte damit ein Jahr nach der Massenflucht irakischer KurdInnen vor den Racheangriffen Saddam Husseins, das Thema erstmals einer größeren Zahl an NiederösterreicherInnen nahe.

11 https://www.meinbezirk.at/gmuend/c-lokales/kurdisches-neujahrsfest-newroza-in-ehrendorf_a2063304, eingesehen am 2. August 2021.
12 Vgl. auch Beitrag Şimşek, dieser Band.
13 Janata 1992.

Auch wenn die Mehrzahl der syrischen KurdInnen erst nach 2014 nach Niederösterreich gekommen ist, gibt es doch auch einzelne ältere Verbindungen. Kawa Gargari kam bereits Jahrzehnte vor der großen Fluchtmigration nach St. Pölten, ist seit über 20 Jahren österreichischer Staatsbürger und wurde im Oktober 2019 auch zu einer Stimme in der Lokalpresse, in der er seine Sorgen um Verwandte in Syrien öffentlich äußerte. Seine Frau Rofand Mohammad stammt aus Rojava und hatte eine Schwester in Serê Kaniyê, also jener Stadt, die im Oktober 2019 von der Türkei angegriffen und schließlich besetzt wurde. Die Familie trat deshalb an die Öffentlichkeit:

„Es ist eine Katastrophe. Wir bangen um die Schwester", wurde Kawa Gargari im Oktober 2019 in den Niederösterreichischen Nachrichten (NÖN) zitiert.[14] Bereits im August 2015 hatte der Kurier über die Betreuung syrisch-kurdischer Flüchtlinge durch den Verein „Willkommen Mensch in Zwettl" berichtet.[15]

In die Amstettener Ausgabe des Regionalblattes Tips schaffte es im Jänner 2018 die kurdische Gastfreundschaft, nachdem die kurdische Familie Wrya-Hameed anlässlich des Geburtstags der Mutter Sarbagh und der Tochter Lanya Freunde, Helfer und Wegbegleiter zu einem Festmahl eingeladen hatte.[16]

Kurdische Flüchtlinge aus Syrien waren im April 2021 wieder Thema in der NÖN, nachdem vier neue Asylwerber aus Syrien in ein Grundversorgungsquartier in Groß-Enzersdorf gebracht worden waren. In Zeiten der Pandemie und damit verbundener noch strikterer Grenzschließungen hatten offenbar auch bereits einige wenige Neuankömmlinge für die Lokalpresse einen gewissen Nachrichtenwert.[17]

Zusammenleben

Im Rahmen der Fokusgruppen-Diskussion wurde über das Zusammenleben mit der Mehrheitsbevölkerung und anderen migrantischen Communities gesprochen. Interessant war dabei die Beobachtung von KurdInnen, die teilweise schon über zwei Jahrzehnte in Niederösterreich leben, dass sich die Ressentiments der Bevölkerung ihnen gegenüber verstärkt hätten und sie in den letzten Jahren verstärkt als „Muslime" wahrgenommen und angefeindet würden. Zwar wäre das Image der KurdInnen besser als jenes der Muslime, allerdings würden sie seit einigen Jahren zunächst von allen als „Muslime" wahrgenommen. Wenn die Menschen sie dann kennen lernten, und sähen, dass sie gebildet wären, arbeiteten und ihre Kinder eine gute

---

14 St. Pöltner Kurden-Familie: „Wir bangen um Schwester": https://www.noen.at/st-poelten/auf-der-flucht-st-poeltner-kurden-familie-wir-bangen-um-schwester-st-poelten-fluechtlinge-167269940, eingesehen am 3. Juli 2021.
15 https://kurier.at/chronik/niederoesterreich/verein-willkommen-mensch-in-zwettl-ich-war-gefangen-in-traiskirchen/147.316.755, eingesehen am 3. Juli 2021.
16 https://www.tips.at/nachrichten/amstetten/land-leute/413826-kurdische-familie-lud-zu-einem-festmahl, eingesehen am 3. Juli 2021.
17 https://www.noen.at/gaenserndorf/gross-enzersdorf-vom-syrien-krieg-ins-stadtl-gross-enzersdorf-asyl-nofb-print-asylsuchende-268130887, eingesehen am 3. Juli 2021.

Schulbildung erhielten, wäre es anders, aber bei Erstbegegnungen sei die Atmosphäre feindseliger geworden.

Interessant war dabei, dass der einzige Teilnehmer an der Fokusgruppe, der als Arzt in einer kleinen Marktgemeinde Niederösterreichs lebt und wirkt, dieser Sichtweise widersprach und betonte, wie respektvoll er und seine Familie von der Bevölkerung behandelt werde. Offenbar sticht in diesem Fall Klassenzugehörigkeit eventuelle rassistische Ressentiments. In einer kleineren Gemeinde, in der jeder jeden kennt, ist der Arzt noch immer eine Respektsperson und primär Arzt, unabhängig von seiner Herkunft.

Mit anderen postmigrantischen Communities sei das Zusammenleben weitgehend unproblematisch. Türkischen Nationalisten gehe man eher aus dem Weg und habe mit ihnen wenig Berührungspunkte. Syrische KurdInnen berichten aber darüber, dass unter den arabischen SyrerInnen, die in den letzten Jahren nach Niederösterreich gekommen waren, immer wieder welche aufgefallen seien, die Ressentiments gegen KurdInnen hatten, die sie aus ihrer Zeit in Syrien nicht kannten. Dies wird nicht als bedrohlich wahrgenommen aber als Indiz gewertet, wie sehr sich die syrische Gesellschaft durch den Krieg verändert habe.

Kurdische Sprache in Niederösterreich

Im Gegensatz zu vielen türkeistämmigen KurdInnen, die in Jahrzehnten autoritärer Assimilationspolitik vielfach das Türkische als Erstsprache übernommen haben, sprechen KurdInnen aus dem Irak, Iran und Syrien im Alltag ihre jeweilige Muttersprache. Das in Syrisch-Kurdistan gesprochene Kurmancî ist damit durch die Fluchtmigration aus Syrien zu einer aktiven und lebendigen Sprache in Niederösterreich geworden, die auch von Schul- und Kindergartenkindern gesprochen wird. Während man in St. Pölten und einigen anderen Städten Niederösterreichs seit 2015 durchaus immer wieder Kurmancî hören kann, reichten die Anmeldungen für den Muttersprachlichen Unterricht bisher in keiner Schule dazu aus, Muttersprachlichen Unterricht in Kurmancî abzuhalten. Dafür scheint die Diaspora zu sehr zerstreut zu sein. Im Fokusgruppen-Gespräch wurde deutlich, dass selbst gebildete KurdInnen in Niederösterreich gar nicht wussten, dass es die Möglichkeit gäbe, Kinder zum muttersprachlichen Unterricht anzumelden.

In der zweiten Generation hat dies zur Folge, dass die Kinder meist nur über reduzierte Kenntnisse des Kurmancî verfügen. Zwar sprechen die meisten Familien zu Hause Kurdisch, allerdings nur wenn beide Elternteile kurdisch sind. Im Fokusgruppen-Gespräch wurde deutlich, dass die Kinder dadurch zwar zumindest ein passives Verständnis für die Sprache der Eltern haben, diese allerdings selbst oft nur selten aktiv benutzen. Insbesondere bei ernsthafteren Themen würden diese ins Deutsche wechseln. Niemand der zweiten Generation kann Kurdisch schreiben und lesen.

Die Abwesenheit des Kurdischen im Schulunterricht bedeutet jedoch nicht, dass das Land Niederösterreich das Kurdische als Sprache ignorieren würde. Nach der Jahrtausendwende wurde in Niederösterreich das Themenfeld der Integrationspolitik zunehmend als wichtiges Politikfeld erkannt. In den wichtigsten Städten Niederösterreichs wurden Integrationsleitbilder erarbeitet und 2008 das Integrationsservice an der NÖ Landesakademie ins Leben gerufen.[18] Und seit der Fluchtmigration aus Syrien wird nun auch zunehmend das Kurdische als integrationsrelevante Sprache ernst genommen. So wird die Broschüre des Landes „Vom Kindergarten in die Schule", mit der Eltern über das Bildungssystem in Niederösterreich informiert werden sollen, neben Deutsch in 15 verschiedenen Sprachen angeboten, eine davon ist Kurmancî.[19] Dasselbe gilt für eine weitere Broschüre mit dem Titel „Mein Kind kommt in den Kindergarten", die für die Eltern für neue Kindergartenkinder gedacht ist.[20]:

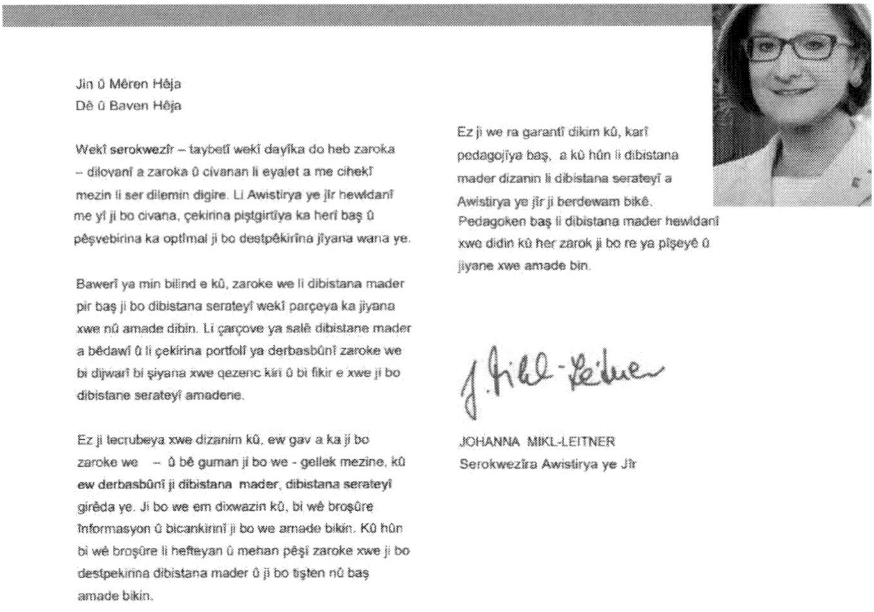

Jin û Mêren Hêja
Dê û Baven Hêja

Wekî serokwezîr – taybetî wekî dayîka do heb zaroka – dilovanî a zaroka û civanan li eyalet a me cihekî mezin li ser dilemin digire. Li Awistirya ye jîr hewîdanî me yî ji bo civana, çêkirina piştgirtîya ka herî baş û pêşvebirina ka optimal ji bo destpêkirina jîyana wana ye.

Bawerî ya min bilind e kû, zaroke we li dibistana mader pir baş ji bo dibistana serateyî wekî parçeya ka jîyana xwe nû amade dibin. Li çarçove ya salê dibistane mader a bêdawî û li çekirina portfoli ya derbasbûnî zaroke we bi dijwarî bi jîyana xwe qezenc kirî û bi fikir e xwe ji bo dibistane serateyî amadene.

Ez ji tecrubeya xwe dizanim kû, ew gav e ka ji bo zaroke we – û bê guman ji bo we - gellek mezine, kû ew derbasbûnî ji dibistana mader, dibistana serateyî girêda ye. Ji bo we em dixwazin kû, bi wê broşûre înformasyon û bîcankirinî ji bo we amade bikin. Kû hûn bi wê broşûre li hefteyan û mehan pêşî zaroke xwe ji bo destpêkirina dibistana mader û ji bo tişten nû baş amade bikin.

Ez ji we ra garantî dikim kû, karî pedagojîya baş, a kû hûn li dibistana mader dizanin li dibistana serateyî a Awistirya ye jîr ji berdewam bikê. Pedagoken baş li dibistana mader hewîdanî xwe didin kû her zarok ji bo re ya pîşeyê û jîyane xwe amade bin.

JOHANNA MIKL-LEITNER
Serokwezîra Awistirya ye Jîr

Abb.3: Vorwort der niederösterreichischen Landeshauptfrau Johanna Mikl-Leitner in der kurdischen Fassung der Broschüre „Vom Kindergarten in die Schule".

Die Übersetzung von Broschüren des Landes ins Kurmancî zeigt deutlich, dass das Kurdische mittlerweile auch von den Landesbehörden als eigenständige Muttersprache im Bildungsbereich ernst genommen wird. Wer weiß, vielleicht melden ja auch irgendwann einmal genug Eltern ihre Kinder zum Muttersprachlichen Unterricht auf Kurmancî an.

---

18 Kreutzer/Schmidinger 2017: 79.

19 https://www.noe.gv.at/noe/Kindergaerten-Schulen/Vom_Kiga_in_die_Schule_Kurdisch.pdf, eingesehen am 10. Juli 2021.

20 https://www.noe.gv.at/noe/Kindergaerten-Schulen/Mein_Kind_kommt_in_den_Kindergarten_-Kurdisch.pdf, eingesehen am 10. Juli 2021.

Bibliografie

Ceviz, Kimet/Weiss, Nerina 2008: Abgereist und nie ganz angekommen: KurdInnen im Industrieviertel. In: Schmidinger, Thomas (Hg.): *Vom selben Schlag... Migration und Integration im niederösterreichischen Industrieviertel.* Wiener Neustadt: Alltag Verlag, 266 – 275.

Heine, Susanne/Lohlker, Rüdiger/Potz, Richard 2012: *Muslime in Österreich. Geschichte, Lebenswelt, Religion. Grundlagen für den Dialog.* Innsbruck/Wien: Tyrolia-Verlag.

Janata, Alfred 1992: *Kurden. Azadi. Freiheit in den Bergen.* Wien: Amt der NÖ Landesregierung.

Kreutzer, Mary/Schmidinger, Thomas 2017: Einwanderungsland Niederösterreich. In: Amt der Niederösterreichischen Landesregierung (Hg.): *Niederösterreich. Eine Spurensuche.* Wien: Brandstätter, 72 -79.

Schmidinger, Thomas 2011: Heimat mit Fragezeichen. Identitäten im Industrieviertel. In Volkskultur Niederösterreich (Hg.): *Das Industrieviertel. Am Puls der Zeiten.* Weitra: Verlag Bibliothek der Provinz, 66- 73.

Şimşek, Hüseyin A. 2017: *50 Jahre Migration aus der Türkei nach Österreich.* Wien: LIT Verlag.

Von den Tschartaken zu den Drohnen – KurdInnen und das Burgenland. Ein Versuch der Spurensuche im Grenzland

MARIA SIX-HOHENBALKEN

ABSTRACT

Dieser Beitrag versteht sich als eine Spurensuche in Geschichte und Gegenwart. Der historische Teil bietet einige überraschende Ergebnisse von sehr frühen Zusammentreffen von KurdInnen und BewohnerInnen des heute ungarisch-österreichischen Grenzraumes. Für die rezenten Entwicklungen wird der Umstand erörtert, warum das Burgenland für viele Geflüchtete im allgemeinen und KurdInnen im Besonderen lediglich eine Durchgangsstation ist. Schließlich wird auf öffentlichkeitswirksame und partizipative Kunstprojekte des im Burgenland ansässigen Künstlers Hüseyin Işık eingegangen.

This contribution is intended as a search for traces in the past and the present. The historical part offers surprising results of early encounters between Kurds and the inhabitants along today's Hungarian-Austrian border. In terms of recent developments, the contribution discusses why the Burgenland region is only a transit station for many refugees in general and Kurds in particular. In a last step, the paper confronts these issues with public and participatory art projects by the Burgenland-based artist Hüseyin Işık.

Einleitung

Im Vergleich zu allen anderen Bundesländern gibt es im Burgenland keine größere kurdische Community oder eingetragene Vereine. Obwohl keine genauen Zahlen zur Verfügung stehen, kann hier festgestellt werden, dass das Burgenland jenes österreichische Bundesland ist, das die geringste Anzahl von BewohnerInnen mit kurdischer Herkunft aufweist. KurdInnen leben in den sieben burgenländischen Bezirken verstreut, es gibt weder Institutionen noch politische oder soziale Netzwerke.

Dieser Artikel ist ein Versuch einer Spurensuche in Geschichte und Gegenwart und geht auch darauf ein, warum das Burgenland für viele Geflüchtete im allgemeinen und KurdInnen im Besonderen lediglich eine Durchgangsstation war und ist. Für manche Geflüchteten, die auf dem Landweg nach Österreich gekommen sind, war das Burgenland die erste Station in Österreich am Ende einer langen Flucht und wird daher lange im Gedächtnis bleiben.

Im Gegensatz zum flächenmäßig noch kleineren Bundesland Vorarlberg, das eine hohe Anzahl an kurdischen Vereinen und AkteurInnen aufweist, blickt das Burgenland aufgrund der geringen Anzahl an Industriebetrieben auf keine vergleichbare Arbeitsmigration seit den ersten spezifischen Arbeitskräfteanwerbeabkommen zurück. In dieser peripheren Region, nahe dem Eisernen Vorhang, hatten sich in den ersten Jahrzehnten der zweiten Republik weder

Industriebetriebe angesiedelt, noch konnte in dem jüngsten österreichischen Bundesland eine bedeutsamere industrielle Struktur aufgebaut werden. Emigration und Pendelmigration waren daher die Faktoren, die das ökonomische und soziale Leben in diesem östlichsten Bundesland bestimmt haben. Erst in den letzten Jahrzehnten ist es zu einer bemerkenswerten wirtschaftlichen Entwicklung im Tourismus und im Handel gekommen, beides allerdings ökonomische Sektoren, die eher eine temporäre oder Pendelwanderung von ungarischen und slowakischen Arbeitssuchenden evozieren, denn einen Zuzug von Menschen, die auf der Suche nach permanenter Beschäftigung und der Gründung einer neuen Heimat sind. Heuer feiert das Burgenland sein hundertjähriges Bestehen, da es nach einer Zugehörigkeit zu Deutschwestungarn und Ungarn mit dem Vertrag von St. Germain und Trianon 1919 und 1921, einer Volksabstimmung und einer kurzen Phase des Kampfes um Zugehörigkeit schließlich Selbständigkeit erlangte. Erwähnenswert hier ist auch die Schicksalsgemeinschaft all jener, die von den Verträgen um die politische Neuaufteilung der Welt nach dem Ersten Weltkrieg tangiert waren – auch den KurdInnen wurde eine Eigenstaatlichkeit zugesprochen, die allerdings im Vertrag von Lausanne 1923 wieder zurückgenommen wurde.

In den folgenden Kapiteln soll nicht alleine eine rezente Spurensuche unternommen werden, um Personen kurdischer Herkunft und ihr heutiges Leben in diesem östlichen Bundesland auszumachen. Gerade das Burgenland, das über die Jahrhunderte Grenzraum war erlaubt auch eine historische Spurensuche. Das Burgenland ist neben Wien vielleicht das einzige Territorium, das bereits historische Kontakte mit KurdInnen anhand von historischen Quellen nachweisen könnte, verglichen mit den westlichen und nördlicheren Bundesländern. Ein kurzer historischer Abriss wird daher mögliche Formen des derartigen Aufeinandertreffens aufzeigen. Ein kulturelles Zeugnis und Kontext eines solchen Zusammentreffens ist der kurdisch/persische Terminus im Titel, nämlich "Tschardake". Der zweite Terminus "Drohne" soll auf heutige globale Zusammenhänge und Technologien hinweisen, die in den globalen "refugee regimes" zunehmend eine Rolle spielen.

Historischer Abriss

"Tschardake" ist ein Begriff, der in der Landwirtschaft im Grenzraum zwischen Österreich und Ungarn für einen Maisspeicher verwendet wurde und wird. Vier Pfähle, die in einer rechteckigen Form aufgestellt und mit unterschiedlichen Holzbrettern verbunden sind, bilden einen luft- und lichtdurchlässigen Speicherort, der fast ausschließlich für Mais verwendet wird. Eigentlich kommt der Begriff von einer Grenzüberwachungseinrichtung, die im Osten des Osmanischen Reiches verwendet wurde und mit den osmanischen Eroberungen auch nach Ungarn und in das Grenzland zur Steiermark kam. Tschardake kommt von den - im Persischen und Kurdischen - verwendeten Begriffe *car* und *dar*, d.h. vier Hölzer/Pfählen/Stämme. Diese werden in den Boden gerammt und tragen eine Aussichtsplatform, auf dem ein Verschlag oder Aussichtsturm mit Schießschaften befestigt war. Solche Befestigungen dienten dazu, um eine Region vor Invasionen zu schützen. Es gibt einige Archivalien, die bezeugen, dass noch zu Beginn des 18. Jahrhunderts solche Überwachungstschardaken an der ehemals österreichisch-ungarischen (d.h. steirisch, burgenländischen) Grenze aufgestellt waren. Danach fand dieser militärische Begriff und auch die Bauweise Eingang in die Alltagskultur der Grenzbewohne-rInnen.

Die Hintergründe dieser Übertragung vom östlichen osmanisch- persischen Grenzraum (d.h. vor allem der kurdischen Gebiete) an das andere, westliche Ende des Osmanischen Reiches, das in seiner größtmöglichen Ausdehnung bis in den ungarischen Kernraum reichte, soll in Folge näher geklärt werden.

Die noch im 20. Jahrhundert prägende periphere Lage geht auf die Situation in den Jahrhunderten davor zurück, wo das langgezogene Gebiet des heutige Burgenlandes seit dem Mittelalter ein Grenzstreifen war, der lange Zeit im Spannungsfeld zwischen Österreich und Ungarn lag und wo beiderseits der Grenze – auf steirischer und auch ungarischer Seite Grenzfestungen und Grenzposten errichtet wurden – auf steirischer Seite gedacht als Abwehr anfangs gegen ungarische und danach gegen osmanische Expansionsbestrebungen.

In dieser öden Grenzregion wurden seit dem 12. Jahrhundert immer wieder unterschiedliche Bevölkerungsgruppen angesiedelt, beispielsweise die GrenzwächterInnen des ungarischen Königreiches, bayrische KolonistInnen (10. bis 12. Jahrhundert) und KroatInnen im Laufe des 16. Jahrhunderts. Der Grenzraum, der von unterschiedlichen adeligen Herrschaften verwaltet wurde, war über die Jahrhunderte hinweg, Ziel von Geflüchteten oder Vertriebenen - protestantische und jüdische BewohnerInnen aus der Steiermark oder Roma, die aufgrund ihrer ethnischen oder religiösen Orientierung im Kernland der HabsburgerInnen verfolgt wurden[1].

Im Vergleich zu den adeligen Herrschaften in Österreich, haben diese ungarischen Adelshäuser (Esterházy, Batthyány) hier einen Zuzug nicht nur geduldet, sondern vor allem aus ökonomischen Gründen besonders gefördert. Mehrsprachigkeit, wirtschaftliche Spezialisierungen und Handelskontakte ließen hier eine Multikulturalität entstehen, die mit keinem anderen österreichischen Bundesland vergleichbar war.

Die Batthyány waren ein Adelsgeschlecht aus Innerungarn, die sich in der Abwehr der osmanischen Expansionszüge Verdienste erworben hatten und dafür mit Herrschaften in diesem (im heutigen Burgenland befindlichen) Grenzraum zur Steiermark belehnt wurden. Das Zentrum war die Stadt und Herrschaft Güssing, sukzessive kamen die Herrschaften Schlaining, Bernstein, Rechnitz, Neuhaus/Klausenbach und Besitzungen in Kroatien dazu[2]. Im Norden des heutigen Burgenlandes waren es vor allem die Esterházy, die ebenfalls aufgrund ihrer militärischen Erfolge Herrschaftsgebiete übertragen bekamen.

Die osmanischen Eroberungen bedeuteten für Ungarn, dass ein Teil des Territoriums - es war vor allem das Gebiet zwischen der ungarischen Tiefebene (Alföld) und der östlichen Hälfte von Transdanubien – für Jahrzehnte unter osmanische Kontrolle gelangte und das Land nachhaltig prägte. Das Gebiet westlich der eroberten Gebiete, das auch das heutige Burgenland bis zur steirischen Grenze umfasste, war oft umkämpft und umstritten. Die Batthyánys (v.a. Franz und Christoph, Balthasar III. und Adam I.) waren wesentliche Akteure im Kampf gegen die

---

1 Baumgartner/Müller/Münz 1988.
2 Vgl. dazu Ernst 1991, 140 ff.

osmanischen Expansionen und somit vom Beginn des 16. Jahrhunderts (Schlacht von Mohács 1526) bis zur Schlacht von Mogersdorf 1663/64 involviert waren.

Der Autor Zurab Aloian[3] erklärt, dass bereits in den ersten Jahren der osmanischen Expansion im 16. Jahrhundert in Ungarn mehrere Quellen belegen, dass im osmanischen Heer auch kurdische Soldaten und Befehlshaber eingesetzt waren. Eine wesentliche Quelle sind die ungarischen Briefe von Ali Paşa aus Buda, der aus Timişoara (heute Rumänien) stammte und zwischen 1602 und 1616 als osmanischer Gouverneur in Buda eingesetzt war. Er sprach Ungarisch und Türkisch und war zwischenzeitlich (um 1612) von der Hohen Pforte auch im kurdischen Fürstentum Cizîre (!) eingesetzt, das er mittels eines Stellvertreters verwaltete. Von den Briefen von Ali Pasha erfährt man über Kurden, die im osmanischen Heer in Ungarn eingesetzt waren. Weitere ungarische literarische Quellen stammen von Miklós Zrínyi und Géza Gárdonyi. Aloian berichtet von politischen und militärischen Akteuren, von denen die kurdische Zugehörigkeit bekannt war wie auch von Quellen, in denen die Namen Kurd/Kurt/Kurth mehrfach aufscheinen. In den Steuerlisten des Sancaks Hatvan werden drei Dörfer (bei Eger und Miskolc) geführt, die einer Person namens Divàne Kurd gehörten. Des Weiteren existiert bis heute im Kreis Dombóar im Komitat Tolna (südliches Zentralungarn) ein Dorf mit dem Namen Kurd. Aus der Oralgeschichte weiß man noch heute, dass ein früherer Kurd Pasha in der Nähe des Dorfes bestattet wurde. Aloian vertritt die Annahme, dass dies auf das Ethnonym und daher auf eine Besiedelung oder eine Besitzung eines oder mehrerer kurdischer militärischer Funktionäre zurückgeht. Auch in Zrínyi's literarischem Werk ist von einem Kurd Agha, der gegen György Turi kämpfte, zu erfahren. Noch Jahrzehnte nach dem Abzug der Osmanen aus Ungarn könnten Bezeichnungen in Besitzquellen als *neopopulata possessio Kurd* auf weitere Existenz von Kurden hinweisen.

Diese o.a. Quellen beziehen sich jedoch vorwiegend auf jene ungarischen Gebiete, die unter osmanischer Kontrolle und Verwaltung standen. Im Vertrag von Zsivatörök (November 1606) wurde versucht einen Friedensprozess einzuleiten und die Beziehungen zwischen dem Osmanischen und dem Habsburgerreich zu normalisieren. Hierbei war auch der oben erwähnteAli Paşa wesentlich beteiligt.

Welche Bedeutung haben nun jene Quellen für die Annahme kurdischer Präsenz auf dem Gebiet des heutigen Burgenlandes? Unterschiedliche Quellen besagen, dass Kriegsgefangene auf ungarischer wie auch auf osmanischer Seite gemacht wurden. Diese Gefangenen wurden entweder ausgetauscht, aber noch mehr wurde mit ihnen ein regelrechter Handel betrieben, indem man hohe Lösegeldforderungen stellte oder aufgrund dieses Umstandes die Gefangenen einfach an andere Akteure weiterverkaufte. Gerade aus den Batthyányschen Grundbesitzungen in und um Güssing gibt es eine Reihe von Quellen, die die Situation der osmanischen Kriegsgefangenen im 16. und 17. Jahrhundert belegen[4]. Je nach militärischem Grad zogen sich Lösegeldforderungen oder der Austausch dahin - Anführer waren oft gut versorgt, während

---

3 Aloian 2004
4 bearbeitet von Varga 1995

normale Soldaten im Burgenbau oder in der Landwirtschaft Schwerstarbeit leisteten. Manche Gefangene starben aufgrund mangelhafter Versorgung.

Ein besonderes Beispiel dafür, dass solche Lösegeld- oder Austauschforderungen nicht immer von monetären Interessen bestimmt waren, war Balthasar III. Batthyány (1543 – 1590). Er residierte in Güssing, hatte davor in Wien, Paris und Padua studierte und richtete in Güssing eine Bibliothek ein. Er setzte einen internationalen Hofstaat zusammen und war sehr an Wissenschaft und Kunst interessiert, vor allem an Botanik und Musik. Im Austausch für türkische Gefangene verlangte er damals unbekannte Pflanzen, wie Tulpen und Kastanien, die dann der in Güssing tätige bekannte holländische Botaniker Carolus Clusius[5] erstmals beschrieb und veröffentlichte. Die türkischen Kriegsgefangenen wurden auch dazu angehalten eine eigene Musikkappelle zu gründen, die sobald weit über die Grenzen bekannt war[6]. Diese besondere Geschichte soll aber nicht darüber hinwegtäuschen, dass eine Reihe von Gefangenen, die in diesem Grenzraum festgehalten wurden, die hohen Summen für ihre Auslösung nicht bezahlen konnten und verstorben sind. Andere wenige haben nach der Auslösung Freibriefe erhalten und könnten in der Region verblieben sein.

Von besonderem Interesse ist die Zeit des Enkels von Balthasar III., nämlich die Zeit von Adam I. (1609 – 1659). Er war ebenso bibliophil wie sein Großvater, aber auch ein energischer Kriegsherr. Auf Burg Güssing wie auch auf anderen seiner Besitzungen (Rechnitz, Bernstein, Körmend) war ständig Militär stationiert um die Ostgrenze des habsburgischen Reiches zu sichern. Adam I. wurde zum Generalhauptmann von Niederungarn ernannt und in seiner Regierungszeit gab es keine größeren Konfrontationen und Kämpfe mit dem Osmanischen Heer kam, da beide Seiten versuchten den Frieden von Zsitvatorok (1606, 1648 und weitere Verlängerung um 22 Jahre) einzuhalten. Jedoch kam es immer wieder zu Streifzügen, kleineren Grenzverletzungen und Plünderungen, und die die militärischen Einheiten, die auf den batthyanischen Besitzungen stationiert waren, zurückschlugen. Die Gefangennahme von gegnerischen Soldaten wurde über Jahrzehnte auf beiden Seiten praktiziert. János Varga gibt in einer genaueren Quellenanalyse auch einige wenige Namen der Kriegsgefangenen an, darunter auch zwei Gefangene namens Dilan und Busa, die 1643 in Güssing in Gefangenschaft waren.[7] Ersterer scheint als ein genuin kurdischer Namen bis heute auf, zweiterer basiert auf alttürkischen und/oder persischen Wurzeln. Andere Gefangene hatten klassische islamische Namen, oder Beinamen, die unter Umständen auf Ethnonyme zurückgingen, wie beispielsweise der Agha Leki. Manche der Gefangenen stammten aus den osmanisch besetzten ungarischen Gebieten, andere wiederum waren Christen[8] aus Gegenden des Balkans. Eine umfassende Sichtung der

---

5 Johann Heiß, Die Höfe in Güssing und Wien im 16. Jahrhundert, In: Ausstellungskatalog: Gemeinsame Grenzen, Közös hataárok, Skupne granize, Ketane granize", Güssing, 1996, S. 15-25.
6 https://www.batthyany.at/familiengeschichte/
7 Varga 1995, 153.
8 Nach den vorliegenden Quellen handelt es sich hierbei ausschließlich um Männer.

umfangreichen Archivalien dieser Grenzherrschaften wie auch der unterschiedlichen Matrikenbücher, könnte hier sicherlich noch mehr Licht in diese Angelegenheit bringen[9].

Diese kurze historische Darstellung soll darauf verweisen, dass es eine kurdische Existenz und eine Dorfgründung und Besiedelungen in Ungarn zu Beginn des 17. Jahrhunderts gab und dass wahrscheinlich die ersten Kurden in der Mitte des 17. Jahrhunderts als Kriegsgefangene auf das heute österreichische (früher westungarische Herrschafts-)Territorium kamen.

Nach diesem kurzen historischen Exkurs soll nun auf rezente Entwicklungen eingegangen werden.

Das Burgenland als Transitregion – die 1980er und 1990er Jahre

Wie bereits eingangs bemerkt, hat die periphere Lage und die Nähe zum Eisernen Vorhang die ökonomische Entwicklung des Burgenlandes über Jahrzehnte geprägt. In der zweiten Hälfte des 20. Jahrhunderts prägte die Pendelmigration nach Wien oder Graz die sozioökonomische Situation. Erst nach dem Fall des Eisernen Vorhangs und durch die Mitgliedschaft in der Europäischen Union, das dem Burgenland eine Reihe von Wirtschaftsförderungen als Ziel-1 Gebiet und somit einen wirtschaftlichen Aufschwung im Tourismus, in Startups und in Nischensektorenbrachte, wurde eine Abwanderung und Pendelmigration teilweise eingebremst. Erst in den letzten zwei Jahrzehnten ist ein Zuzug von Menschen festzustellen, die mit Kleinunternehmen versuchen, sich in den größeren Gemeinden des Burgenlandes eine Existenz aufzubauen.

In den 1970er bis in die 1990er Jahre was das Burgenland daher nicht attraktiv genug, dass von nach Österreich migrierte oder geflüchtete KurdInnen eine dauerhafte Ansiedelung ins Auge fassten. Zu weit war man auch von den kurdischen Vereinen und Netzwerken rund um Graz und Wien entfernt. Berichtet wurde mir von einzelnen Personen, die in den 1980er Jahren während ihres Asylverfahrens in einer Pension im Burgenland untergebracht waren, dass einige wenige Familien versuchten, nach ihrer Ankunft Fuß zu fassen und in der Region zu bleiben. Einige irakische KurdInnen haben nach ihrem Medizinstudium ihr erstes Assistenzjahr an einem burgenländischen Spital verbracht und sind danach wieder nach Wien zurückgekehrt.

Die Fluchtwellen aus und innerhalb des Irak wie auch aus dem Iran hatte Anfang der 1990er Jahre großes mediales Interesse in Österreich nach sich gezogen und eine Reihe von Hilfsprojekten entstehen lassen.

Einige burgenländische Kultur- und Bildungsinstitutionen versuchten auf das Schicksal der KurdInnen aufmerksam zu machen und organisierten Vorträge und Seminare über die politische und Menschenrechtssituation in den jeweiligen Herkunftsländern berichtete. Dies waren u.a. das Europahaus in Eisenstadt[10], das Offene Haus Oberwart oder Amnesty International

---

9 Die Herrschaftsarchive sind teilweise im burgenländischen Landesarchiv, in ungarischen Archiven wie auch in Privatbesitz.
10 BF 29.5.1991

in Eisenstadt mit einer Mahnwache[11]. Verschiedene burgenländische Einrichtungen und Netzwerke organisierten Spenden für die KurdInnen, die innerhalb des und aus dem Irak zur Flucht gezwungen waren, wie beispielsweise Schulen[12], Fußballclubs[13], Gewerbetreibende[14] oder Milizsoldaten während einer Truppenübung.[15] Auch haben sich vereinzelte BurgenländerInnen an den Hilfsmaßnahmen vor Ort beteiligt und sind mit dem Roten Kreuz in den Iran gereist, um in den Zeltlagern medizinische Hilfe zu leisten[16]. Diese Hilfsaktionen wurden gerade Anfang der 1990er Jahre nicht nur quer durch alle Bevölkerungsschichten organisiert, sondern wurden auch medial von den lokalen Zeitungen aufgenommen.

Anfang der 1990er Jahre wurden mehrere kurdische Familien, die aus dem Irak, Iran oder Syrien geflüchtet waren in burgenländischen Kleinstädten untergebracht. In Güssing waren es an die achtzig Personen[17]. Die Stadt bzw. die Volkshochschule mit dem Koordinator Josef Naray organisierte neben der materiellen Versorgung auch eine Reihe von Sprach- und Weiterbildungskursen, Programme für Kinder und Begegnungsmöglichkeiten, die eine Integration fördern sollten. Jedoch blieben nur vereinzelt Personen oder Familien im Bezirk, die meisten zog es aufgrund von fehlenden Job- und Ausbildungschancen in die urbanen Zentren.

In einer der wichtigsten lokalen Zeitungen des Burgenlandes, der BF (Burgenländische Freiheit) war Anfang der 1990er Jahre die Berichterstattung über die politische Situation der Kurdinnen sehr wohlwollend. Es wurden eine Reihe von Initiativen gestartet, in denen Geld gesammelt, integrative Unterstützungen vorgestellt oder wo auch kulturelle Veranstaltungen organisiert wurden[18]. Auch hatte man noch sich noch über die Abschiebung und um das Schicksal der abgeschobenen Personen, wie über ein 16jährigen türkischen Kurde im Jahr 1994 kritisch geäußert[19]. Allerdings schien ab Mitte der 1990er Jahre ein Umschwung stattgefunden zu haben, da nun die Berichte über Schlepperorganisationen[20] und Personen, die beim Grenzübertritt aufgegriffen wurden[21] dominieren – hier wird vor allem über KurdInnen aus dem Irak berichtet, die geflohen sind[22]. Allerdings gibt es keinen weiteren Angaben, ob die Geflüchteten dann für die ersten Monate in ihrem Asylverfahren im Burgenland geblieben sind, nur vereinzelte Informationen berichten über Personen Anfang der 2000er Jahre, die im Burgenland auf den Ausgang ihres Asylverfahrens warteten – eine davon lebte in Eisenstadt.[23] Auch wenn das

11 BF 2.5.1991
12 BF 29.5.1991
13 BF 22.5.1991
14 BF 15.5.1991
15 BF 2.5.1991
16 BF März 1993
17 BF 15.1.1992
18 So beispielsweise der aus dem Burgenland stammende Musiker Willi Resetarits, der mehrmals mit dem kurdischen Musiker Sivan Perwer aufgetreten ist, so auch im Burgenland in dem kroatischen Kulturzentrum KUGA in Großwarasdorf (BF 31. 12. 2002)
19 BF 4.5.1994.
20 BF 14.09.1994
21 BF 22.01.1997, 11. 02. 1998
22 BF 7.1.1998
23 BF 12.2. 2003

Burgenland für KurdInnen eine zwischenzeitliche Aufenthaltsstation war oder für einige wenige zur neuen Heimat wurde, ist kaum etwas sichtbar.

Ab den 2000er Jahren

Basierend auf der Volkszählung und den Auswertungen der Statistik Austria im Jahr 2002, gab es im Burgenland 1280 türkische Staatsbürger, davon waren 952 in der Türkei und 328 in Österreich geboren. Es wurden 26 irakische Staatsbürger vermerkt, davon waren 24 im Irak geboren und 46 iranische Staatsbürger, wovon alle im Iran geboren waren. 109 Personen waren staatenlos, bzw. deren Staatsbürgerschaft nicht geregelt[24]. In derselben Statistik aus dem Jahr 2002[25] gaben 12 Personen an, dass sie Kurdisch als Alltagssprache gebrauchen, 2 davon waren bereits eingebürgert. In der Bevölkerungsstatistik von 2019 war die Anzahl der türkischen StaatsbürgerInnen im Vergleich dazu rückläufig. Es wurden 887 Personen mit türkischer Staatsbürgerschaft erfasst, sowie 154 irakische, 228 iranische und (erstmals) 323 syrische wie auch 57 Personen, die als staatenlos erfasst wurden[26].

Durch die EU-Förderungen im Rahmen des Ziel-1-Gebiet Programms hat das jüngste österreichische Bundesland besonders profitiert. Es sind eine Reihe von Infrastruktureinrichtungen weiter ausgebaut und neue geschaffen worden, vor allem wurde auch der Tourismus gefördert. Einige Leadership Projekte wurden umgesetzt, wie beispielsweise das Outlet Center Parndorf. Dadurch wurden einige Kleinstädte, Marktgemeinden und touristische Regionen interessant, um Kleinunternehmungen zu eröffnen. KurdInnen, die zuvor Jahre in Wien, Linz oder Graz gelebt haben, haben in größeren Orten einen gastronomischen oder Handelsbetrieb eröffnet. Allerdings ist es aufgrund der Kleinräumigkeit der Region nicht möglich, auf die einzelnen Orte und die genaueren Umstände der befragten Personen einzugehen, da dabei der Datenschutz der jeweiligen Befragten nicht gewährleistet würde. In den jeweiligen Bezirksstädten oder Marktgemeinden gibt es oft nur eine Pizzeria, einen Kebabstand oder ein Handygeschäft und die Befragten wären leicht zu erkennen. In manchen Gegenden sind es Familien aus Wien, die in einer Kleinstadt in Wiennähe einen Betrieb eröffnet haben, aber nicht dort sesshaft sind, sondern pendeln. Einige wenige kurdische Familien aus der Türkei wiederum sind seit einigen Jahren im Südburgenland und in der benachbarten Oststeiermark sesshaft und haben hier einen Familienbetrieb eröffnet. In einzelnen Fällen sind auch schon die Kinder aktiv darin eingebunden. Ein Kurde aus Syrien lebte viele Jahre in Oberösterreich und ist nach der Heirat mit seiner Frau, die erst vor einigen Jahren aus Syrien geflüchtet ist ins Südburgenland gezogen um hier sesshaft zu werden. Bei manchen sind Kontakte zu anderen kurdischen Familien in der Region sehr eingeschränkt, man orientiert sich eher an den Netzwerken und Vereinen in den Ballungszentren Wien oder Graz. Die befragten Personen wissen voneinander, pflegen aber wenig Kontakt. Da es sich vor allem im Südburgenland um vereinzelte Familien handelt, gibt es keine kritische Größe, die eine Vereinsgründung oder ein engeres Netzwerk entstehen lassen würden.

24 Statistik Austria 2002: 85 f.
25 Statistik Austria 2002: 89.
26 Statistik Austria, Bevölkerung 2019 nach detaillierter Staatsangehörigkeit, Geschlecht und Bundesland

Generell kann festgestellt werden, dass sich seit den 2000er Jahren die alte Multikulturalität, die von Kroatisch, Ungarisch, Romanes und Deutschsprechenden mit unterschiedlicher religiöser Zugehörigkeit getragen wurde in eine neue Multikulturalität umgewandelt hat. War es noch bis in die 1980er Jahre eine recht ortsgebundene Identität und Zugehörigkeit in den einzelnen kroatisch-, ungarisch oder deutschsprachigen Dörfern, hat sich das in den letzten zwanzig Jahren in den größeren Marktgemeinden oder Städten merklich verändert. Durch die ungarischen und slowakischen Tages- oder WochenpendlerInnen, ex-jugoslawische und rumänische Familien, die sich im Burgenland eine neue Existenz aufgebaut haben und in unterschiedlichen Sektoren tätig sind, durch die türkischen und arabischen Familien, die sich überwiegend im nördlichen Burgenland angesiedelt haben, ist eine neue globale Multikulturalität im Entstehen.

Neben den Bevölkerungsstatistiken könnte man sich auch über die Religionszugehörigkeiten an das Thema nähern. Im Jahr 2008 wurde die Zahl der Muslime im Burgenland auf etwa 6.000 bis 8.000 Personen geschätzt. Während es im Nordburgenland in den Bezirken Eisenstadt, Neusiedl und Mattersburg vor allem Personen sind, die aus der Türkei zugewandert waren, sind es im Mittel-und Südburgenland Personen, die aus Tschetschenien, Bosnien, derr Türkei, Ägypten, Pakistan, dem Kosovo, aus Kroatien, dem Iran, Afghanistan und Tunesien stammen. Im selben Jahr gab wurde der erste Moscheenverein bzw. islamische Gebetsraum in Parndorf vor allem von türkischsprachigen Zuwanderern gegründet[27]. Die Mevlana Moschee zählte 2008 etwa 400 Mitglieder. Im Mittel- und Südburgenland war die MJÖ (Muslimische Jugend Österreichs) als einziger islamischer Verein aktiv, der von einer in Oberwart ansässigen Ärztin betrieben wurde und sich als Anlaufstelle für Anliegen aller MuslimInnen verstand. Aufgrund der breiten ethnischen Herkunftsstruktur war der Verein nicht auf eine nationale oder ethnische Richtung ausgelegt[28].

Anfang des Jahres 2016 eröffnete die Islamischen Glaubensgemeinschaft (IGGiÖ) in Wulkaprodersdorf die Gebetsräumlichkeit "Moschee Eisenstadt (IGGiÖ)"[29]. Der dafür zuständige Verein "Islamische Föderation Eisenstadt" wurde in Pottendorf (benachbarte Gemeinde in Niederösterreich) registriert. Hier kann man auch die Ausdehnung von den niederösterreichischen Industriebezirken und der Wiener Umgebung erkennen.

Im Südburgenland wurde im Jahr 2013 das erste muslimische Gebetshaus eröffnet, das von einer Initiative von in der Region Oberwart lebenden etwa 150 Personen islamischen Glaubensbekenntnisses ausging. Vor allem Personen aus Pakistan und der Türkei haben dieses Projekt realisiert[30].

Ein weiteres Indiz für die zunehmende neue globale Multikulturalität ist der muttersprachliche Unterricht an Schulen. Im Schuljahr 2015/16 gab es fünf Lehrkräfte, die an Volks- und Hauptschulen muttersprachlichen Unterricht erteilten und zwar eine für BKS, eine für Polnisch, eine

---

27 Kultur und Bildung 2/2008 – Zeitung des Volksbildungswerkes: 4
28 Unter dem Vorsitz von Dr.in Sonia Zaafrani. In: Kultur und Bildung: 4.
29 Kurier 16.4. 2016.
30 https://www.meinbezirk.at/oberwart/c-lokales/zu-uns-darf-jeder-kommen_a764360.

für Slowakisch und zwei für Türkisch[31]. In jenem Unterrichtsjahr haben 264 SchülerInnen an einem muttersprachlichen Unterricht teilgenommen, etwa 70% waren im Volksschulbereich, die restlichen 30 % im Hauptschul und Gymnasialbereich. Für Türkisch waren 85 Kinder insgesamt auf dem ganzen Landesgebiet angemeldet[32]. Kurmancî und Zazakî wird ja als muttersprachlicher Unterricht nur in der Bundeshauptstadt unterrichtet.

Ab dem Schuljahr 2015/16 wird der alevitische Religionsunterricht in Österreich, basierend auf den Lehrplänen erarbeitet von ALEVI in sieben Bundesländern angeboten. Im Burgenland nahmen 31 SchülerInnen an drei Standorten an dem alevitischen Religionsunterricht teil – dies entspricht beispielsweise einem Zehntel jener TeilnehmerInnen in Vorarlberg[33].

2013 gab es kurzfristig einige Schlagzeilen als ein mehrere Länder umspannender Drogenring aufgedeckt wurde, und wo ein Mitglied des aus Bingöl stammenden Familienclans den Wohnsitz im Burgenland hatte.[34]

Bis dahin hat die Präsenz von KurdInnen im Burgenland eher temporären Charakter, bzw. waren diejenigen, die sich hier in den größeren verkehrstechnisch besser erschlossenen Marktgemeinden angesiedelt haben eher einzelne Personen und Familien. Die Entwicklungen seit 2015 spiegeln auch in verschiedenen Beispielen im Burgenland die Härte der politischen Entwicklungen im Nahen Osten wider. Im Jahr 2015 haben die Fluchtbewegungen aus dem Nahen Osten und Zentralasien auch Österreich erreicht. Neben der Steiermark und Kärnten war das Burgenland für all diejenigen die am Landweg geflüchtet sind das erste österreichische Bundesland, in das die Geflüchteten gekommen sind. Viele sind weiter in die Erstaufnahmezentren in Wien gebracht worden. Allerdings hat eine Tragödie an der österreichisch-ungarischen Grenze die ganze Problematik von Flucht und Geflüchtetsein international aufhören lassen. Als am 26. August 2015 ein an einer Pannenbucht abgestellter Lastwagen an der Ostautobahn (A4 Verbindung zu Ungarn) im Gemeindegebiet von Parndorf kontrolliert wird, entdecken die Polizisten die Leichen von 71 Menschen, darunter vier Kinder. Sie wurden in einem Lastwagen von Ungarn nach Österreich gebracht und sind qualvoll erstickt. 21 Menschen stammten aus Afghanistan, 29 aus dem Irak, fünf aus dem Iran und 15 aus Syrien. Einige davon waren kurdischer Herkunft aus dem Irak und Syrien[35], die allesamt ungarischen Schlepperorganisationen vertraut hatten und versuchten so über den Grenzübergang von Nickelsdorf nach Österreich und Mitteleuropa zu gelangen. Bilder dieser Tragödie gingen um die Welt und führten die Dimensionen von Flucht vor Augen, Dimensionen und Tragödien, die wenig sichtbar sind, aber sich mitten unter uns ereignen. Den kurdischen Organisationen in Wien blieb nur noch die Aufgabe an der Identifizierung der Toten mitzuwirken und die Überführung der Leichname in die Heimat zu organisieren. Einige KünstlerInnen versuchten eine

31 Garnitschnig 2016/17: 19
32 Ibid: 18.
33 Erdoğan 2017: 208
34 https://bundeskriminalamt.at/news.aspx?id=517A742B435153355859673D
35 Siehe Profil Beitrag vom 22. 9. 2015 „Schlepper-Tragödie: Die letzten Tage zweier syrischer Kurden" und Fazel Hawramy: "Migrant truck deaths: the untold story of one man's desperate voyage to Europe" The Guardian, vom 7. 9. 2015.

Auseinandersetzung und ein Gedenken an die Tragödie zu evozieren, wie beispielsweise der irischen Künstlers John Gerrard[36] auf der Manifesta 2018 oder der burgenländische Regisseur und Schriftsteller Peter Wagner[37]. Die Schlepper wurden ausgeforscht und in Ungarn zu langjährigen Haftstrafen verurteilt. Die Diskussionen und Gutachten, wo denn die Personen erstickt wären – nämlich bereits in Ungarn oder in Österreich – sind ein grauenhaftes Beispiel für die von Michel Foucault ausgeführten Ansätze der „Body politics" in Fluchtkontexten[38].

Diese Tragödie leitet auch ein neues Kapitel einer Grenzraumsituation ein, die man glaubte in den drei Jahrzehnten davor sukzessive überwunden zu haben glaubte. Zu lange war das Burgenland von der Situation am Eisernen Vorhang geprägt, zu schnell hatte man sich an die neue Situation offener Grenzen in Europa gewöhnt. Seit 2015 wurden Geflüchtete, die in Österreich um Asyl ansuchten auch in burgenländischen Erstaufnahme- und Grundversorgungsquartieren untergebracht. Verschiedenen etablierte NGOs wie die Caritas, Kirchen aber auch eine Reihe von lokalen Initiativen versuchten in der Betreuung der Geflüchteten mitzuhelfen. Sie boten Rechtsberatung, sprachliche und soziale Unterstützung und ad hoc Hilfeleistungen an. Die in manchen angemieteten Quartieren untergebrachten Personen, hatten mit den infrastrukturellen Problemen in peripheren Regionen zu kämpfen. Die schlechte Erreichbarkeit, die mangelnden Verkehrsverbindungen machten es Betroffene wie auch BetreuerInnen schwer, die Menschen zu erreichen und adäquate Betreuung zu bewerkstelligen. Dazu kamen noch die Sprachbarrieren und nur wenige Personen, die Übersetzungen in Kurmancî und Soranî, neben Farsi, Dari und Arabisch leisten konnten. Ariane Umathum, die in der burgenländischen Flüchtlingsbetreuung tätig ist, berichtete über die besonderen Herausforderungen bei der Unterbringung von Geflüchteten in abgelegenen Regionen[39]. Bei der Zuerkennung eines positiven Bescheides versuchen Viele in den urbanen Zentren in Wien oder Graz Fuß zu fassen. Für manche waren jedoch die ersten Monate ihres Aufenthaltes im Burgenland prägend – Umathum berichtet von einigen jungen kurdischen Männern, die nach Wien umgezogen sind, allerdings an den Wochenenden noch immer in die burgenländischen Ortschaften kommen, wo sie die ersten Monate verbracht, bereits Bekanntschaften geschlossen und eine Beziehung aufgebaut haben. Die Jobaussichten und die Mindestsicherung wären in Wien besser, aber psychisch und menschlich fühlen sie sich im Burgenland wohler, so Umathum.

In manchen Kleinstädten sind Initiativen entstanden, wie beispielsweise die Initiative „Begegnung in Pinkafeld" (BIP), wo auch ein Kurde mitwirkte, der als Dolmetscher tätig war oder der Verein „Miteinander in Oberschützen". Die Caritas Burgenland war die einzige Organisation, die eine Rechtsberatung angeboten hatte, aber aufgrund fehlender finanzieller Unterstützungen eingestellt wurde[40]. Auch andere Initiativen, die eine Bandbreite an Betreuungsangeboten entwickelt hatten, mussten ihre Arbeit mangels finanzieller Unterstützung nach zwei, drei Jahren wieder beenden. Aus dem Burgenland, wie auch aus anderen Bundesländern

---

36 Manifesta 12: Erinnerung an Flüchtlingstragödie von Parndorf | SN.at
37 „71 oder der Fluch der Primzahl" Flüchtlingstragödie: Gedenken mit Theater - burgenland.ORF.at
38 Foucault 2006
39 Telefonische Kommunikation Sommer 2020
40 https://m.bvz.at/burgenland/politik/burgenland-kritik-an-aus-fuer-caritas-rechtsberatung-fuer-asylwerber-burgenland-asyl-burgenland-fluechtlinge-illegale-migration-ngos-140989566.

wurden einzelne Personen und auch Familien, die seit einigen Jahren in Österreich waren, wo die Kinder bereits Schulen besuchten, die Sprache beherrschten und sich gut integriert hatten, abgeschoben. So war es auch das Schicksal einer kurdischen Familie aus Syrien, die seit Jahren in der südburgenländischen Stadt Oberwart wohnhaft war, sie wurde 2018 abgeschoben. Die Familienmitglieder kamen zeitversetzt nach Österreich, nachdem die Familie über die Türkei flüchtete und längere Zeit in Bulgarien verbrachte und die Kinder traumatische Erfahrungen in den Anhaltelagern machen mussten. Trotz der erfolgreichen Integration, familiärer Verbindungen der Frau zu Verwandten in Wien entschied das Höchstgericht, die sechsköpfige Familie im März 2018 nach Bulgarien zurückzuschieben[41]. Eine Petition, die von 6500 Personen unterzeichnet wurde, lokale Initiativen, die sich für den Verbleib der Familie ausgesprochen haben und die Meinung von ExpertInnen blieben erfolglos.

In manchen Einrichtungen der Erstversorgung versuchten auch manche KurdInnen ihre ethnische Zugehörigkeit nicht zum Thema zu machen, da sie in der Zusammensetzung der BewohnerInnen Nachteile befürchteten. Flüchtlingsunterkünfte waren in verschiedenen Orten eingerichtet, so beispielsweise in Gols, Parma, Neusiedl am See oder Nickelsdorf. Eine Psychotherapeutin, die für die burgenländische Caritas therapeutische Betreuung angeboten hatte, sprach die isolierte Situation der Betroffenen an. Die mangelnde Integrationsbereitschaft kann daher den zuständigen Bundesbehörden ausgestellt werden, die lokale Initiativen, die Integrationsbereitschaft der Betroffenen und die Kompetenz der BetreuerInnen ignorierend, unterschiedliche Integrationsprojekte und Vorhaben aufgrund mangelnder finanzieller Zuwendungen geschlossen haben. Von der Befragung einzelner KurdInnen wurde daher in diesem Beitrag abgesehen, da Personen, die in den letzten Jahren nach Österreich geflüchtet sind, wenig Handlungsspielraum in den burgenländischen ökonomischen und Bildungsmöglichkeiten vor Ort sehen und daher in die urbanen Zentren abwandern. Jene, die seit geraumer Zeit in Österreich leben, und sich eine Existenz in einzelnen Kleinstädten und Marktgemeinden geschaffen haben, wären aufgrund der Kleinräumigkeit leicht auszumachen und eine Gewährung der Persönlichkeitsrechte schwer möglich.

Abschließend soll dennoch ein bekannter „kurdischer Burgenländer" oder „burgenländischer Kurde" vorgestellt werden, der die diverse burgenländische Kunstszene bereichert, öffentlichkeitswirksam auftritt und bereits im letzten wie auch in diesem Jahr das Wiener Jahrbuch für Kurdische Studien unterstützt hat. Hüseyin Işık ist für den künstlerischen Beitrag am Cover verantwortlich, ist im Burgenland wohnhaft und kann auf eine Reihe von Projekten und Initiativen zurückblicken. Hüseyin Işık stammt aus der Region Dersim, seine Familie übersiedelte aber bald nach seiner Geburt nach Istanbul. Er studierte an der Universität für Angewandte Kunst Graphik und war als Karikaturist und Zeichner für größere wie auch für im Untergrund agierende Zeitschriften tätig. Seit 1988 lebt und arbeitet er in Österreich und stellte seine Werke, die sich mit Fragen von Identität, Fremdsein und Rassismus beschäftigen. 2003 übersiedelte er in den legendären Friedrichshof im Nordburgenland und initiierte und kooperierte an verschiedenen Initiativen für Geflüchtete. Mehrsprachige Zeitungsprojekte von und für

41 „Flüchtlingsfamilie nach Bulgarien abgeschoben", Orf Burgenland 6.3.2018 und "Oberwart: Proteste gegen Rückschiebung syrischer Familie nach Bulgarien" Der Standard 5.3.2018.

Geflüchtete, Workshops in denen verschiedene künstlerische und kunsthandwerkliche Techniken angewendet wurden und deren Erzeugnisse zu Gunsten der Geflüchteten verkauft wurden sind einige Beispiele seiner Betätigungen im burgenländischen künstlerischen und humanistischen Umfeld. Der Künstler führt seine Projekte mit Betroffenen, ehrenamtlich und hauptberuflichen BetreuerInnen im Fluchtbereich und künstlerisch interessierten Personen durch. Die Projekte *Tausendsassa* und *Rettungsgasse/ Fluchtworte* hat Hüseyin Işık mit dem Verein e-@art verwirklicht, das Projekt *viel-stimmig* erhielt 2019 den burgenländischen Integrationspreis.

Abb. 1: Projekt „vielstimmig"

Im Zuge des Projekts Rettungsgasse/Fluchtworte wurde symbolisch ein Schutzschiff errichtet, das vor der Flut retten soll und an die zahlreichen Menschen erinnern soll, die auf der Flucht über das Mittelmeer den Tod gefunden haben. Im September 2018 wurde die Schiffsinstallation an einem Autobahnparkplatz an der A4 aufgestellt, d.h. in der Nähe jener Stelle wo der Lastwagen mit den 71 Menschen gefunden wurde, die auf der Flucht ihr Leben lassen mussten:

Abb 2: Hüseyin Işık: „Das Boot ist nicht voll" 2018.

Conclusio

Die Präsenz von KurdInnen im Burgenland ist bezüglich der nationalstaatlichen, migrations-historischen, sozialen und rechtlichen Ausgangssituation, bezüglich des vorwiegend temporä-ren Aufenthalts so divers, dass sich anscheinend nie eine kritische demographische Größe ent-wickeln konnte, die notwendig wäre, um Vereinsgründungen oder Institutionen zu schaffen. Einzelne Personen und Familien, die sich permanent angesiedelt haben, sind eher mit Vereinen verbunden, die sich in Graz oder Wien etabliert haben oder versuchen jenseits dieser ethno-politisch orientierten Vereinsstrukturen eine neue Existenz aufzubauen. In mehreren Fällen ist dies gewollt unsichtbar und ein Labelling als Kurde/Kurdin wenig erwünscht.

Zeitgleich mit der Abfassung des Artikels (August 2021), gibt es von der Bundesregierung neue Maßnahmen zur „Sicherung der Ostgrenze". Der Einsatz von Militär und Polizei aber auch der Einsatz von neuer Technologie, vor allem von Drohnen wird von der Bundes- wie auch von der Landesregierung angepriesen, um die Grenze vor sogenannten „illegalen Grenzüber-tritten" „zu schützen" und EU Vorgaben der Zurückweisung in die Erstaufnahmestaaten, nach dem Dublin Agreement durchzusetzen. Das zunehmende Außerkraftsetzen von demokrati-schen Grundwerten im östlichen Nachbarland und deren Politik der Push-Backs ist dabei nur ein Problem. Ein weiteres Problem ist verbunden mit dem von Medien und Politik so geprie-senen Einsatz neuer Technologien - nämlich Drohnen die neuerdings zur Sicherung der öster-reichischen Grenze im Burgenland eingesetzt werden. Dieselbe Technologie wird beispiels-weise in Dersim verwendet um Naturschutzgebiete in Brand zu setzen und Menschen zu ver-treiben, beispielsweise im türkisch-irakischen Grenzgebiet um Grenzübertritte zu verhindern und um die türkisch-kurdische Nationalbewegung zu bekämpfen. Nun sind die Flüchtenden mit derselben Technologie konfrontiert, die mitunter für ihre Flucht verantwortlich ist und die sie nun am Erreichen eines sicheren Landes hindert.

Quo vadis?

Literatur

Aloian, Zurab: „The Kurds in the Ottoman Hungary" In: *Transoxiana* 9, Dezember 2004 http://www.transoxiana.org/0109/aloian-kurds_ottoman_hungary.html
Ernst, August: *Geschichte des Burgenlandes,* 2.Auflage, Wien, München 1991 Verlag für Geschichte und Politik. Wien.R.Oldenbourg Verlag Münschen, s. 170 ff

Foucault, Michel: *Die Geburt der Biopolitik. Geschichte der Gouvernementalität II.* Vorlesungen am Collège de France 1978/1979. Suhrkamp Verlag, Frankfurt am Main 2006,

Garnitschnig, Ines: Der muttersprachliche Unterricht in Österreich. Statistische Auswertungen für das Schuljahr 2015/16. *Informationsblätter zum Thema Migration und Schule.* Nr. 5/ 2016-17. Wien: Bundesministerium für Bildung.

Heiß, Johann Die Höfe in Güssing und Wien im 16. Jahrhundert, In: Ausstellungskatalog: *Gemeinsame Grenzen, Közös hataárok, Skupne granize, Ketane granize",* Güssing, 1996, S. 15-25

Kultur und Bildung - Zeitung des Volksbildungswerkes, 2/2008. 4.

Varga, János Gefangenenhaltung und Gefangenenhandel auf dem Batthyány-Grundbesitz im 16.-17. Jahrhundert. *Burgenländische Heimatblätter,* 57. Jahrgang Eisenstadt 1995 Heft Nr. 4.145 - 162

Erdoğan, Özgür: *Alevitischer Religionsunterricht in Österreich: Avusturya'da Alevi Din Dersleri. Alevi Religious Education in Austria.* DOI: 10.24082/abked.2017.15.009.

2

Außerhalb des Schwerpunkts
Beyond

Recapturing Agency Amidst Agony:
Kurdish Women Survivors of the Anfal Genocide

SHILAN FUAD HUSSAIN

> In memory of my late brother Karwan,
> who defended peace and freedom
> with honor and courage.

ABSTRACT

Dinge existieren nur dann vollständig, wenn es möglich ist, darüber zu sprechen. Daher ist es die Intention dieser Studie, die Leiden von kurdischen Frauen während der genoziadlen Anfal-Kampagne (1986-88) unter dem Regime von Saddam Hussein zu untersuchen und zu beschreiben. Indem Narrative von überlebenden Frauen anaylsiert werden, wird erforscht, auf welche Weise die Frauen Trauer ausdrücken und/oder internalisieren. Die Ergebnisse werden einer historischen und kulturellen Analyse der Kontexte, in denen diese Gechsichten oft unausgesprochen bleiben gegenübergestellt. Die Gegenüberstellung hat zum Ziel, zu einem besseren Verständnis der Kosten, die derartige Auslassungen für die betroffenen Frauen haben, zu führen. Das Ziel ist es, gender-sensitive Trauma-Forschung anzuwenden, und ein Bewusstsein dafür zu schaffen, welchen Preis das Verschweigen ihrer Geschichte für die Frauen hat, und in welcher Weise sie vom Wiedergewinnen ihrer Stimme profitieren können.

Something only fully exists when it can be discussed. The intention of this research is to examine the sufferings of Kurdish women from the Al Anfal genocidal campaign (1986–88) carried out by Saddam Hussein's regime against the Kurds of Iraqi Kurdistan. By utilizing surviving women's narratives, related literature and memories as expressed in interviews, the ways in which women express and internalize grief are explored. This approach is then confronted with a historical and cultural analysis of the context in which these women's stories often remained untold, to further our understanding of the cost such omissions have on women survivors. The objective is to contribute gender-sensitive trauma research and increase awareness on both the price that women pay in silence and the benefit they gain from summoning their voice.

Clancy, L. (2017). A mural in Akre of Kurdish refugees during the Anfal Genocide. Released under the Creative Commons Attribution-ShareAlike 4.0 International Public License.

Summarizing Anfal's atrocities

The Anfal Campaign—or perhaps more accurately—the Anfal Genocide, was a counterinsurgency and ethnic cleansing operation carried out by Saddam Hussein's Ba'athist regime in Iraq against the Kurds of Iraqi Kurdistan. Through a series of eight stages and over the course of seven months in 1988, Saddam's military led by Ali Hassan al-Majid (later dubbed 'Chemical Ali') carried out a systematic plan to exterminate the Kurdish people in the oil-rich Kirkuk Governorate, and replace them with loyal Arab settlers. An additional objective was to eliminate any potential Kurdish resistance at the end of the Iran-Iraq War and "solve the long-standing problem of armed Kurdish insurgency once and for all."[1] By the time all the dust and poison gas had settled, up to 182,000 Kurds had been murdered,[2] 4,000 Kurdish villages had been destroyed,[3] and hundreds of thousands of survivors were left traumatized. As a consequence of the way Kurds were systematically put to death based on their ethnicity,[4] the Anfal campaign has become "an important constitutive element of Kurdish national identity."[5]

The general public has become aware of certain elements of the genocidal Anfal campaign, such as the infamous poison gas attack on Halabja on 16 March 1988, which killed 5,000 civilians. Less known, however, is the fact that around 250 other towns and villages were attacked

1 Leezenberg 2018: 2.
2 Johns 2006.
3 Rubin 2003.
4 Human Rights Watch 1993: xiv.
5 Cockrell/Abdullah 2018: 70.

in the same way.[6] A number of villages—such as Gwezeela, Chalawi, Haladin, Yakhsamar, Safaran, Sewsenan, Belekjar, Serko, Meyoo, Tazashar, Askar, Goktapa, Hiran, Balisan, Smaquli, Malakan, Shek Wasan, Ware, Seran, Kaniba, Wirmeli, Barkavreh, Bilejane, Glenaska, Zewa Shkan, Tuka, Ikmala et al.—found themselves targeted by Saddam's chemical weapons. In this unrelenting pogrom, over 90% of the villages in the targeted areas were wiped off the map.[7] The village names are included here because each one represents a place where children screamed, mothers fell to the ground suffocating while holding their babies, and elderly Kurds hopelessly collapsed to the ground unable to escape.

When the Iraqi Army was not gassing Kurdish villages, they were carrying out a war crime pattern that generally consisted of artillery shelling towns causing civilians to flee, announcing false amnesties to lure those civilians back into their grasp, where they could then capture all boys and men over the age of fifteen to be executed and bulldozed into mass graves. Those atrocities were followed by shipping the remaining women and girls off to prison camps without electricity or water, where they would be raped and brutalized in a way typical in such military attempts at annihilation. In fact, in the years after Anfal, large ditches of bodies were unearthed, showing how even pregnant women and young girls were gunned down in mass shootings. However, many of the stories from surviving women remain untold and unheard.

Existing literature on Anfal's women

One of the most inclusive and detailed studies is the Human Rights Watch (HRW) report (1993) *Genocide in Iraq*, republished as *Iraq's Crime of Genocide* (1995), that investigates Anfal-related documents for the purpose of establishing if genocide was committed. According to the HRW report, Kurds "were systematically put to death in large numbers on the orders of the central government in Baghdad," including women and children.[8] Nevertheless, the Anfal genocide's specific impact on women is certainly an under-researched issue, particularly in Western academia. One of the rare studies addressing this subject, although from a male point of view (thus having a symbiotic inferred value), is Andrea Fischer-Tahir's *Gendered Memories and Masculinities: Kurdish Peshmerga on the Anfal Campaign in Iraq* (2012), which examines narratives of the Anfal operation from the perspective of the mostly male low-ranking Kurdish Peshmerga resistance fighters, and compares their testimonials with memoirs of leading Peshmerga commanders. As an objective, Fischer-Tahir investigates the experiences and differences within the groups with a specific focus on "defeated and harmed masculinity".[9]

As for women's experiences, two works that do analyze them specifically would be Karin Mlodoch's *The Limits of Trauma Discourse* (2015) and Choman Hardi's *Gendered Experiences of Genocide: Anfal Survivors in Kurdistan-Iraq* (2010). The former explores the post-Anfal impact on female survivors, with a focus on the ensuing poverty and judicial limbo they faced while attempting to recover from their trauma. The latter highlights the gendered approach to the

---

6 Rubin 2003.
7 Johns 2006.
8 Human Rights Watch 1993: xiv.
9 Kirmanj/Rafaat 2020: 5.

Anfal genocide, and the coinciding relationship to sexual abuse. By examining the long-term consequences, social status, experiences, and narratives of captured women as well as the ways that impacted their relations with their community and the decimation of the family structure, Hardi offers a piercing look into the ways that Anfal not only harmed women physically but continues to haunt their lives. Hardi further investigates the role of socio-economic factors, ultimately concluding, "Women survivors of Anfal do not suffer merely in terms of their gender; they also suffer in terms of belonging to the poor and uneducated lower class."[10]

Anfal's female victims

The Anfal genocide saw brutality and torture as everyday acts. The countless cases of forced displacement, killing, gassing, raping, and sexual abuse went hand in hand with humiliation targeting social taboos in a socially conservative culture. These indignities were typically targeted against women, knowing that such acts would severely wound the psychology of the Kurdish men the Iraqi Regime was hoping to capture and murder. The Kurdish women who were unable to flee into Iran would be arrested in house-to-house searches, or as the result of arbitrary curfews, and sent off to encampments. Any men captured alongside them would typically be beaten and humiliated in front of their wives and children, before being taken away and killed.

The similarities in tactics between Anfal and the Holocaust are numerous, in particular the selection process the civilians experienced upon arriving at the camps, where women and children would be divided into own group, and the young separated from the old. The poor conditions were also intentional as a means of indirectly murdering them. For instance, in the Topzawa, Salman, Nizarka, and Nugra camps, women were exposed to filth, starvation, lack of sanitation, disease, random beatings, psychological abuse, and enslavement,[11] the objective being to exert control over them and make them feel helpless, passive, and powerless. Moreover, Iraqi Amn intelligence agents commonly imprisoned and raped women at the Nugra Salman Prison, with the Global Justice Center recalling: "One even more lurid account spoke of a large group of single women being kept apart from the other prisoners and regularly raped by Amn agents. One of these women reportedly killed herself with a knife as a result. The Kurds are reluctant to talk to outsiders about matters involving sexual abuse."[12] Most prison camps allegedly even had "official rapists" as employees. Kanan Makiya, author of *Cruelty and Silence* (1993), writes how "Evidence of regime-sponsored rape exists on a three-by-six-inch note card (available at the Harvard Research and Document Project)", with her positing that "the card is an employment document for a civil servant whose sole job was to rape women in a certain prison."[13]

There is also credible testimony that many younger captured women were sold off as 'brides', or more accurately into sexual slavery, to rich men elsewhere—not only in Iraq, but also in

10 Hardi 2010: 3.
11 Hardi 2011: 40.
12 Global Justice Center 2013: 4.
13 Global Justice Center 2013: 4.

Kuwait, Saudi Arabia, and throughout the Middle East. These reports were corroborated by a 1989 document discovered following Saddam's 2003 ousting, which contained a memorandum to the Baghdad General Directorate of Intelligence, marked "Top Secret". The document specified that a group of girls between the ages of 14 and 29 had been captured during the Anfal operations, and "sent to the harems and nightclubs of the Arab Republic of Egypt."[14] While the mass rapes and abuse of Kurdish women in the north of Iraq accounted for most of the violations against women, the high-profile notorious crimes by Uday Hussein (Saddam's son)—who regularly kidnapped young women and girls for his sexual gratification—meant that even those Kurds living closer to Baghdad felt widespread fear and panic.

Accounts as powerful testimonies

After the Iraqi Kurdistan Region had achieved de facto autonomy in 1991, women survivors began to tell their harrowing Anfal stories of death, struggle, and survival to NGOs, researchers, government officials, and international journalists. The desire to let the world know what they had endured was not only a liberating act of spreading awareness, but an attempt to recapture some of their lost agency and clarify that they were not only passive victims but powerful survivors who endured hardships very few people could ever imagine. These sporadic accounts are a major source of historical evidence about the gendered experiences during Anfal. Nevertheless, many of them have yet to be fully collected, organized, and analyzed.

Importantly, even though the patriarchal nature of Kurdish society had wished these women would suffer in silence to save face or preserve "family honor" and not reveal the indignities they had endured, many of these women realized that hiding one's scars does not make them go away, and that it can be a redemptive act to declare one's triumph over their attempted destruction. It is in these chilling accounts that we gain valuable insights into the trauma such events have on women's lives. In one such truncated instance from Mlodoch's *The Limits of Trauma Discourse,* we learn as follows:

> *"Many Anfal widows were left to their own devices, with their in-laws unable or unwilling to provide for them, and the regional government providing little or no financial support. In the absence of death warrants for their husbands, many were not legally declared widows, and unable to run the course of the mourning process. Lots of women were forced to do whatever work they could find. Often, the mere rumor of possible sexual violence against them became a stigma in itself."[15]*

> *"The women who worked at the checkpoint, they were really poor. Now the checkpoint is closed, but lots of them used to work here. They bought things in Baghdad and then brought them here, sometimes officially, sometimes smuggling. People say all sorts of things about them, what they did in Baghdad [She lowers her voice] ... some of them were pregnant. Some committed suicide. They were beaten by the soldiers at the checkpoint... and burnt. That was all very squalid and dirty. Or those who did day labor. [...] People were always talking about it. They said, "They get in cars and go, who knows where; yes, yes, they say they go for tomatoes but who knows", and so on... Oh God, that was all terrible work, no life."*

14 Leezenberg 2018: 13–14.
15 Mlodoch 2014: 291–292.

In my own research, I interviewed a Kurdish woman survivor in her late fifties (I gave her the alias of Nûre), who discussed her own harrowing memories from the Anfal genocide. The following are her translated remarks, which I will quote extensively:

> *"The attacks began during the cold winter of February in the shadow of snowy mountains. The rain was a blessing, though, as it kept us alive, given the lack of running water for many days. Food was scarce and the basic necessities of life were minimal. We lived every moment of the day and night huddled in fear, knowing that at any second we could face a ghost of chemical gas, who seemed to be stalking us. Any moment the clouds could open up with Saddam's bombs and at any point of the day or night, one of Saddam's assassins could storm in and kidnap or murder us for being Kurds. For days, people had been fleeing into the mountains of Iran, trying to save themselves and take refuge. The only items we could carry were small amounts of food, water, blankets, and clothes. These were now our only possessions from an entire lifetime. Those who had transportation were considered very lucky, because they had not been forsaken to walk for days on foot with crying children and watch the elderly collapse dead on the street. We slept on the street, and many died on the same street, in the dark, amidst the rain and snow. Many died of hunger and cold or maybe it was the diseases, fatigue, or despair. Whatever it was, they died and had to be left behind to sit like a frozen boulder on the roadside."[16]*

Nûre went on to describe in more detail the traumatic things she witnessed, as the attacks drew nearer, and ended with a host of rhetorical questions displaying her continued grief, recalling:

> *"One morning the bombs thundered closer to the city we had been seeking shelter in. The explosions kept happening all around us, from every direction. It was like being in a rainstorm and trying not to get wet. If we were not killed from the air, we were dismembered from the ground, as landmines were always waiting beneath our feet. Innocent people were torn to pieces. Legs blown off. Bodies cut in half. Amidst all of the terror, I wondered why we were being subjected to this? What had we done to deserve this hell? Was it because we were Kurds? Why was this a crime? If God made us a Kurd, wasn't it His fault and not ours? We kept passing by dead children, women, and the elderly. Bodies crumpled out in the street with nowhere to go and nobody to bury them. We would have preferred to walk with our eyes closed, as there was so much horror around us. We did not even know what had become of our relatives or our friends? Were they now one of the bodies or body parts we rushed past? We did not know if we would survive even another hour. Waking up each morning, we wondered if our family in other cities were still alive? It is a miracle that we survived to even be able to tell this story. But were we the lucky ones, or were the bodies on the road lucky since they do not have to live after seeing such things?"[17]*

It is in accounts such as this that where we learn what the surviving women of Anfal witnessed and it helps us to project the depths of their residual trauma. It is in all these aforementioned accounts where we see the slow grind that can chip away at a trauma survivor's endurance. But these testaments also offer a glimmer of just how much they have overcome. Moreover, they also show why these women survivors must be protected from being constantly revictimized by a society that now views many of them as "damaged goods" rather than the abused but heroic survivors they are.

Emanating voices and hope

In recent years there have been a few hopeful attempts to give these women survivors of Anfal back their full voice. In one such project, called the Anfal Memory Forum in the town of Rizgary, survivors have formed a self-help group to empower themselves.[18] By doing so, their goal is to design a self-administered memorial site, to represent their experiences as women during and after the Anfal genocide, and in turn validate their sufferings as well as showcase their strength and pride at what they have overcome. This memorial will serve as a symbolic

16 Hussain FN/2021 February.
17 Hussain FN/2021 February.
18 Anfal Memory Forum 2021.

place to seek closure and give tangible faces and names to their disappeared and murdered relatives. By documenting the photos, artifacts, and stories of their loved ones, they are given the comfort of knowing their lives will be preserved for future generations and that Saddam's will to erase their existence will have been in vain.

The memorial is also a space for dialogue where survivors can work with artists on art installations, and ways of designing works to display their perseverance and remember the fallen victims. One such display will be photos of the survivors holding mementos of their disappeared family lining the entrance to the memorial site.[19] It is in these small acts of resistance where the battle of memory rages on, and where the women survivors of Anfal seek out ways to confront their past, while seeking a future with less grief and pain. Years after both Saddam and 'Chemical Ali' have been hanged for their war crimes, these women remain defiant in their own unique way, determined to speak and exist.

Jones, A. (2021). Photo of the exhibit organizer with photographs of Anfal Genocide survivors in Rizgary, Iraqi Kurdistan. Released under a Creative Commons Attribution-Share like 3.0 Unported license.

References

Memorial, Forum 2021: *Memorial Forum for Women Anfal Survivors* – Rizgary, Kurdistan- Iraq. http://www.anfalmemorialforum.org/index.htm (March 2021).
Cockrell-Abdullah, A. 2018: "*Constituting Histories Through Culture in Iraqi Kurdistan. Zanj.*" The Journal of Critical Global South Studies. 2 (1): 65–91.
Fischer-Tahir, Andrea 2012: "*Gendered Memories and Masculinities: Kurdish Peshmerga on the Anfal campaign in Iraq.*" Journal of Middle East Women's Studies, 8(1), 92–114.

19 Anfal Memory Forum 2021.

https://doi.org/10.2979/jmiddeastwomstud.8.1.92 (February 2021).

Global Justice Center 2013: *Invisible and Silenced Women: The Stories of Women Tortured During Saddam Hussein's Regime.* From the Global Justice Center. https://globaljustice-center.net/documents/Invisible%20and%20Silenced%20Women%20-%20Iraq%20_Incident%20Report_.pdf (February 2021).

Hardi, Choman 2016: *Gendered Experiences of Genocide Anfal Survivors in Kurdistan-Iraq.* New York: Routledge.

Hiltermann, Joost R. 2008: *The 1988 Anfal Campaign in Iraqi Kurdistan.* Encyclopedia of Mass Violence. https://www.sciencespo.fr/mass-violence-war-massacre-re-sistance/en/document/1988-anfalcampaign-iraqi-kurdistan.html (February 2021).

Human Rights Watch 1993: *Iraq's Crime of Genocide: The Anfal Campaign Against the Kurds. A Middle East Watch Report.* https://www.hrw.org/reports/pdfs/i/iraq/iraq.937/anfal-full.pdf (January 2021).

Human Rights Watch 1994: *Bureaucracy of Repression: The Iraqi Government in its own Words.* https://www.hrw.org/reports/1994/iraq/TEXT.htm (January 2021).

Johns, Dave 2006: *The Crimes of Saddam Hussein: 1988 The Anfal Campaign.* PBS Frontline. https://www.pbs.org/frontlineworld/stories/iraq501/events_anfal.html (January 2021).

Kanan, Makiya 1993: *Cruelty and Silence.* New York: Norton.

Kirmanj, Sherko/Aram Rafaat, 2013: *The Kurdish Genocide in Iraq: the Security-Anfal and the Iden-tity-Anfal.* In National Identities. April 2020. Lynne Rienner publisher website.

Leezenberg, Michiel 2012: *The Anfal Operations in Iraqi Kurdistan.* In Samuel Totten & William S. Parsons (eds.), *Centuries of Genocide: Essays and Eyewitness Accounts* (4th ed., pp. 395–419). New York: Routledge.

Mlodoch, Karen 2014: *The Limits of Trauma Discourse: Women Anfal Survivors in Kurdistan-Iraq.* Berlin: Klaus Schwarz Verlag.

Rubin, Michael 2003: *Are Kurds a Pariah Minority?* Social Research: An International Quarterly. 70(1), 295–330:

https://web.archive.org/web/20081012003355/http://findarticles.com/p/arti-cles/mi_m2267/is_1_70/ai_102140955/print (January 2021).

Shilan Fuad Hussain field research in Kurdistan Region of Iraq (interviews via Zoom) on February 2021.

Defending Şingal –
Narratives Around Êzîdî Shrines and the Fight Against ISIS in Northern Iraq

Benjamin Raßbach

ABSTRACT

Der sogenannte Islamische Staat begann im Sommer 2014 einen Angriff genozidalen Ausmaßes auf die Êzîdî und andere Gruppen in der nordirakischen Region Şingal. Neben den von den JihadistInnen verübten Gewalttaten spricht das êzîdische kollektive Gedächtnis aber auch über heroische Akte der Selbstverteidigung. Heute werden heilige Orte in Şingal oft mit den Machtbereichen verschiedener Milizen und politischer Parteien in Verbindung gebracht, die alle Anspruch auf die Herrschaft über die Region erheben. Oftmals verwenden sie dabei religiöse Narrative, die ihre Forderungen stützen sollen. Der vorliegende Artikel beleuchtet Narrative über den Schrein von Şerfedîn, der traditionell als der bedeutendste êzîdische heilige Ort in der Region gilt. Seine Bedeutung wurde dadurch bestätigt, dass er über mehrere Monate gegen den militärisch übermächtigen "IS" verteidigt werden konnte. Êzîdische Erzählungen nennen diese Ereignisse meist "das Wunder von Şerfedîn" und bringen sie mit zwei Führungsfiguren in Verbindung, die mit der kurdischen Regionalregierung verbunden sind. Die PKK und ihre Verbündeten haben ebenfalls viel zur Rettung der überlebenden Êzîdîs beigetragen. Sie sind seit dem Genozid und den Kämpfen gegen den "IS" zu einer bedeutenden politischen und militärischen Kraft in der Region geworden und haben – als Rivalen der anderen kurdischen Parteien – ihre eigenen Narrative über die Verteidigung der Region und des Schreins von Şerfedîn in Umlauf gebracht.

In 2014 the so-called Islamic State launched a genocidal campaign against the Êzîdîs and other groups in the Şingal region of northern Iraq. Apart from the atrocities committed by the Jihadists, Êzîdî collective memory also speaks about acts of heroic self-defense. Today, sacred places in Şingal are associated with boundaries between several militias and parties claiming power in the region, often putting forward religious narratives to bolster these claims. The present article discusses narratives around the Şerfedîn shrine, which is traditionally seen as the most important Êzîdî sacred place in the region. Its importance has been reconfirmed by the fact that it has been defended against the much better equipped ISIS militia for several months. Êzîdî memory summarizes this fight as the Miracle of Şerfedîn and associates it with two leading figures connected to the Kurdistan Regional Government. The PKK and its allies have contributed much to save the surviving Êzîdîs from ISIS in 2014. Being an important political force in Şingal today, they put forward their own narratives about the defense of the region, and of the Şerfedîn shrine in particular.

I. Introduction

Christine Allison once stated, "It is a common feature of much rural and localized social memory that past events are very closely linked to local geographical features—in some ways, one can say, the landscape is a 'map' of the history."[1] As a tradition which was almost exclusively transmitted orally until a few decades ago, the Êzîdî religion is closely tied to landscape and a network of sacred places marking it. Nevertheless, talking about a "map of the history" should not mislead us towards imagining a fixed structure which continuously produces a homogeneous set of meaning for Êzîdî believers without ever becoming subjected to changes— understood as conventionally religious or rather of political nature.

This paper outlines the actual complexity and fluidity connected to the meaning production of sacred places of the Êzîdîs in the Şingal region, as well as the interconnection of violent conflicts and the traditional body of oral tradition.   Starting on 3 August 2014, the so-called Islamic State (IS/ISIS)[2], after capturing Mosul, conducted a large-scale attack on the Şingal[3] region of northern Iraq, which is predominantly populated by Êzîdîs. Classified as a genocide by several international institutions, this assault led to the killing and enslaving of thousands of people as well as the large-scale destruction of livelihood and the forced migration of an overwhelming part of the population.[4] It also meant the destruction of many local Êzîdî shrines and sacred places belonging to all other religious traditions present in Şingal. As the majority of refugees is still not able or willing to return to their villages because of continuing political tensions, this regional "map of the history" remains indefinitely scarred.

To this day, Êzîdîs count 74 devastating assaults (Kurd.: *ferman*) on their community. Some developments around Êzîdî shrines in Şingal also show the remarkable resilience of the group—which has made survival at the hands of its enemies a part of its identity. Following the attack, Eszter Spät even observed an increase in ritual life.[5]   As soon as ISIS started its assault, a few local fighters decided to defend the most important shrine of the region, called Şerfedîn. Contrary to all reasonable expectations, the Şerfedîn shrine survived almost undamaged. Popular narratives about the miracles that allegedly happened during those battles are frequently recalled by Êzîdîs in Iraq and elsewhere. At the same time, the PKK[6] and the

---

1 Allison 2001: 288.

2 I will use the abbreviation ISIS in the following, since it has become established in English.

3 Arab.: Sinjar.

4 Tagay/Ortaç 2016: 151–176.

5 Spät 2016: 163.

6 It is of political importance which organizations are mentioned in this context. The PKK ((Kurd.:) Partîya Karkerên Kurdistanê - "Kurdistan Workers' Party") is a political organization active in Turkey and Iraq; I use "PKK" even when referring to the actual military units affiliated with them (i.e., HPG/YJA Star) because this name is already known.

There are several parties and militias in the region which are ideologically close to the PKK and are considered its allies, but which are (contrary to what Turkey uses to claim) to a great extend independent from the PKK. In this article, I mention the YPG/YPJ ((Kurd.:) Yekîneyên Parastina Gel – "Peoples' Protection Units" and (Kurd.:) Yekîneyên Parastina Jin – "Women's Protection Units"), which are military units affiliated with the Autonomous Administration of Northern and Eastern Syria (also known as Rojava) and the YBŞ/YJŞ (Kurd.:) Yekîneyên Berxwedana Şengalê – "Şingal Resistance Units" and Yekîneyên Parastina Jin ê Şengalê – "Şingal Women's Protection Units") – the all-Yezidi fighting units founded in Şingal by local Êzîdîs who, since the genocide, have been collaborating with the PKK and its allies. Yezidis tend to summarize these groups and others under the name "PKK". This coincides with Turkey's usage of the term, justifying its attacks on northern Syria and Şingal. I thus avoid this designation and use more specific formulations such as "the PKK and its allies".

YPG/YPJ—previously almost without influence in Şingal—managed to save thousands of Êzîdî refugees, and had an important part in the defense of the mountain and its civil population. Subsequently these parties and militias began to play a vital role in the politics of the region. Today, narratives around the Şerfedîn shrine are often connected to the 74th *ferman*—as Êzîdîs call the genocide—and this shrine provides the material to illustrate some current political-religious dynamics around Êzîdî sacred places. Drawing from seven months of fieldwork in northern Iraq in spring and autumn 2019, as well as in the spring of 2021, the present paper is guided by two questions touching on the issue of sacred places in the region; it will attempt to answer these questions in exemplary form:

1. How do actors in Şingal put forward traditional, new and possibly competing narratives that relate to the already existing perceived sacredness of a place and the region surrounding it?

2. How does the experience of military conflicts influence the way sacred places in Şingal produce meaning?

These two questions are based on certain assumptions about sacred places in general. The meaning these places carry for various groups remains fluid, bound to temporal circumstances, and inherently contested. David Chidester, making use of Gerardus van der Leeuw's foundational work on sacred geography, noted that sacred places generally look back on a history of conquest and remain, therefore, often contested.

As conquered places, sacred sites were inevitably entangled in power relations of domination and subordination. No conquest, however, goes uncontested. By mythologizing, and thereby apparently naturalizing, the conquered positions of person and place, an aestheticization of politics might deny the legitimacy of any resistance to the conquest that had established a sacred place.[7]

Shrines are places where contestation as well as domination and subordination become apparent. These dynamics will hopefully become tangible in the course of this paper. Before proceeding, however, I will give a short overview about the general position of sacred places within the Êzîdî religion.

II. A "web" of meaning—sacred places in the Êzîdî religion

The Êzîdîs are a non-missionary, ethno-religious community of about 800,000 people worldwide. More than one out of three Êzîdîs used to live in Şingal prior to the attack in 2014. Êzîdîsm is a monotheistic religion that has some similarities with Islam, Christianity, and also Iranian religions. While its exact genesis remains disputed[8], Êzîdîsm should not simply be seen as a mixture of different better-known religions, but be regarded as a distinct tradition.[9] "It is probably true to say that, in a non-literate culture where both image-worship and individual prayer play only a modest part in the lives of most believers, places provide the clearest focus

7 Chidester 1994: 216–217.
8 Kreyenbroek 1995: 45–68.
9 Arakelova 2004: 19–28 and Tagay/Ortaç 2016: 37.

for the devotional feelings of the community."[10] In the Êzîdî religion, a multiplicity of oral traditions—often connected to (sacred) geography—to a large extent occupies the place of theology known from many scripture-based religions. In her "The Yezidi Oral Tradition in Iraqi Kurdistan" Allison argues, "For many peoples who recall much of their past orally, there is an intimate relationship between the topography of the land and the narratives of the people." Thus establishing a connection between oral tradition and geography, she continues, "Oral tradition is the vehicle for the transmission of most Kurdish history and almost all specific Yezidi history. The events recalled in that tradition are very closely associated with particular locations in the homeland. In Kurdish discourses the process of remembering the land also recalls its history, including both conventionally 'historical' and more 'legendary'."[11]

While the Êzîdîs' restriction to orality—from which only a certain lineage of şêxs used to be exempted[12]—has lightened to a large extent since the end of the 1970s, a strong focus on sacred places remains a central characteristic of the religion. Trying to understand the dynamics of current Êzîdî religion and politics, one has to delve into the "web" of meaning—to use Marju Koivupuu's term—which sacred places within the traditional Êzîdî homelands constitute. "The development of the environment into meaningful places" expresses itself "not just in stories and names, but also through certain marked objects. This means that the landscape which expresses common history plays an important role in the development of identity."[13]

When talking about Êzîdî shrines, we have to mention Laliş first, the sacred valley in the Şeyxan region of northern Iraq. This is the location of the grave of Şêx ʿAdī, the faith's most important founding figure or—as some Êzîdîs believe—a reformer, who shaped today's form of the Êzîdî religion in the 12th century. Laliş and its surroundings form the traditional center of faith, being the place where the Baba Şêx, the Mîr and most other dignitaries regularly appear in public for ritual purposes. There are, however, shrines in virtually all other traditional Êzîdî lands, each family or village being connected to a sacred place and its respective graveyard.[14] Êzîdî sacred places are often located in remote areas, on top of hills and mountains or simply outside the villages. Popular myth has it that God created the Şingal mountains with a shrine on each of its peaks to maintain its balance.[15]

---

10 Kreyenbroek 1995: 72.

11 Allison 2001: ix.

12 Spät (forthcoming). Şêxs are one of the three segments in which Yezidi society is traditionally subdivided. Alongside with the pîrs, they are endowed with certain privileges and are allowed to assume certain religious roles. The remainder of society, the ordinary people, are called mirîds. Only one lineage of şêxs used to be exempted from the traditional ban on literacy.

13 Koivupuu 2009: 223.

14 Spät 2016: 157. The question of which tribal segments or (former) Yezidi villages are connected to which Holy Beings is very complex and cannot be detailed here. Migration and changes in tribal compositions have led to a complicated system of relations. Yezidi groups sometimes are connected to a "tribal" Holy Being, to the shrine of a second Holy Being, and to a graveyard at yet another sacred place all at the same time.

15 Açıkyıldız 2010: 123. However, the shrines in Şingal are mostly not situated on mountain peaks but rather in the foothills around the main mountain range.

Some of these sacred places rose to regional importance in their own right, most prominently the shrine of Şerfedîn. Êzîdî shrines commemorate that a particular Holy Being (Kurd.: *xas* or *xudan*) is believed to have been present, no matter if she or he has done anything of particular religious significance at this place or not. Possibly the *xas* has only "paid a quick visit, or perhaps just took a short rest on his way somewhere, 'smoking a cigarette'", as Eszter Spät was told[16] by the guardian of a small shrine. In most cases, Êzîdî shrines do not contain graves (although in some cases it is believed that the *xas* has actually died there), but in many of them a certain object, resembling a cenotaph, is to be found which seems to symbolize a grave.[17]

Abb 1: The Şerfedîn shrine on the day of the annual festival of Çerşemba Sor

In his article "The Scandal of Particularity. Meaning, Incarnation, and Sacred Places",[18] Herman De Dijn speaks about "strongly incarnated meanings", which manifest themselves in certain sacred places. According to him, it is not possible to paraphrase or abstract the contents of such meanings without missing essential parts of them because they are "strongly incarnated" into particular materialities. In many cases, the same is true for Êzîdî shrines which are bound to particular places, narratives, and segments of society—unlike churches or mosques, for example.[19] It is generally prohibited to build new shrines. Êzîdî sacred places can be transferred to other places if nobody remains in their vicinity and—after having been destroyed –

---

16 Spät 2018: 353.

17 Spät 2016: 169, Footnote 48.

18 de Dijn 2012: 39–47.

19 Nurit Stadler speaks about sacred places on the one hand, and religious institutions like churches, mosques, and synagogues, on the other (Stadler 2020: 2). Sacred places, in her opinion, are characterized by not being "rapidly institutionalized or bureaucratized". In reality, the difference between these two categories is, of course, rather fluid.

they might be rebuilt at another place, if it's not possible to rebuild them at the original one.[20] Generally speaking, sacred places can "not be founded", they can "just be found", as David Chidester noted, observing a pattern which theoretically also holds true for the Êzîdî case.[21] However, Eszter Spät, drawing from her own fieldwork, pointed out that Êzîdîs make many practical exceptions to this rule. In fact, Êzîdîs build and rebuild shrines for various reasons.[22] While in Şingal the experience of war and displacement has also favored the construction of new sacred places, I will focus here on how the Şerfedîn shrine's position as the most important Êzîdî sacred place in the region has been reconfirmed by the religious explanation of the events around it during the genocide.

III. Şerfedîn – the protector of Şingal

"The mountains of Şingal are the mountains of decision
Forever they are vigilant
They are blocking the way for kings and warlords.
The mountains of Şingal are the mountains of sweetness
They will never accept injustice
They are the shrine of Şêx Şerfedîn."[23]

Today, among Êzîdîs in northern Iraq, a certain narrative circulates about the shrine of Şerfedîn, which provides a religious explanation for its survival during the genocide conducted by ISIS. The Jihadists tried to destroy this most important Êzîdî sacred place in the Şingal region, which a small number of volunteers successfully defended for several months, as the popular narrative has it. This story gains its particular importance from the fact that ISIS actually destroyed not only Êzîdî but also Shī'ah, Sunnah and most other sacred and historical places it got hold of in Syria and Iraq.

Stories spread quickly about the Holy Being Şerfedîn's miraculous interventions, which allegedly made this small victory possible. "After August 2014, the importance of the shrine of Şerfedîn reached new, mystical proportions."[24] With the Miracle of Şerfedîn, the Holy Being's sanctity and the overall importance of his shrine for the Şingal region was reconfirmed and moreover reasserted. Being asked what changed after the siege of the shrine a refugee from

---

20 Interview with a refugee from Şingal (Şariya, November 8, 2019). In this paper, I do not mention the names of interviewees who might face political repression for their statements. On the other hand, I name those people who are already publicly known for their opinions about the respective topic or whose statements do not appear to put them into a vulnerable position within the ongoing political conflicts.

21 Chidester 1994: 214.

22 Spät 2016 168. A very obvious case in point is the shrine built by the hizb at-taqaddum – an Êzîdî politial party - at the center of Şingal city in 2019. This sacred place was recognized by the meclisê ruhani (the highest Yezidi spiritual council), although no traditional sacred place at this location could be evoked.

23 From the Qewlê Bedîla ("Hymn of the Epoch") recited Haji Fekir Mirad Qajar from Şingal (Xanke, March 28, 2019).

To my knowledge this hymn has not been published so far. It was translated to English by Salar Salco from Xanke and myself.

24 Spät (forthcoming).

Şingal stated, "Şerfedîn didn't change at all. He rather gained even more strength. The people believe in him even more now."[25]

The narratives I heard during my first fieldwork in northern Iraq put the defense of the Şerfedîn shrine, next to the horrors of the genocide itself, at the center of everything that took place during the ISIS attack, effectively making it a symbol of local resistance. Apart from Şerfedîn, there are a number of other sacred places the Jihadists didn't reach or which were also defended by local militias. The Pîrî Awra shrine, for example, is often said to have been successfully defended, although the fighting actually took place several kilometers away.[26] Contrary to the shrines in the plains, the sacred places on the mountains were generally not reached by ISIS.[27] There are other, less known stories about what happened at these places during the attack, but only the defense of the Şerfedîn shrine has gained wide attention.

The Jihadists targeted a tight network of traditions and social structures which had developed over centuries and allowed for the coexistence of several religious, tribal and ethnic groups in the region.[28] After ISIS conquered Şingal City on 3 August 2014, most Iraqi Kurdish Peshmerga soldiers fled the area, leaving the population entirely defenseless. Tens of thousands of fleeing Êzîdîs were stuck in the mountains, deprived of food, water and shelter.[29] Many of them were rescued by the PKK and the YPG/YPJ a few days later, but those who didn't make it to Syria or Iraqi Kurdistan relied on scarce air supplies. Hundreds of people died from exhaustion during the following weeks.

A small group of volunteer Êzîdî fighters led by Qasim Şeşo and Haydar Şeşo, as well as other local Êzîdî commanders, decided to stay and defend the mountain, particularly the Şerfedîn shrine. Qasim Şeşo and others were backed by the Kurdistan Democratic Party (KDP)[30], one of the two ruling parties in Iraqi Kurdistan. He had been a well-known Peshmerga for decades.

Once the Jihadists captured shrines belonging to what they termed "unbelievers" (Arab. *kuffār*), they destroyed or at least desecrated them—which is what would have happened to the shrine of Şerfedîn, too, hadn't it been successfully defended. Indeed it seems a miracle that after the Kurdish Peshmerga finally came to help in December 2014 (that is, more than four months

25 Interview with a refugee from Şingal (Xanke, March 28, 2019).

26 Interview with a group of refugees from Şingal (Xanke, November 3, 2019) and Interview with the Mijawir (the traditional guardian) of the Pîr Awra shrine (Pîr Awra shrine, May 8, 2021).

27 The Iraqi army destroyed all Yezidi villages in the mountains of Şingal in the 1970s. The population was resettled in collective towns (Arab.: muǧammaʿāt) at the foothills by force. This was aiming at preventing the Peshmerga fighters from getting supplies from the villagers. The same thing happened in many Kurdish-populated areas (cp. Savelsberg/Hajo/Dulz 2010: 101-16). However, the shrines (which used to be next to the villages) were spared in Şingal (Açıkyıldız 2010: 22). This means that the villages and collective towns in the plains (as well as all traditionally minded Şingali Yezidis living in refugee camps in northern Iraq and Syria) remain spiritually tied to sacred places up in the Şingal mountains (Interview with a refugee from Şingal (Dohuk, November 8, 2019)).

28 Genat 1994: 1987.

29 Schmidinger 2019: 72–75.

30 Kurd.: PDK - Partiya Demokrata Kurdistanê.

later), the shrine was not damaged except for a very small hole in its conical spire[31], in spite of ISIS having largely outgunned and outnumbered the Êzîdîs. A considerable number of stories circulates about those weeks, in which the Jihadists tried—but ultimately failed—to conquer the area around the shrine of Şerfedîn again and again. These stories agree in that it was due to a miracle—or several miracles—that the shrine's defense was successful. There is, however, no general consent on what this miracle exactly consisted of.

Abb 2: The place at which the Miracle of Şerfedîn allegedly happened. It is just opposite Haydar Şeşo's house on the street leading to the shrine

The narratives mostly center around one or several of ISIS' armored vehicles having exploded without apparent reason or, sometimes, heavenly lights or trumpets perceived from the shrine. "During the battle for Şerfedîn there once was a ceasefire of 20 minutes, in which a light on top of the shrine appeared. Shortly afterwards two of ISIS' Humvees exploded," as one elderly Êzîdî refugee, now living in the Xanke camp, recounted.[32] At the same place another man told me, "The Doshka[33] on one of ISIS's vehicles didn't work so they threw it down and it released itself. It hit their own car so that it exploded."[34] Qasim Şeşos eldest son Haval, who took part in the battle, told me:

---

31 Personal conversation with Melisande Genat, 6 May 2019. Some of my interlocutors in 2021 suggested that the shrine actually might have been more severely damaged than that. However, it was definitely renovated with fundings from the KDP in 2016 (Interview with Haval Shesho, 28 April 2021, Şerfedîn).

32 Interview with a refugee from Şingal (Xanke, 28 March 2019).

33 A Doshka is a heavy anti-aircraft weapon which in the region is often used for ground-to-ground attacks as well.

34 Interview with a refugee from Şingal (Xanke, 5 April 2019).

"During ISIS' 17ᵗʰ and last attack on the shrine they came with a heavily armored truck. The defenders shot several rockets on it but it was of no use. The truck was filled with TNT. Then the people saw something white, like a ghost, taking on the form of Tawsî Melek [the peacock-shaped highest angel and most important religious figure in Êzîdism] in the sky. This white cloud subsequently flew underneath the truck. Then the truck exploded."[35]

Other interviewees gave different versions of essentially the same story: the defenders were supported by the Holy Beings themselves, particularly Şerfedîn. The way in which today Qasim and Haydar Şeşo are tightly associated with the defense of Şerfedîn is to a large part connected to the status they already had before. Qasim was, in fact commander of the KDP-affiliated Êzîdî Peshmerga forces, which for many years used to be very influential among the Êzîdî elites in Şingal, whereas Haydar founded a more or less independent militia named Hêza Parastina Êzîdxan (HPÊ)[36,] as well as his own political party. The HPÊ, however, receives its funding from the KRG's Peshmerga ministry. Apart from that, there is a strong tribal connection between the Şeşo family—or rather the al-Ḫālidī tribe—and the area around the shrine and Qasim Şeşo was born in the nearby village of Raşed. After the re-conquest of the region by the Iraqi army and the Iranian-backed al-Ḥašd aš-Šaʿbī (engl.: Popular Mobilization Forces, PMU) militias, Kurdish Peshmerga forces were expelled. Political control was taken over by the Iraqi central government, and partly shared the PKK and its allies. Qasim and Haydar Şeşo thus came to be the only KRG-affiliated commanders in Şingal, residing with hundreds of Êzîdî Peshmerga at the Şerfedîn shrine.

Şerfedîn is, first of all, one of the most important Holy Beings within the Êzîdî faith, expected to return at the end of time as a savior.[37] He is known to be the protector of Şingal[38] allegedly having fought against Mosul's ruler Badr ad-Din Luʾluʾ in the 13ᵗʰ century. His "[c]haracteristic imagery" is [t]hat of a defender of the faith (…) A ballad about this is one of the best known Êzîdî songs."[39] But he was also, most probably, a historical person, like several other Holy Beings in the Êzîdî religion, as John S. Guest has shown. Şerfedîn, the son of Şêx Hasan, "lost his life fighting the Mongols for the Turks [and] achieved posthumous fame as the patron saint of the Şingal."[40] While some sources indicate that the historical Şerfedîn died fighting against the Mongol invasion on the side of the Turks, Êzîdî legend firmly makes him the leading figure in the community's fight against Badr ad-Din Luʾluʾ's Muslim army. In Şingal, Şerfedîn bears a position equaling in importance the one of Şêx ʿAdī. One refugee in Xanke recounted, "[In the 12ᵗʰ century] the Êzîdîs in Şingal didn't want to adjust to Şêx ʿAdī's reforms[41], so Şêx ʿAdī

---

35 Interview with Haval Shesho, 28 April 2021, Şerfedîn, Şingal.

36 "Defense Forces of Êzidkhan (i.e., 'the Yezidi homeland')", formerly HPŞ – Hezen Parastina Şingal – "Defense Forces of Şingal" (YezidiPress 2014d)

37 Spät (forthcoming).

38 Spät 2016: 172.

39 Kreyenbroek 1995: 107.

40 Guest 1987: 33. "That the Yezidis settled so early in the upper northern Jazirah is partly confirmed by some traditions circulating among the Jawanah or sedentary Yezidi tribes of eastern Şingal, which attribute the diffusion of Yezidism in the Jabal to Sharaf ad-Din Muhammad (d. 1256), the son of Shaykh ad-Din Hasan (...)" (Fuccaro 1994: 29).

41 Among Yezidis in Iraq today Şêx ʿAdī is seen rather as a reformer who shaped the current form of the religion, than as its actual founder.

sent Şerfedîn to subdue them. Şêx ʿAdī said: Everybody [in Şingal] who doesn't submit to me, has to leave."[42] Subsequently Şerfedîn allegedly became the leader of all Êzîdîs in the area. A micawir[43] of Şerfedîn told me that the Holy Being Şerfedîn in the beginning was afraid of going to Şingal because the region allegedly had a large and hostile Muslim population at the time. He went only under the condition that Şêx ʿAdī sent all the other Holy Beings with him, which are now represented by the various mazars in the region. In Êzîdî popular memory, Şêx ʿAdī tried to subdue the Êzîdî tribes in Şingal by sending Şerfedîn but never really gained control over them. The narrative implies the continuation of a tendency towards a certain autonomy of the Şingali community from Lalish - "If Şêx ʿAdī had [later] tried to retake Şingal from Şerfedîn, he [i.e., Şerfedîn] would have defended it against Şêx ʿAdī."[44] These narrative fragments also symbolically point to the long-standing rivalry between Şingal and the Şeyxan region[45] One of the recent manifestations of this rivalry was the appointment of a second (and oppositional) mîr in Şingal, challenging the one who was put forward by the traditional authorities in Şeyxan.[46] At least since the 19th century, a sense of a particular religious identity different from that of Şeyxan had developed in Şingal, as Nelida Fuccaro observed.[47] Apart from inner-communal conflicts, the mountains had been known to be in constant rebellion against any authorities for a long time, being widely regarded as a "symbol of resistance".[48]

As the Holy Being Şerfedîn has already been a symbol of fierce fighting against Muslim rulers for a long time within Êzîdî collective memory, his intervention in the battle against the ISIS attack doesn't really come as a surprise. Interviewees from Şingal frequently connected legends about him with recent experiences during the genocide.

One Şingali interlocutor gave an interesting answer to my question,

> "What would have happened if nobody had been there to defend the shrine of Şerfedîn?":

> "Nothing would have happened [to it]. But: Somebody must always be there. It was not an option for Qasim Şeşo not to defend the shrine".[49]

This argumentative circuit tells us that a) Şerfedîn is not in need of human assistance and b) the religious duty to defend the shrine was obligatory. The Miracle of Şerfedîn, in this perception, thus effectively produced its own preconditions with the intervention of the Holy Being: Şerfedîn doesn't depend on human aid in his fight against Muslim attacks but, at the same time, it is regarded as an undebatable duty of certain prestigious Êzîdî men to defend the shrine.

---

42 Interview with a refugee from Şingal (Xanke, 28 March 2019).

43 (Kurd.:) The traditional guardian of a Yezidi shrine. This position is hereditary, can only be fulfilled by şêxs, and applies to both particular persons and their families.

44 Interview with a refugee from Şingal (Xanke, 28 March 2019).

45 Fuccaro 1994: 10–11.

46 Eli 2019. In Şingal this mîr is often called the "PKK-mîr" because he is politically very close to the regional allies of the PKK, while generally not being widely accepted by the Yezidi community. The mîr expressed his wish to establish an alternative religious council in Şingal (Kurd.: meclîsê ruhanî) equaling the one residing mainly in Lalish (interview Mîr Dawûd, 1 June 2021 Şingal).

47 Fuccaro 1994: 86.

48 Açıkyıldız 2009: 20.

49 Interview with a refugee from Şingal (Xanke, 28 March 2019).

"Nothing would have happened" marks the shrine's outstanding position within the "web" of meaning, constituted by the Êzîdî religious landscape, while "somebody must always be there" signifies, on the ideological level, a religious duty, and from a more positivist perspective, a necessary condition for the miracle to happen. What at first sight seems like a causal chain is actually a dialectical relationship between a symbolically charged sacred place and the Êzîdî collective memory—which relies heavily on popular mythical narratives, like those about Şer-fedîn.

One employee of a non-government organization who had spent several years in Şingal suggested that the Şeşo family's current reputation relied heavily on the alleged miracles. In her view, they might deliberately conceal the fact that there where in fact airstrikes by the US-led coalition against ISIS which would easily explain the destruction of tanks people were talking about.[50] But the situation seems to be more complex. Qasim and Haydar Şeşo have been very influential personalities long before 2014—Qasim already was a guerilla commander in the Peshmerga units who fought against Saddam Husseins army.[51] Their prestige definitely was not the result of the Miracle of Şerfedîn; rather has their position in Êzîdî society destined them to be the ones present at the shrine—as well as the ones who were afterwards credited with the success. The Miracle of Şerfedîn certainly confirmed Qasim and Haydar Şeşo's standing among the Êzîdîs. Narratives about the defense of the shrine synchronize the actions of these well-known politicians and military leaders with the general position of the shrine within the "map of history" constituted by Êzîdî sacred places. Their position was confirmed, just as the shrine's position was confirmed.

At a later stage of my fieldwork, I also came across other narrative arrangements about the defense of Şingal against ISIS which didn't center around Şerfedîn. In recounting memories and stories about the genocide other than the Miracle of Şerfedîn, people tend to express political views different from the one prevailing in the Kurdistan Region of northern Iraq (KRI), particularly when these stories comprise the involvement of the PKK and its allies. Many of my later interview partners gave accounts which complemented and sometimes contradicted the ones I heard during my first fieldwork in Xanke. It turned out that the PKK and its local allies might have played a more important role in the defense of Şingal as it seemed to me at the beginning. This became clear from the narratives of Şingalî refugees living in Şariya, whom I interviewed in the autumn of 2019.

---

50 Personal communication with an NGO employee (Dohuk, 13 November 2019). In fact, other interviewees pointed out that they had witnessed airstrikes close to Şerfedîn just a few days after the beginning of the attack on 3 August 2014 (i.e., interview with Nishtiman Awsman, 20 April 2021, Şingal) and later on.
51 Genat 2019: 96. Qasim Şeşo and one of his local rivals, Qasim Sumer, had turned a tribal vendetta into a politically charged conflict. Qasim Şeşo sided with the Kurdish KDP while Qasim Sumer took sides with the Iraqi government. This way, a conflict which allegedly was about a woman in the beginning turned into the local version of the Kurdish-Iraqi conflict (Interview with Kheyro Bahri, 27 May 2021).

IV. "Everywhere we saw the PKK"—other perspectives on the defense of the Şerfedîn shrine

In the Êzîdî "collective" village[52] of Şariya—which, like Xanke, has a Şingali refugee camp located directly next to it—I spoke to a former resident of Xanasor, Şingal. Xanasor was (and is) known for being to a large extend controlled by the YBŞ militia whose foundation was initiated by the PKK just after the genocide began. "Everybody respects the PKK because they rescued us." He drew a map of Şingal and its sacred places and showed me where the shrine of Şêx Şems is located, which is the shrine his family is traditionally bound to. When ISIS approached, he and his entire family first fled to Şêx Şems and stayed there for ten days. "We have to protect our temple. Our village belongs to Şêx Şems, which means that our şêxs are descendants of Şêx Shems. The *mazār*s[53] are like a document of our history." He subsequently explained what he saw when he and his family walked westwards in the mountains until they finally reached the corridor provided by the YGP/YPJ and went to Syria. "Everywhere we saw the PKK," he explained, most probably referring not only to the PKK but also to the YPG/YPJ. "After Xeyrî [i.e., another well-known local Êzîdî commander] was killed in Sîba [Şêx Khidr] the PKK crossed the mountain from the northern side and prevented Daesh [i.e., ISIS] from driving up into the mountains [where most of the refugees had fled from the plains]." Referring to the draft he had drawn up for me of the mountain and its sacred places he continued: "On the left side of the map [an area which was, and still is, partly controlled by the PKK and its allies] people will say the truth about what the PKK did."[54] His older brother later fought alongside the YBŞ for a couple of months, before continuing his civil life in Xanasor.

I started wondering if the PKK and its allies might have been - contrary to what my previous interlocutors had said - a military actor in the defense of the Şerfedîn shrine as well. This proved to be a correct guess, as became clear during the following interviews. When directly asked, many people gave varying accounts on how long the PKK had actually been present at the shrine, ranging from a couple of days to a couple of months, or even years. Sallah Bahrî, a member of the family of the micawirs of Şerfedîn, stated that the PKK stayed between 8 August and 24 September 2014, and helped defending the shrine.[55]

The Bahrî family—being the other influential family residing at the shrine next to the Şeşos—had joined the PKK and its allies when the genocide began. As the şêxs and the micawirs of Şerfedîn, the Bahrîs had decided that the PKK and its allies might be the only salvation which,

---

52 Arab.: muğamaʻa; the term denotes artificial villages built by the Iraqi government mainly in the 1970s and 1980s; the Yezidis (as well as other groups in Iraq) were forced to move into these muğamaʻa.

53 mazār (Arab.) shrine, sacred place. Mazār is the most common Arabic term for a sacred place in Şingal, ziyaret being its regional Kurdish equivalent (which, however, is exclusively used for the most sacred valley of Lalish and particularly the shrine of Şêx ʻAdî by the Yezidis in the Şeyxan region of northern Iraq).

54 Interview with a refugee from Şingal (Şariya, 8 November 2019).

55 Personal conversation with Melisande Genat (via Whatsapp, 6 January 2020). In 2019 Genat conducted an interview with Sallah Bahrî in Şerfedîn, who I later also interviewed on the topic (26 May 2021). YezidiPress gave an account of PKK-affiliated groups defending a place very close to the Şerfedîn shrine as late as 3 October 2014 (YezidiPress 2014c)

they said, was the reason why they invited them to defend the shrine. Şêx Xalaf Bahrî even claimed to have been responsible for the foundation of the YBŞ militia.[56]

Abb 3: Sheykh Ismael Bahri (right) performing is duties as the micawir of Şerfedîn

The fact that the two leading families at the Şerfedîn shrine took sides with two political parties opposing each other is by no means coincidental, but reflects a longstanding rivalry. The Şeşo-family's claim to power goes back to their prominent tribal position in the region, while the Bahrîs are the traditional religious authorities at the shrine. But the religiously framed Miracle of Şerfedîn now provides the Şeşo-family with a certain religious authority as well.

56 Interview şêx Khalaf Bahri (Şerfedîn, 26 May 2021).

Abb 4: Sheykh Ismael Bahrî (left) performs a ritual at the Şerfedîn Shrine which Qasim Şeşo (right) is attending

Êzîdîpress, after also publishing pictures of YPG/YPJ and YBŞ fighters in front of the Şer-fedîn shrine,[57] reported on a conflict between Haydar and Qasim Şeşo's fighting units and PKK-affiliated militias about whose flag was rightfully displayed next to the sacred place.[58] After the PKK and its allies apparently gave in, this episode largely fell into oblivion in the Kurdistan region, and the defense of the shrine was solely attributed to Haydar and Qasim Şeşo. However, the real extend of the PKK and its allies' military activity at the shrine remains unclear. A şêx affilliate with these parties, whom I interviewed in the Zerdeshtî refugee camp[59] on the mountain, stated that YBŞ units stayed close to the shrine up until 2016—and only withdrew once ISIS was almost defeated in the region.[60]

After the genocide, the YPG/YPJ and the PKK were mostly remembered for having opened a corridor for Êzîdî refugees so that they could escape to Syria, with some even claiming that they didn't fight at all against ISIS.[61] Many of my interview partners in spring 2019 completely denied the PKK and its allies' role in the defense of the shrine, or at least kept quiet about it. The narrative of the Miracle of Şerfedîn, which also possibly depended to some extent on their intervention, subsequently became a story with a clear religious undertone, with very little

---

57 YezidiPress 2014b.

58 YezidiPress 2014a.

59 The Zerdeshtî camp developed out of the spontaneous shelters of those refugees who had to flee to the mountain after 3 August 2014. The PKK and its allies took control of it and administer it till the present day.

60 Interview with a şêx in the Zerdeshtî refugee camp, Şingal mountain, May 12, 2021.

61 Kurdwatch 2014. This article is no longer available online. The position indicated in the headline ("The PYD didn't fight in Şingal and it didn't save the Yezidis; this is nothing but propaganda") reflects the general political position of the KRG.

political ambiguity attached to it. Actually, in 2021 my KDP-affiliated interview partners at the Şerfedîn shrine even denied any involvement of political parties in the defense of the shrine. They insisted that only local Êzîdîs defended the place because it was their religious duty and emphasized the non-political motives of their actions. Their factual involvement with the KRG was played down in order to shape a more articulate religious narrative. Their accounts made it clear that the tanks could not realistically have been destroyed by the lightly armed fighters, thus the success could only be explained by the Holy Being Şerfedîn's help—which in turn confirmed a certain charismatic picture of the defenders as well as the shrine's sacred agency. I do not attempt to argue that the Kurdistan Regional Government managed to effectively silence the PKK and its allies' narratives about their participation in the defense of the shrine, for which it definitely lacks the necessary influence among the Êzîdîs. I merely describe the general position of the PKK and its allies within the narrative landscape of the defense of Şingal to highlight the dynamics around the continuation and confirmation of a particular religious form of narrative around the Şerfedîn shrine—one that is largely free of political ambiguities.

Abb 5: Peshmerga soldiers in front of the shrine of Şerfedîn

V. Conclusion

The Êzîdî religion is a tradition in which orality still assumes an important position, although much traditional knowledge has already been written down. The significance of oral transmission becomes visible when we look at the fluid dynamics around sacred places, as well as the narratives attached to them. Êzîdî *mazar*s in northern Iraq form a network, or "web", of meaning which functions as one of the foundations of the religion.

This contribution sheds some light on recent developments around the Şerfedîn shrine, the Miracle of Şerfedîn, as well as the perspective of the PKK and its allies in the Şingal region of northern Iraq. While many other places could have been mentioned, in current Êzîdî imagination this site is strongly associated with the genocidal ISIS attack in 2014, as well as local resistance against it. It, therefore, seemed most suitable to exemplify how sacred places in Şingal produce meaning and particularly the way this meaning is reaffirmed in the context of military conflicts.

The Miracle of Şerfedîn tells the story of how the Holy Being Şerfedîn intervened in the battle around the shrine and helped defeating the aggressors. The circulating stories about the miracle—which contributed to the social capital of certain prestigious Êzîdî leaders—partly contrast with other narratives of Êzîdîs who worked with the PKK or its allies and whose narratives are much less present within the Kurdish Region of Iraq, where I did the first part of my fieldwork. Subsequently I exemplified how other actors put forward traditional, new or competing narratives that relate to the already existing, perceived sacredness of a place. The narratives about the intervention of the Holy Being Şerfedîn in the battle against ISIS don't come as a surprise because he has already been known as a symbol of resistance against Muslim attacks.

It has hopefully become clear how religiously and politically interpreted events are connected to the already existing positions of sacred places within the "web of meaning" of sacralized landscapes in Şingal. The example discussed in this article served to show how these narratives around sacred places mirror general historical developments in the region. The way these places produce meaning is fluid, contested and often politicized, but at the same time it is necessarily rooted in traditional belief systems.

Bibliography

Açıkyıldız, Birgül 2010: The Yezidis. The History of a Community, Culture and Religion. New York: I.B. Tauris.

Allison, Christine 2001: The Yezidi Oral Tradition in Iraqi Kurdistan. Richmond: Curzon Press.

Allison, Christine 2018: "'Unbelievable Slowness of Mind': Yezidi Studies, from Nineteenth to Twenty-First Century." The Journal of Kurdish Studies 6 (2): 1–23.

Anderson, Benedict 1983: Imagined Communities: Reflections on the Origin and Spread of Nationalism. London: Verso.

Arakelova, Viktoria 2004: "Notes on the Yezidi Religious Syncretism." Iran and the Caucasus 8, (2), 19–28.

Chidester, David 1994: "The Poetics and Politics of Sacred Space: Towards a Critical Phenomenology of Religion." From the Sacred to the Divine. Analecta Husserliana (The Yearbook of Phenomenological Research) 43, 211–231.

Dijn, Herman de 2012: "The Scandal of Particularity. Meaning, Incarnation, and Sacred Places." In T. Coomans, H. De Dijn, J. De Maeyer, R. Heynickx and B. Verschaffel (ed.): Loci Sacri. Understanding Sacred Places. Leuven: Leuven University Press, 39–48.

YezidiPress 2014a: "Flaggenstreit in Şerfedîn zwischen Qasim Şeşo, YPG und Pêşmerga: bisher kein Anlass zur Sorge." Yezidipress.

http://www.ezidipress.com/blog/flaggenstreit-in-Şerfedîn-zwischen-qasim-seso-ypg-und-pesmerga/, retrieved on May 3, 2021.

YezidiPress 2014b: "YPG fighters rescue 15 Yezidi girls: two ISIS terrorists killed," YezidiPress. http://www.ezidipress.com/en/ypg-fighters-rescue-15-yezidi-girls-two-is-terrorists-got-killed/, retrieved May 3, 2021.

YezidiPress 2014c: "YBŞ und YPG Einheiten wehren Angriffe der Terroristen auf wichtigste Zufahrtsstraße ab." YezidiPress. http://www.Yezidipress.com/blog/ybs-und-ypg-einheiten-wehren-angriffe-der-terroristen-auf-wichtigste-zufahrtsstrasse-ab/, retrieved on May 3, 2021.

YezidiPress 2014d: "HPŞ benennt sich in HPÊ um: Hêza Parastina Êzîdxan." YezidiPress, 17 November 2015. http://www.Yezidipress.com/blog/hps-benennt-sich-in-hpe-um-heza-parastina-ezidxan/, retrieved on May 3, 2021.

Fuccaro, Nelida 1994: "Aspects of the Social and Political History of the Yazidi Enclave of Jabal
Şingal (Iraq) under the British Mandate, 1919–1932." Durham University: Durham Thesis. http://etheses.dur.ac.uk/5832/

Genat, Melisande 2019: "The Shī'ah Kurds of Şingal: Fluid Identities and Politics." Wiener Jahrbuch für Kurdische Studien 7, 85–104.

Guest, John S. 1987: The Yezidis. A Study in Survival. London and New York: KPI Limited.

Koivupuu, Marju 2009: "Natural Sacred Places in Landscape: An Estonian Model." In S.
Bergmann, P. M. Scott, M. Jansdotter Samuelsson and H. Bedford-Strohm (ed.): Nature, Space and the Sacred. Transdisciplinary Perspectives. Burlington: Ashgate, 223–234.

Kreyenbroek, Philip G. 1995: Yezidism – Its Background, Observances, and Textual Tradition.
Lewiston, Queenston, Lampeter: The Edwin Mellen Press.

Kurdwatch 2014: "Die PYD hat im Sindschar nicht gekämpft und sie hat die Yeziden nicht gerettet; das ist nichts weiter als Propaganda." Kurdwatch. https://kurdwatch.ezks.org/?d3255, retrieved on October 23, 2021.

Rodziewicz, Artur 2018: "The Nation of the Sur: The Yezidi Identity Between Modern and Ancient Myth." In Bochenska, Joanna (ed.): Rediscovering Kurdistan's Cultures and Identities: The Call of the Cricket. Cham: Palgrave Macmillan, 259–326.

Elî, Nasir 2019: "Yezidis divided on spiritual leader's successor elect rival Mir." Rudaw. https://www.rudaw.net/english/kurdistan/050820191.

Savelsberg, Eva/Siamend Hajo/Irene Dulz 2010: "Effectively Urbanized: Yezidis in the Collective Towns of Sheikhan and Şingal." Études Rurales 186, 101–116.

Schmidinger, Thomas 2019: 'Die Welt hat uns vergessen': Der Genozid des »Islamischen Staates« an den JesidInnen und die Folgen. Wien: Mandelbaum.

Spät, Eszter 2016. "Hola hola Tawûsî Melek, hola hola şehidêt Şingalê: Persecution and the development of Yezidi ritual life." Kurdish Studies 4 (2), 155–175.

Spät, Eszter 2018: "Constructing Religio-Ritual Heritage: The New Shrine of Shekhsê Batê in Khetar, Northern Iraq." In Dóra Mérai e.a. (ed.): Genius loci Laszlovszky 60, 353–356.

Spät, Eszter (forthcoming): "The Book Revealing the Future in a Religion without Books: The Apocalyptic Visions of Yezidi Seers", International Journal of Divination and Prognostication.

Stadler, Nurit 2020: Voices of the Ritual. Devotion to Female Saints and Shrines in the Holy Land. New York: Oxford University Press.

Tagay, Şefik/Ortaç, Serhat 2016: Die Eziden und das Ezidentum. Geschichte und Gegenwart einer vom Untergang bedrohten Religion. Hamburg: Landeszentrale für politische Bildung.

Benjamin Raßbach

Field research in:
- the Şeyxan area in the Kurdistan Region of Iraq: February – April 2019 and October – November 2019 as well as
- the Şingal area of northern Iraq: April – June 2021.

Êzîdî feiern wieder.
Beobachtungen zur Wiederaufnahme der Feiern der Êzîdî bei ihren Ziyaret in Şingal am Beispiel des Festes beim Mazar von Şex Mend

THOMAS SCHMIDINGER

ABSTRACT

Die Rückkehr vieler Êzîdî im Laufe des Jahres 2020 ermöglichte es wieder, die Tradition der Feste bei den Ziyaret in Şingal aufzunehmen. Dieser Beitrag beschreibt die Hintergründe dieser Entwicklung und die Feiern am Mazar von Şex Mend im Nordwesten des Şingal-Gebirges und dokumentiert diese mit Fotografien. Die Feiern am Mazar von Şex Mend fanden als eines der ersten dieser Feste nach dem Genozid von 2014 vom 22. bis 23. April 2021 statt.

When many Êzîdî returned home in 2020, they were finally able to take up the tradition of having celebrations at the Ziyaret of Şingal. This paper illustrates the background of this development and portrays the celebration at the Mazar of Şex Mend in the northwest of Mount Şingal in pictures. This celebration took place on 22 and 23 April 2021 as one of the first of such festivities after the Genocide of 2014.

Vegera gelek Êzîdiyan nava sala 2020an de rê da wan bi kelepora lidarxistina helkeftan li Ziyarata Şingalê rabin. Ev gotara han him paşxaneya vê pêşketinê û him ji Cemaya Şex Mend li bakur-rojavayê Çiyayê Şingalê şîrove dike û wan bi fotografan bibelge dike. Şahiya li Mezara Şêx Mend a di 22 û 23yê Nîsana 2021ê de bi rê ve çû yeke ji helkeftên pêşîn ên ku hatine lidarxistin piştî cînosayda 2014an.

مكنّت عودة الكثير من اليزيديين خلال عام 2020 من إعادة إتباع تقاليد أعياد (الزيارة) في شنغال (سنجار). هذا المقال يصف خلفيات هذا التطور و الإحتفالات في مزار الشيخ مند في شمال شرق سلسلة جبال سنجار موثّق بالصور.
الأعياد في مزار الشيخ مند هي واحدة من أوائل الإحتفالات التي حدثت بعد الإبادة الجماعية بين 22 و 23 من نيسان 2021 .

Einleitung

Dieser Beitrag basiert auf einem Forschungsaufenthalt im Frühling 2021, der es u.a. ermöglichte am Fest von Şex Mend bei dessen Mazar im Nordwesten des Şingal-Gebirges teilzunehmen. Neben teilnehmender Beobachtung vor Ort konnten im Nachhinein noch narrative Interviews mit zwei männlichen und zwei weiblichen TeilnehmerInnen geführt werden.

Mit der Rückkehr von Teilen der êzîdischen Bevölkerung nach Sinjar (Kurdisch: Şingal) – überwiegend auf die Nordseite des Gebirges – werden auch religiöse Praxen bei den lokalen

Ziyaret, also den êzîdischen religiösen Stätten, die teilweise um das Grab eines religiösen Füh-
rers oder an einem anderen, etwa durch besondere Naturphänomene gekennzeichneten Erinnerungsort errichtet wurden, wieder aufgenommen. Diese Gebetsstätten der Êzîdî, die lokal
sowohl als Mazar als auch als Ziyaret[1] bezeichnet werden – Begriffe die auch im Islam für
bestimmte Heiligengräber verwendet werden – spielen jeweils eine wichtige Rolle als lokale
religiöse Stätten. Jedes größere Dorf verfügt über einen solchen religiösen Erinnerungsort.
Viele der Ziyaret befinden sich allerdings auch außerhalb der Dörfer, teilweise weil die dazu-
gehörigen Dörfer durch die Umsiedlungspolitik der 1970er-Jahre heute nicht mehr existieren,
teilweise, weil die Ziyaret ohnehin außerhalb von Ortschaften errichtet worden waren.

Ziyaret in Şingal

Viele dieser Ziyaret sind von lokaler Bedeutung und werden überwiegend von den Angehörigen eines bestimmten oder einiger weniger bestimmter Ortschaften besucht. Jährliche Feste
an den Gedenktagen der Personen, für die der Mazar errichtet wurde, werden auch von diesen
lokalen UnterstützerInnen ausgerichtet, allerdings teilweise auch von anderen Êzîdî, in der
Vergangenheit sogar teilweise von Muslimen[2] besucht.

Nach dem Genozid durch den so genannten Islamischen Staat im August 2014 waren diese
Feiern unterbrochen worden, da der überwiegende Teil der Bevölkerung entweder tot, ver-
sklavt oder vertrieben wurde. Für die Intern Vertriebenen in den Lagern in der Kurdistan-
Region des Irak waren die Ziyaret in der Heimat nur begrenzt zugänglich. Die traditionell bei
diesen Ziyaret stattfindenden Feiern konnten damit nicht mehr durchgeführt werden.

Grundsätzlich spielen in der Şingal-Region jeweils lokale Ziyaret zentrale Orte der Religions-
ausübung. Es gibt kein zentrales Heiligtum, das für alle gleich wichtig wäre. Lediglich das außerhalb der Region, nämlich östlich von Mosul liegende Lališ, das für alle Êzîdî, auch außerhalb
des Irak, zentraler religiöser Bezugspunkt ist, nimmt hier eine Sonderstellung als Pilgerort für
alle ein. Innerhalb Şingals wird zwar dem Mazar von Şerfedîn aufgrund der Bedeutung der
historischen Figur Şêx Şerfedîns aber auch aufgrund des politischen Einflusses der dortigen
Stämme, eine besondere Bedeutung zugemessen. Allerdings ist diese keineswegs für alle Êzîdî
in Şingal gleich. Während der Mazar von Şerfedin von den BewohnerInnen des gleichnamigen
Dorfes in der Bedeutung mit Lališ gleichgestellt wird, auch für einige Dörfer in der Umgebung
noch eine herausragende Stellung besitzt und immer wieder als Pilgerstätte besucht wird, spielt
er für weiter entfernte Dörfer vielfach rivalisierender Stämme, keineswegs eine wichtigere
Rolle, also der jeweils eigene Mazar.

Da die meisten dieser Ziyaret auf dem Berg bzw. bei den früheren Ortschaften, wo die Êzîdî
bis zur Umsiedlung in die Gemeinstaftssiedlungen (Muğam'at) in den 1970er-Jahren lebten,

---

1 Während in der Şexan-Region nur das Heiligtum in Lališ als Ziyaret bezeichnet wird, wird die Bezeichnung in
Şingal für jeden Mazar verwendet.
2 Insbesondere der schiitische kurdische Stamm der Babawat, der in der älteren Literatur (z.B. bei Fuccaro)
teilweise als Ghulat-Sekte beschrieben wird, beteiligte sich bis 2003 immer wieder an Festen der Êzîdî. Diese
Praxis hatte sich nach 2003 im zunehmend konfessionalisierteren Irak weitgehend aufgehört, da die Babawat
gewissermaßen „orthodoxer" wurden.

liegen, überstanden die meisten dieser heiligen Stätten den IS-Angriff von 2014. Şerfedin, das am Fuße des Berges liegt, wurde von der dortigen Familie Şeşo verteidigt, für die der Ort eine besonders sakrale Bedeutung hat. Unterstützt wurde diese eher der Demokratischen Partei Kurdistans (PDK) nahestehende Familie dabei allerdings trotz Konflikten auch von der Arbeiterparte Kurdistans (PKK), mit der der Micawîr, also der religiöse Betreuer/Wächter des Mazars, Şex Bahrî, schon im Juni Kontakt aufgenommen hatte.[3]

Nur wenige Ziyaret waren dermaßen umkämpft wie jener von Şerfedin. Jene, die der IS im August 2014 unter Kontrolle bringen konnte, wurden mit wenigen Ausnahmen gesprengt. Neben êzîdischen Ziyaret wurden auch schiitische Moscheen und Heiligtümer und sogar einige sunnitische Ziyaret zerstört. Der Mazar von Şex Mend liegt in einem sehr entlegenen Hochtal, südwestlich der Ortschaft Xanasor, das nur durch eine enge Schlucht zugänglich ist und ohne ortskundige Begleitung kaum zu finden ist. Die Region um den Mazar wurde vom „Islamischen Staat" nie erobert, sondern stand immer unter Kontrolle lokaler êzîdischer Kräfte, die von den Volksverteidigungseinheiten (YPG) und der Arbeiterpartei Kurdistans (PKK) unterstützt wurden. Damit ist der Mazar von Şex Mend im Gegensatz zu vielen anderen Heiligtümern der Region nicht zerstört worden und heute noch in seiner Form, wie er vor 2014 existiert hatte, erhalten.

Abb. 1: Sheikh Mend: Gesamtanlage des Ziyaret während des Festes. (© Thomas Schmidinger)

Şex Mend

Der Mazar von Şex Mend erinnert an einen Şex Mend aus der im heute zur Türkei gehörenden Kilis (Kurdisch: Kilîs) regiereden ursprünglich êzîdisch-kurdischen Dynastie der Mendî, die

---

3 Interview mit Şex Bahri, 25, Mai 2021.

von der Mitte des 13. Jahrhunderts bis Anfang des 17. Jahrhunderts von dort aus die heutige Region Efrîn und die Umgebung von Kilîs regierte. Etwas unklar ist dabei allerdings auf welche historische Person aus der Dynastie sich der Mazar konkret bezieht, beziehungsweise ob hier eventuell mehrere Personen in der Erinnerung zusammengezogen wurden.

Einerseits argumentieren êzîdische Geistliche und Intellektuelle, dass es sich dabei um einen der Şamsanî-Linie der Şex-Kaste gehandelt habe, der im 13. Jahrhundert gelebt habe. In dieser Lesart wäre Şex Mend der Sohn von Şex Fexredîn, dem letzten Führer des Sufi-Ordens der Adawi, die dann überwiegend in den Êzîdî aufgingen.

Andererseits wird auf Şex Mend immer als „Paşayê Helebê" bezeichnet. Historisch war es erst 1604 Hussein Mend Pasha nachdem er die damals bereits wichtige Handelsstadt Aleppo für die Osmanen verteidigt hatte, gelungen zum Gouverneur von Aleppo aufzusteigen. Hussein Mend Pasha wurde allerdings bereits ein Jahr später hingerichtet.[4] Möglich ist allerdings auch, dass aus der Verbindung von Şex Mend (Sohn von Şex Fexredin) mit Salah al-Din Yusuf ibn Ayyub, dem kurdisch-muslimischen Begründer der Ayyubiden-Dynastie, der Titel des „Pashas von Aleppo" abgeleitet wurde und Aleppo in diesem Sinne sich weniger auf die Stadt, als auf das von den Mendî beherrschte Hinterland der Stadt bezieht. Jedenfalls wird Şex Mend heute in der êzîdischen Überlieferung als König von Aleppo und Zeitgenosse von Şex Şerfedîn im 13. Jahrhundert betrachtet.[5]

Es kann durchaus sein, dass in der Überlieferung hier unterschiedliche Familienmitglieder der Dynastie zu einer gemeinsamen mythologischen Person verschmelzen. Ich schlage deshalb vor, die mythische Person Şex Mend von ihren historischen Vorbildern zu unterscheiden, von denen sie zwar inspiriert wurde, sich mittlerweile allerdings in mancherlei Hinsicht abhebt. Der heute von den Êzîdî verehrte Şex Mend ist genauso wenig identisch mit einer historischen Persönlichkeit, wie Jesus oder Zarathustra, hat allerdings genau wie diese, historische Vorbilder, die sich im Laufe der Geschichte mit Wundererzählungen und den Geschichten anderer historischer Persönlichkeiten vermischten.

Wer auch immer die verschiedenen historischen Vorbilder für die mythische Figur des Şex Mend waren, in der heutigen êzîdischen Religion spielt Şex Mend definitiv eine bedeutende Rolle und gehört zu den wichtigsten ‚Heiligen'. Ihm werden u.a. auch einige der Qewlên zugeschrieben,[6] also der religiösen Gesänge der Êzîdî, die die Rolle mündlich tradierter heiliger ‚Schriften'[7] einnehmen. Die Qewlên, die verschiedenen Personen der êzîdischen Geschichte zugeschrieben werden, werden als liturgische Texte im Zuge religiöser Feiern wiedergegeben und als Wissen Gottes (´ulmê Xwedê) betrachtet.[8]

---

4 Schmidinger 2018: 41.
5 Kreyenbroek/Rashow 2005: 125.
6 Omarkhali 2027: 91.
7 Als geradezu antiliterale Religion gibt es in der êzîdischen Religion keine heilige Schrift, wie wohl (vermutlich unter dem Eindruck eine Buchreligion zu werden und damit den Schutz derselben durch den Islam zu erhalten) Geschichten über „verlorene" Schriften der Êzîdî existieren. Die gesamte religiöse Tradition der Êzîdî wurde allerdings immer nur mündlich durch die religiösen Gesänge (sing. Qewl, pl. Qewlên) überliefert.
8 Omarkhali 2019: 116.

Besondere Verehrung genießt Şex Mend einerseits unter den Êzîdî von Efrîn, deren Scheikhs sich überwiegende auf die Herkunft von Şex Mend berufen und andererseits auch beim Stamm der Hawêrî, die nicht nur in Şingal leben, sondern v.a. in der Region nördlich von Şexan. Die Nachkommen von Şex Mend stellen bis heute auch die die Scheikhs der Hawêrî. Ihnen wird eine von Şex Mend überlieferte Fähigkeit zur Heilung von Schlangen- und Skorpionbissen nachgesagt.[9] Şex Mend selbst soll sich in eine Schlange verwandelt haben, um sich den Hawêrî in den Weg zu stellen, als diese sich aufgemacht hätten, um zum Islam zu konvertieren. Als Symbol von Şex Mend gilt deshalb eine schwarze Schlange. Die Tötung von Schlangen ist insbesondere für die Hawêrî tabu.

Das Fest und der Mazar

Das Fest selbst, zu dem mehrere hundert Menschen aus dem ehemaligen Muğama' Dugure angereist kamen, dauerte über zwei Tage und spielte sich überwiegend im Freien um den Mazar herum ab. Auf allen Seiten des Heiligtums ließen sich Familien nieder und veranstalteten ein Picknick. Manche blieben auch über Nacht, um an beiden Tagen daran teilzunehmen. Diese Familien hatten teilweise auch Zelte zum Übernachten mitgebracht. Die meisten TeilnehmerInnen kamen allerdings nur an einem der beiden Tage und verbrachten einen Tag beim Ziyaret. Was für den europäischen Beobachter wie ein riesiges Fest aussah, war für die TeilnehmerInnen selbst allerdings klein. Vor 2014, so berichteten die Anwesenden durchgängig, wäre dieses Fest viel größer gewesen. Da allerdings nur ein Teil der Bevölkerung zurückgekehrt wäre und es angesichts der umständlichen Anreise und der damit verbundenen potentiellen politischen Probleme schwierig ist, aus den IDP-Camps der Autonomieregion Kurdistan anzureisen, blieb die TeilnehmerInnenzahl diesmal im Vergleich zu den Festen vor 2014 bescheiden.

Die anwesenden Familien aßen und tranken gemeinsam. Vor dem Ziyaret selbst wurde ein Schaf geopfert, bzw. geschlachtet und danach zubereitet. Auf dem Platz vor dem Ziyaret tanzten stundenlang vor allem die jüngeren Êzîdî teils zu live gespielter Musik, teils zu kurdischer Musik aus Lautsprechern.

---

9 Spät 2005: 34; Allison 2001: 58.

Abb. 2: Tanz vor dem Ziyaret (© Thomas Schmidinger)

Zumindest einmal betraten alle Gäste auch den Ziyaret selbst. In dessen Vorraum saßen mehrere ältere Männer aus der Şex-‚Kaste‘, denen die Gläubigen Spenden zusteckten. Hier fanden auch einige Rezitationen von Qewlên, die allerdings im Vergleich zum gesellschaftlichen Leben außerhalb des Mazars keine wirklich zentrale Rolle zu spielen schienen. Jedenfalls wurden die Qewlên keineswegs den Großteil des Festes über rezitiert.

Was diesen Vorraum von anderen Ziyarets unterscheidet, ist eine etwa zwei Meter hohe Schlangenskulptur, die von vielen Gläubigen berührt wird und vor der sich viele der jüngeren TeilnehmerInnen mit ihren Handys fotografieren lassen. Diese Schlange symbolisiert die besondere Beziehung, die in der lokalen Vorstellung zwischen Şex Mend und den Schlangen existiert. Er ist gewissermaßen der Schlangenheilige der Êzîdî. Schlangen haben zwar generell eine große Bedeutung in der êzîdischen Mythologie und finden sich etwa fast neben jeder Eingangstüre zu einem êzîdischen Ziyaret. Şex Mend wird allerdings nachgesagt, dass er nicht nur in der Lage war, jeden Schlangenbiss zu heilen, sondern auch sich selbst in eine Schlange zu verwandeln.

Abb. 3: Vorraum des Mazars mit der für Şex Mend typischen Schlange. (© Thomas Schmidinger)

Der Hauptraum sieht dann wieder so aus, wie in den meisten êzîdischen Ziyaret. Die Wände des dunklen Raumes sind mit bunten Tüchern behangen, in denen die Gläubigen ihre Sorgen und Probleme in Form eines Knotens hineinknüpfen, die dann von anderen Gläubigen durch das Aufknüpfen symbolisch gelöst werden.

Abb. 4: Das Innere des Mazars während des Festes. (© Thomas Schmidinger)

Bewaffneter Schutz

Neben den ZivilistInnen selbst waren auch unterschiedliche Polizei- bzw. Armeeeinheiten anwesend, die einerseits den Schutz der Feiern vor möglichen jihadistischen Angreifern sichern sollten, allerdings sichtlich auch dazu da waren Präsenz zu zeigen. Präsent war neben der irakischen Armee, die irakische Polizei, die Asaiyş Êzîdxane, sowie eine Spezialeinheit, die wie die Asaiyş Êzîdxane ebenfalls der PKK bzw. den mit der PKK verbündeten lokalen Widerstandseinheiten von Şingal (YBŞ) zuzurechnen sind. Das Gebiet des Ziyaret selbst ist auf jenem Territorium, das seit 2014 von der YBŞ und ihren Verbündeten kontrolliert wird, während Dugure, der Ort in dem die meisten TeilneherInnen des Festes heute leben bis Oktober 2017 unter Kontrolle der PDK stand und seither von der irakischen Armee kontrolliert wird.

Da das Verhältnis zwischen YBŞ und irakischer Armee im Norden Şingals meist relativ gut ist, stellte sich die Präsenz beider Kräfte bei diesem Fest als unproblematisch heraus. Auch das Verhältnis der Bevölkerung zu den verschiedenen Polizeieinheiten machte einen freundschaftlichen Eindruck. Viele TeilnehmerInnen des Festes kennen die Bewaffneten persönlich und pflegen eher einen freundschaftlichen Umgang mit diesen. Von Spannungen zwischen den verschiedenen Polizeieinheiten oder gar mit der Bevölkerung war zu keinem Zeitpunkt etwas zu spüren. In einem Fall wurde ich Zeuge davon, wie ein junger Mann ein schwer bewaffnetes und maskiertes Mitglied einer der PKK zuzurechnenden Spezialeinheit trotz Maske sofort erkannte und darauf ansprach, wenn er denn endlich seine Schulden zurückbezahlt bekommen würde, die der Betroffene bei ihm hatte. Dieser persönliche Umgang miteinander kann als Hinweis gewertet werden, dass diese Polizeieinheiten tatsächlich überwiegend als Sicherheitsgarantie für die eigene Bevölkerung und als Polizei der Bevölkerung gesehen werden und nicht primär als autoritäre Ordnungskraft.

Die Berge um den Ziyaret und der Zufahrtsweg durch eine enge Schlucht, befinden sich unter Kontrolle der YBŞ. Wie auch in anderen Teilen des von der YBŞ kontrollierten Westteils des Şingal-Gebirges, sind die Berge hier mit unterirdischen Stellungen durchzogen, die im Falle eines Angriffs des IS oder der Türkei dazu dienen sollen, eine Eroberung des Berggebietes zu verhindern. Diese Anwesenheit der YBŞ wird von der Türkei als Präsenz der „Terrororganisation PKK" gewertet, weshalb dieses Gebiet in besonderer Weise durch Luft- und Drohnenangriffe der Türkei bedroht ist.

So äußerten denn auch alle vier TeilnehmerInnen, die ich nach dem Fest noch interviewen konnte, weniger durch die unterschiedlichen rivalisierenden Milizen vor Ort beunruhigt, sondern durch die potentiellen Angriffe durch die Türkei. Das Fest wäre für sie aber ein Zeichen des Aufbruchs gewesen, dass die Zeit des Exils vorüber wäre und wieder ein gewisses Stück Normalität eingekehrt wäre. Eine junge Frau, deren Familie nach dem Genozid nach Deutschland geflüchtet war und von dort wieder zurückgekehrt ist meinte: „Wir sind jetzt wieder in unserer Heimat angekommen und dazu gehören auch die Feste hier bei unserem Ziyaret. Für mich ist das ein Zeichen, dass das Leben hier langsam wieder normaler wird."

Nächstes Jahr soll dann wieder ein Fest am Mazar von Şex Mend stattfinden, sofern die politischen Probleme und militärischen Auseinandersetzungen in der Region, v.a. das Wiedererstarken des IS nicht erneut zu einer Flucht der Bevölkerung führen.

Bibliografie

Açıkyıldız, Birgül 2010: The Yezidis. The History of a Community, Culture and Religion. London/New York: I. B. Tauris.

Allison, Christine 2001: The Yezidi Oral Tradition in Iraqi Kurdistan. London/New York: Routledge.

Fuccaro, Nelida 1999: The Other Kurds: Yazidis in Colonial Iraq. New York et. al.: Bloomsbury Academic.

Kreyenbroek, Philip G. / Rashow, Khalil Jindi: God and Sheikh Adi are Perfect: Sacred Poems and Religious Narratives from the Yezidi Tradition. Wiesbaden: Harrassowitz Verlag.

Omarkhali, Khanna 2017: The Yezidi Religious Textual Tradition: From Oral to Written. Categories, Transmission and Scripturalisation of the Yezidi Oran Religious Texts. Wiesbaden: Harrassowitz Verlag.

Omarkhali, Khanna 2019: „Das Êzîdentum: Anmerkungen zu den jüngsten Entwicklungen." In: Schmidinger, Thomas / Brizić, Katharina / Grond, Agnes / Osztovics, Christoph / Six-Hohenbalken, Maria (Hg.): Wiener Jahrbuch für Kurdisce Studien 7/2019: Religion in Kurdistan. Wien: Praesens Verlag, 157 - 168

Schmidinger, Thomas 2018: Kampf um den Berg der Kurden. Geschichte und Gegenwart der Region Afrin. Wien: Bahoe Books.

Spät, Eszter 2005: The Yezidis [2. Auflage]. London: Saqi.

3

Aktuell
Current affairs

Türkei Aktuell
Pro-kurdische Parteien: Vom Parlament ins Gefängnis

Ronya Alev

Seit dem Sommer 2020 nahm die Intensität, mit der gegen die kurdische Zivilbevölkerung und deren gewählte RepräsentantInnen vorgegangen wird, keineswegs ab. Die tagtäglichen Nachrichten sind dominiert von Berichten über Razzien, Festnahmen, Krieg und Gerichtsverfahren. Die folgenden Seiten bieten eine grobe Zusammenfassung der wichtigsten Geschehnisse und Entwicklungen des letzten Jahrs in Nordkurdistan, und weiter in der Türkei.

Ein weiteres zentrales Thema in der Türkei bleibt die Covid-19 Pandemie. Krankenhäuser und Gesundheitszentren kämpften vor allem in den Herbst- und Wintermonaten 2020/21 gegen eine komplette Überlastung. Um die Fallzahlen einzudämmen, folgten meist lokale, jedoch sehr strikte Ausgangsbeschränkungen, die teilweise bis zu Ausgangsverboten gehen konnten. Das Krisenmanagement der türkischen Regierung wurde seitens ÄrztInnen und Opposition dabei massiv kritisiert; unter anderem, weil von offizieller Seite versucht wurde, die Gefahren der Pandemie zu verharmlosen. Auch in der Bevölkerung war ein gewisser Vertrauensverlust in die Regierung zu verspüren. Darüber hinaus litt letzten Sommer vor allem die Tourismusindustrie am Ausbleiben der UrlauberInnen. Sowohl um den Tourismus anzuregen, als auch um weiterer Kritik zu entgehen, werden die offiziellen Covid-19 Fallzahlen seit Monaten beschönigt.

Lichtblick im Kampf gegen den Kollaps des Gesundheitswesens war die startende Impfkampagne im Jänner 2021. Im Vergleich zu europäischen Staaten begann die Kampagne in der Türkei zwar spät, nahm jedoch in den ersten Monaten dank der Lieferung des chinesischen Impfstoffes Sinovac schnell und relativ unkompliziert an Fahrt auf. Der Impfstoff reichte vorerst für 25 Millionen Menschen. Mittlerweile aber läuft die Durchimpfung sehr schleppend. Darüber hinaus werden laut Angaben des Gesundheitsministeriums die Impfunampullen ungleich verteilt. Vor allem in Nordkurdistan ist die Durchimpfungsrate deutlich geringer als im Rest der Türkei.

Eine ungleiche Behandlung gab es auch im Zuge der Corona-Amnestie, die von der Regierung erlassen wurde. Da die überfüllten Gefängnisse einen geeigneten Nährboden zur Verbreitung des Virus bieten, wurden etwa hunderttausend Gefängnisinsassen vorzeitig entlassen. Die Opposition prangerte hier jedoch an, dass die Amnestie ausdrücklich politische Gefangene nicht berücksichtige und somit den Grundsatz der Gleichheit aller BürgerInnen vor dem Recht verletze.

Die *Adalet ve Kalkınma Partisi* (AKP) – *Milliyetçi Hareket Partisi* (MHP) Koalition nutzte die Covid-19 Krise auch, um Veranstaltungen der pro-kurdischen Oppositionspartei *Halkların Demokratik Partisi* (HDP) zu untersagen. Letztere plante ab Mitte Juni 2020 einen Marsch zur Stärkung der Demokratie in der Türkei. Ziel war es in den Städten von Colemêrg (türk. Hakkâri) bis Istanbul einen zivilgesellschaftlichen Austausch zu fördern und somit die Basis zu stärken. Trotz der Verbote führte die HDP den Marsch, soweit es möglich war, durch.

Die Repressionen gegen die HDP beschränkten sich nicht nur auf Veranstaltungsverbote. Seit den letzten Kommunalwahlen im Jahr 2019 werden gewählten HDP-PolitikerInnen immer wieder die Amtsausübung im Rathaus entweder verwehrt oder das Amt gar entzogen. Im Frühling 2021 wurden in 48 der 65 Kommunen TreuhänderInnen vonseiten der Regierung eingesetzt. Viele der BürgermeisterInnen sind in Gefängnissen und/oder es drohen ihnen Verfahren. Es wird vorgeworfen, Teil einer terroristischen Organisation zu sein.

Nicht nur auf kommunaler Ebene, auch auf nationaler Ebene sind pro-kurdische und oppositionelle RepräsentantInnen ein Dorn im Auge der Regierung. Im Juni 2020 wurde der bekannten PolitikerIn und Abgeordneten Leyla Güven und dem Abgeordneten Musa Farisoğulları das Mandat entzogen. Im Februar 2021 wurde Güven zu einer Haftstrafe von 22 Jahren verurteilt. Der Grund für die Verurteilung war ihre Kritik an der türkischen Militäroperation in Syrien im Jahr 2018.

Im September 2020 wurden die Aktivitäten gegen die HDP und ihre Verbündeten intensiviert. Am 25. September wurden auf Grundlage einer Ermittlung der Generalstaatsanwaltschaft in Ankara 82 Haftbefehle gegen HDP-Mitglieder und die Aufhebung der Immunität von sieben Abgeordneten veranlasst. Mehr als ein Dutzend HDP-Mitglieder wurden an diesem Tag festgenommen, darunter auch der bekannte Bürgermeister von Kars, Ayhan Bilgen. Die Zahl der Haftbefehle stieg somit auf 108 und die Immunität von 11 HDP-Abgeordneten sollte entzogen werden. HDP-Abgeordnete boykottierten daraufhin Parlamentssitzungen. Hintergrund der Ermittlungen sind die Kobane Proteste, die im Oktober 2014 stattfanden. Die HDP rief damals zur Solidaritätskundgebungen für die vom *Islamischen Staat* bedrängte Stadt Kobanê in Syrien auf. Sie warfen dem türkischen Staat vor, den IS zu unterstützen. Bei den Protesten kam es damals zu brutalen Zusammenstößen mit Sicherheitskräften der türkischen Regierung und mehr als vierzig Menschen verloren ihr Leben. Den beiden ehemaligen Ko-Vorsitzenden Selahattin Demirtaş und Figen Yüksekdağ, die seit 2016/17 inhaftiert sind, ist in diesem Zusammenhang ebenfalls ein Verfahren anhängig. Der HDP wird vorgeworfen einerseits der verlängerte Arm der Arbeiterpartei Kurdistans (PKK) zu sein und andererseits macht die AKP/MHP-Koalition diese für den Tod der Menschen verantwortlich.

Im Herbst 2020 veröffentlichte die HDP einen Bericht, in dem bekannt wurde, dass seit 2015 mehr als 22.000 HDP-Mitglieder inhaftiert worden seien. Die Hälfte davon befinde sich immer noch in Haft, darunter 18 ehemalige BürgermeisterInnen.

Unterdessen wurden auch andere pro-kurdische oder feministische und progressive zivilgesellschaftliche Organisationen und Gruppierungen ins Visier genommen, darunter Mitglieder des Demokratischen Gesellschaftskongresses und der *Ezilenlerin Sosyalist Partisi* (ESP). Razzien und

Festnahmen stehen seit dem Sommer an der Tagesordnung. Ende Dezember wurde im Parlament das umstrittene Gesetz, das Nichtregierungsorganisationen künftig stärker regulieren soll, verabschiedet. Einzig die HDP-Fraktion stimmte dagegen. Dieses, eigentlich terroristische Organisationen einschränkende Gesetz, kann somit missbraucht werden, um die Zivilgesellschaft noch stärker unter Druck zu setzen.

Ebenso im Herbst veröffentlichte das Europäische Komitee zur Verhütung von Folter und unmenschlicher oder erniedrigender Behandlung oder Strafe (CPT) ihren Türkei-Bericht. Der Bericht bezieht sich auf das Jahr 2019 und prangert unter anderem die schlechten Haftbedingungen in der Türkei an und auch die Isolationshaft der Gefangenen auf İmralı, zu welchen auch der Anführer der PKK Abdullah Öcalan gehört. Die InsassInnen verbringen nicht nur die meiste Zeit in Einzelhaft, auch der Kontakt zu AnwältInnen und Außenwelt ist beschränkt. Ungefähr zur gleichen Zeit wurde bekanntgegeben, dass über die Gefangenen auf İmralı ein sechsmonatiges Kontaktverbot verhängt wurde. Monate später, nämlich im März 2021, ging einige Tage lang das Gerücht um, dass Öcalan verstorben sei. Erst als bestätigt wurde, dass Öcalan ein kurzes Telefongespräch mit seinem Bruder führen konnte, ebbten die Gerüchte wieder ab.

Um sowohl die Isolation Öcalans zu durchbrechen als auch die eigenen Haftbedingungen zu verbessern, schlossen sich ab dem 27. November in unzähligen Gefängnissen Mitglieder der PKK und *Partiya Jiyana Azad a Kurdistanê* (PJAK) einem Hungerstreik an. Solidarität erhielten die Streikenden auch vonseiten der HDP und von einigen Mitgliedern der *Türkiye Komünist Partisi/Marksist-Leninist* (MKP/ML). Hungerstreiks oder Todesfasten gehören mittlerweile zu einer der häufigsten Protestformen in den türkischen Gefängnissen. So starb die Rechtsawältin Ebru Timtik im August nach 238 Tagen Todesfasten für ein faires Verfahren an den Folgen ihres Protestes. Die Hungerstreiks wurden zwar publik und erhielten Zustimmung und Solidaritätsbekundungen, jedoch wurden sie in der Bevölkerung nicht so breit wahrgenommen, wie beispielsweise das Todesfasten, welches das Jahr zuvor von Leyla Güven durchgeführt wurde.

Nebst der anhalten Repressionen gegen die HDP, kommt es auch zu anderen interessanten Entwicklungen in der kurdischen Politik. Im November wird die neue Partei *Kürt Demokrat Partisi* (KDP) unter dem Vorsitzenden Reşit Akıncı in Amed (trk. Diyabakır) gegründet. Die Partei versteht sich in der Linie Barzanis und der Demokratische Partei Kurdistans (PDK) und sieht sich als konservative kurdische Partei als Alternative zur HDP. Die Tatsache, dass die Partei Erlaubnis für eine Parteigründung erhielt, führte zu Misstrauen unter denjenigen, die der PKK-Linie treu sind.

Die Spannungen zwischen den beiden politischen Strömungen der HDP und PDK sind in diesen Monaten deutlich zu spüren gewesen. Die HDP führte letztes Jahr gemeinsam mit der *Demokratik Toplum Kongresi* (DTK) und der *Demokratik Bölgeler Partisi* (DBP) ihre Arbeiten in Bezug auf ein nationales Länder-übergreifendes Bündnis fort. Solch ein Bündnis zu schaffen ist ein altes Bestreben, das seither an innerkurdischen Konflikten scheitert.

Diese Spannungen wurden nicht zuletzt während den vor einigen Monaten gestarteten türkischen Militäroffensiven gegen die PKK im Nordirak besonders deutlich. Während die PDK der PKK vorwirft, ihren Krieg gegen den türkischen Staat nach Südkurdistan zu bringen, kritisiert die andere Seite die Komplizenschaft Barzanis mit dem türkischen Staat. Tatsächlich hat sich der Konflikt zwischen der PKK und der Türkei in den letzten Monaten deutlich in den Nordirak verschoben. Zwar kommt es auch zu Gefechten an den türkisch-irakisch und türkisch-syrischen Grenzen, jedoch nicht mit derselben Intensität. Angriffe in türkischen Großstädten führt vor allem das linke Guerillabündnis HBDH durch.

Im Februar wurden 13 türkische Soldaten im Nordirak getötet. Die türkische Regierung machte hier die PKK dafür verantwortlich, jene wies die Vorwürfe jedoch zurück. Infolgedessen wurde diese Nachricht zum Anlass genommen die Festnahmewelle gegen die kurdische Zivilbevölkerung erneut zu intensivieren. Meldungen zufolge wurden innerhalb eineinhalb Wochen mehr als 700 AktivistInnen wegen ihrer angeblichen Verbindung zur PKK in Haft genommen. Unter anderem wurden gegen die HDP-Abgeordneten Hüda Kaya und Ömer Faruk Gergerlioğlu wegen ihren Aussagen in Bezug auf diese Geschehnisse Ermittlungen eingeleitet.

Anfang des Jahres brechen auch die Boğaziçi-Proteste aus. Sowohl Studierende als auch das Lehrpersonal protestieren gegen den von der AKP ernannten neuen Rektor Melih Bulu. Die Proteste schlugen breite Wellen und es kam landesweit zu mehr als 900 Festnahmen. Die HDP, pro-kurdische Jugendorganisationen und LGBTQ+ Organisationen zeigten ihre Solidarität mit den Demonstrierenden.

Ein weiteres Ereignis, das viel Protest und Kritik mit sich zog, war der Austritt der Türkei aus der sogenannten Istanbul Konvention. Religiös-konservative Flügel sehen in der Konvention eine Gefahr für Familienwerte. Die Istanbul Konvention gilt als einer der wichtigsten europäischen Menschenrechtsinstrumente gegen Gewalt an Frauen und Mädchen. Ironischerweise verkündete der Präsident noch einige Wochen zuvor einen „Aktionsplan für Menschenrechte".

Unterdessen spricht sich der Vorsitzende der MHP Devlet Bahçeli wiederholt für eine Schließung der HDP aus. Die AKP hielt sich mit ihren Aussagen bedeckt. Die Vositzende der *IYI-Parti*, Meral Akşener, welche im Zuge der Kommunalwahlen im Jahr 2019 gemeinsam mit der Oppositionspartei *Cumhuriyet Halk Partisi* (CHP) von dem losen und informellen Bündnis mit der HDP profitierte, äußerte in einem Interview, dass sich ihre Partei höchstwahrscheinlich nicht gegen eine Schließung der HDP aussprechen würde.

Am 17. März 2021 ist es dann so weit: Die Generalstaatsanwaltschaft in Ankara unter Bekir Şahin hat beim Verfassungsgericht einen Antrag auf ein Verbot der HDP eingereicht. Dieses Verbotsverfahren sah nicht nur die Schließung der HDP vor, sondern beinhaltete auch ein fünfjähriges Betätigungsverbot für 687 PolitikerInnen und das Einfrieren aller Parteikonten. Der HDP wird vorgeworfen die politische Partei der PKK zu sein und die Integrität der Türkei zu untermauern.

Die HDP ist nicht die erste pro-kurdische Partei, die sich mit solch einem Prozess konfrontiert sieht. Seit den 1990er Jahren wurden diverse Parteien, wie die *Halkın Demokrasi Partisi* (HADEP) oder *Barış ve Demokrasi Partisi* (BDP), unter ähnlichen Vorwürfen verboten. Die HDP selbst sieht in diesem Verbotsversuch einen politischen Putsch. Es kamen Reaktionen aus unterschiedlichen Lagern: Ali Babacan von der *DEVA Parti* als auch Ahmet Davutoğlu von der Zukunftspartei sprachen sich gegen das Verfahren aus. Auch die kurdischen Parteien der *Kürdistan Ittifak* (Kurdistan Bündnis), denen seit über einem Jahr ein Verbotsverfahren wegen ihres Namens droht, äußerten sich in Solidarität mit der HDP. Der Vorsitzende der *Hür Dava Partisi* (HÜDA PAR) Şehzade Demir gab zu bedenken, dass ein Verbot der HDP nicht die Lösung der Kurdenfrage sei.

Das Verfassungsgericht wies den Antrag der Generalstaatsanwalt am Kassationshof Ende März 2021 zurück, da Mängel festgestellt worden seien. Die Staatsanwaltschaft hatte daraufhin die Chance den Antrag erneut einzureichen. Dies ist dann am 07. Juni 2021 – ein symbolisches Datum – geschehen.Genau vor sechs Jahren erreichte die HDP die 13 Prozent Hürde bei den Parlamentswahlen und verhinderte somit die absolute Mehrheit für die AKP. Der Antrag wurde Ende Juni vom Verfassungsgerichtshof angenommen und sieht nun ein Politikverbot von etwa 500 PolitikerInnen vor. Um ein Verbot zu erwirken, wird es eine 2/3 Mehrheit des Verfassungsgerichtes brauchen. Wie das weitere Verfahren aussehen wird, ist noch ausständig. Zurzeit handelt sich die Annahme des Antrags um einen juristisch formellen Schritt.

Hier ist zu erwähnen, dass es auch im letzten Jahr zu keiner wirklich Annäherung zwischen der islam-konservativen HÜDA PAR und der HDP gekommen ist. Als die AKP verkündete, eine neue Verfassung anstreben zu wollen, startete die HÜDA PAR Arbeiten, um Vorschläge auszuformulieren. Im Zuge dessen traf sich der Vorsitzende der HÜDA PAR mit RepräsentantInnen anderer Parteien, wie zum Beispiel der *Hak ve Özgürlükler Partisi* (HAK PAR). Die HDP veröffentlichte ein Statement zu den Bestrebungen einer neuen Verfassung mit den Worten, dass eine neue Verfassung zwar notwendig wäre, aber nicht unter der jetzigen Regierung möglich sei.

Am 26. April 2021 startete der sogenannte Kobanê-Prozess gegen die 108 Angeklagte, gegen die Monate zuvor Haftbefehle wegen ihrer Beteiligung an den Solidaritätsprotesten im Jahr 2014 ausgestellt worden sind. Im Zuge dieses Mammutverfahren startete auch das Hauptverfahren gegen die ehemaligen Vorsitzenden Selahattin Demirtaş und Figen Yüksekdag. Insgesamt werden fast 20.000 Jahre Haft für die Angeklagten gefordert, für Demirtaş werden 142 Jahre Haft gefordert.

Der Prozessauftakt wurde nicht nur innerhalb der Türkei kritisiert und öffentlich mitverfolgt, auch innerhalb der Europäischen Union kam es zu Solidaritätsbekundungen für die Angeklagten. Ein Grund hierfür ist, dass das Europäische Menschengerichthof mehrmals die Freilassung von Demirtaş gefordert hat, diese Forderungen jedoch stets zurückgewiesen wurden. Der aktuelle Ko-Vorsitzende Mithat Sancar sieht in diesem Verfahren einen Racheprozess.

Sowohl durch die Amtsenthebungen der HDP-BürgermeisterInnen, das Verbotsverfahren und des Kobanê-Prozesses wird eine Kriminalisierung der HDP vorangetrieben. In zwei Jahren finden die nächsten Wahlen in der Türkei statt und während die HDP innerhalb der Bevölkerung weiterhin soliden Rückhalt genießt, fallen die Umfragewerte für die jetzige Regierung deutlich. Nicht zuletzt ist dafür die ökonomische Lage in der Türkei verantwortlich. Im April lag die Inflationsrate bei einem Rekordwert von 17%, während hingegen die Türkische Lira weiterhin an Wert verliert. Zuletzt kostete ein Euro mehr als zehn Lira. Lebensmittelpreise werden somit für viele unerschwinglich teuer.

Eine weitere Entwicklung, die Einfluss auf die Machtverhältnisse und die Popularität der Regierung hat, sind die Enthüllungen Sedat Pekers, einer der ehemalig bekanntesten und einflussreichsten türkischen Kriminellen und Anführer mafiöser Verbände, der vor allem – zum Teil auch komplizierte - Beziehungen zur MHP und AKP pflegte. Einst loyaler Freund der Regierung, lebt Sedat Peker nun im Exil in Dubai. Zum Zeitpunkt, in dem dieser Beitrag verfasst wird, hat Peker insgesamt neun Videos auf YouTube online gestellt, die alle jeweils bis zu 10 Millionen Mal angesehen wurden. Zielscheibe seiner Videos ist vor allem der AKP Kader, darunter Innenminister Süleyman Soylu. In diesen Videos geht es um vermeintlichen Nepotismus, Drogenschmuggel, Korruption in der Regierung und etliche ungeklärte Mordfälle. Auch offenbart er vermeintliche Waffenlieferungen der Türkei an die Miliz al-Nusra.

Besonders brisant sind Pekers Aussagen über den sogenannten „Tiefen Staat" und die Verstrickungen der türkischen Regierung mit diesem. Laut Peker wurden in den 90er Jahren – eine besonders politisch turbulente Zeit in der Türkei – Morde im Auftrag der Regierung durchgeführt. Vor allem Oppositionelle, JournalistInnen und KurdInnen fielen hier diesen zum Opfer. Nun deutet Peker an, dass diese Verstrickungen immer noch bestünden.

Trotz seines kriminellen Hintergrundes scheinen viele Menschen den Enthüllungen Pekers zu glauben. Zum einen, weil diese, bestehende Spekulationen und offene Geheimnisse bestätigen und zum anderen, da er sich mit den Aussagen selbst ins Feuer wirft. Grund für die Videos ist die verletzte Ehre Pekers. Im Zuge einer Großrazzia seien seine Frau und Kinder bedroht worden.

Die gesellschaftliche Lage heizt sich zudem immer weiter an. Seit Ende Juli wüten in der Türkei verheerende Waldbrände. Besonders betroffen sind hierbei beispielsweise die Urlaubsregionen Antalya und Marmaris, aber auch kurdische Regionen, wie Hozat und Dicle. Während einige der Brände schon gelöscht worden sind, wüten andere weiterhin. Stimmen aus den Social Media, darunter auch bekannte türkische Persönlichkeiten, appellieren an die Regierung und bitten um Hilfe. Unterdessen nutzt die Regierung die Brände, um die feindliche Stimmung gegen KurdInnen weiterhin anzuheizen. So wirft sie der PKK vor, Brandstifterin der Brände zu sein – diese dementiert diese Anschuldigungen jedoch. Darüber hinaus kursieren auch Meldungen von bislang noch unbekannten – angeblich kurdischen – Guerillaeinheiten auf Twitter, die bekannt geben für die Brände verantwortlich zu sein. Ob diese neuen Einheiten jedoch legitim sind oder nicht, ist jedoch sehr bestritten.

Die Beschuldigungen der Regierungen haben weitreichende Folgen. Es kursieren nicht nur erfolgreich Gerüchte auf den diversen Social-Media-Kanälen herum, die tatsächlich KurdInnen für die Waldbrände verantwortlich machen, es kommt gar vermehrt zu physischen Angriffen. Im Sommer 2021 wurde eine sieben-köpfige kurdische Familie von einer Gruppe bewaffneter Männer in Konya erschossen. Daraufhin wurde ihr Haus in Feuer gesetzt. Die Familie wurde schon Wochen zuvor Opfer eines Lynchmobs. Die Täter wurden aufgrund von angeblich mangelnder Beweislage wieder freigelassen.

Zusammenfassend lässt sich sagen, dass die der Kampf gegen die kurdische Zivilbevölkerung und gegen pro-kurdische und progressive Kräfte und die Kriminalisierung der HDP seit 2015 weiterhin an Intensität Fahrt genommen hat. Als zweitstärkste Oppositionspartei stellt die HDP der AKP/MHP Regierung eine reale Gefahr für das Wahljahr 2023 dar. Unterdessen wird auch der Krieg des türkischen Staates gegen die PKK ausgeweitet. Ob die neuesten militärischen Operationen der AKP und MHP weiteren Rückhalt in der Bevölkerung garantieren werden oder die neuesten Enthüllungen von Sedat Peker die Machtverhältnisse in der Türkei zu Ungunsten der aktuellen Regierung verschieben werden, wird noch abzuwarten sein.

Irak: Corona-Pandemie, Klimakatastrophe und ein Papstbesuch

Soma Ahmad

Nach der Corona-Pandemie, unter der der Irak allerdings immer noch leidet, lässt nun die Klimakatastrophe, die sich im Irak durch Hitze und Dürre auswirkt, das Land in einen neuen Teufelskreis schlittern. Denn auch für irakische Verhältnisse scheinen die Frühlings- und Sommermonate 2021 von einer besonders schweren Hitzewelle getroffen worden zu sein. Mit Rekordtemperaturen von bis zu 60 Grad wird die irakische Bevölkerung erneut vor Herausforderungen gestellt, die sich nun durch die Wasser- und Stromknappheit immer mehr zuspitzen. Währenddessen kämpft das Land mit Angriffen aus der Türkei, einem Wiedererstarken von Milizen und terroristischen Attentaten.

> *„Violently, the bombing had smashed the silence hiding inside us and broken its windows. The windows we had closed to look into ourselves. The sirens howled. Waking up late and unable to fulfill their functions, like underpaid and overworked bureaucrats.*
>
> *"When will it be over, Baba?"*
>
> *"Soon, sweetie, very soon. It will be OK."*

Diese Zeilen schreibt der irakische Autor Sinan Antoon für das Middle East Research and Information Project über den Golfkrieg 1991, der nun genau dreißig Jahre her ist. Ganz vorbei war er aber nie, zumindest sind die Folgen bis heute spürbar. Allen voran mangelt es bis heute noch an einer effizienten Infrastruktur, zumal die Strom- und Wasserversorgung während der Angriffe 1991 bombardiert und nachhaltig zerstört wurden. Bis heute kann das Land keine adäquate Infrastruktur zur Sicherung der Grundbedürfnisse bzw. der Grundversorgung aufweisen, in den letzten Jahrzehnte wurde ein ernstzunehmender Wiederaufbau verabsäumt. Dabei stellt die Forderung nach einer ausreichenden Strom- und Wasserversorgung, die der anhaltenden Wasser und Stromknappheit entgegenwirken soll, seit jeher ein Eckpfeiler jener Proteste dar, die vor allem in den letzten zwei Jahren in weiten Teilen des Irak entbrannt sind. Mit zunehmender Hitze und der daraus resultierenden Dürre bekommt das Thema noch mehr Brisanz, denn die andauernde Dürre vernichtet sogar die letzten Überreste einer irakischen Landwirtschaft. Außerdem hinterlassen die Staudammprojekte in der Türkei ihre vorhersehbaren Spuren. Die Wasserstände von Euphrat und Tigris im Irak werden durch die Staudämme – der Ilisu-Staudamm ging mit Frühjahr 2020 auch in Betrieb – gedrosselt, der Zugang zu Trinkwasser wird knapper und die Wasserqualität verschlechtert sich zunehmend.

Hinzu kommt der Zusammenbruch der Elektrizitätsversorgung, wodurch auch die kreativen Notlösungen für Wasserpumpen und Generatoren dem Bedarf nicht mehr Stand halten können und die Energieversorgung damit gänzlich zum Erliegen kommt. Dass auch die Stromlieferungen aus dem Iran, der selbst von Dürre betroffen ist und mit Wassermangel und Stromversorgung zu kämpfen hat, ausfallen, verschärft die Situation zusätzlich. Der Irak scheint in eine weitere Krise zu schlittern, die seit langem von den politisch Verantwortlichen vernachlässigt wurde. Immer wieder hat das zuständige Ministerium auf die aktuelle Lage und den Unmut reagiert, indem es Sabotageakte bzw. Anschläge auf Stromleitungen und –anlagen angeprangert hat, zumal diese vor allem im Norden des Landes immer öfter auch Ziele von terroristischen Anschlägen seitens des IS werden. Allerdings reicht diese Reaktion der Bevölkerung nicht, die sich nach den Pandemie-bedingten Lockdowns wieder organisiert und auf die Straße geht. Nach wochenlangen lautstarken Protesten, vor allem in den Städten Bagdad und in Nasriyya, tritt der zuständige Elektrizitätsminister Majid Hantush letztlich zurück. Der amtierende Premierminister Mustafa al-Kadhimi hat indes die Bildung eines Krisenstabs angekündigt, der sich dieser Problematik annehmen soll.

Die Protestwellen, die zum Teil auch eine Weiterführung jener ‚vorpandemischen' Proteste vom Oktober 2019 sind, klingen aber auch nach dem Rücktritt des Ministers nicht ab. Corona-Pandemie und Hitzewelle zum Trotz gehen weiterhin Menschen auf die Straße, um ihren Forderungen Gewicht zu verleihen. Überschattet werden diese weiterhin von einer Serie an Angriffen auf die DemonstrantInnen, die Entführungen bis hin zu Mordanschlägen ausgesetzt sind. Seit Beginn der Protestbewegung im Irak vor fast zwei Jahren wurden laut Menschenrechtsorganisationen mindestens 70 AktivistInnen Opfer von Mord oder Entführungen durch Unbekannte bzw. Milizen. Getroffen hat dies auch den renommierten Sicherheitsexperten Hisham al-Hashimi, der im Juni 2020 einem Attentat zum Opfer gefallen ist. Dahinter wird der IS vermutet, zumal Hashimi zuvor immer wieder Morddrohungen von diesen erhalten hat.

Weitere Tote hat der Irak auch auf Grund der Pandemie zu verzeichnen. Während sich die Corona-Situation auch wegen der Impfungen zwischendurch beruhigt hatte, werden bereits im Sommer 2021 die ersten Fälle der Delta-Variante festgestellt. Das könnte für den Irak weitreichende Folgen haben, nicht nur wegen eines möglichen Lockdowns im Herbst, sondern vor allem wegen des ohnehin schon fragilen Gesundheitssystems. Ende April 2021 sterben 80 Menschen auf einer Covid-Isolierstation im Ibn al-Khatib Krankenhaus in Bagdad auf Grund einer Explosion des Sauerstofftanks. Wenige Wochen später ereignet sich in einem Krankenhaus in Nassriya wieder ein Brand, wieder auf einer Covid-Station. 90 Menschen kommen dabei ums Leben, bei der Ursache handelt es sich laut offiziellen Stellen wieder um eine Explosion des Sauerstofftanks. Auch Tragödien wie diese sind ein Indiz für die politische Ohnmacht und das Versagen der zuständigen MinisterInnen. Gleichzeitig schwebt bereits die Vemutung im Raum, dass es sich hierbei um eine Anschlagsserie von Terrororganisationen bzw. Milizen handeln könnte.

Gerade schiitische Milizen greifen im Irak wieder verstärkt an und zielen dabei nicht zuletzt auch auf US-Einrichtungen ab. Es kommt daher zu US-Gegenangriffen, die wiederum in weitere Milizenangriffen resultieren. Unter den Milizen-Gruppierungen taucht nun immer wieder die neue Organisation „Rachebrigade für al-Muhandis" auf. Benannt ist sie nach dem irakischen Milizenführer Abu Mahdi al-Muhandis, der im Jänner 2020 mit dem iranischen General Ghassem Suleimani von den USA bei einem Angriff auf dem Flughafen Bagdad getötet wurde.

Die Gewaltspirale nimmt aber nicht nur durch die Bedrohung innerhalb des Landes zu. Auch gegen Angriffe der Nachbarländer muss sich das Land wehren. Immer wieder startet die Türkei Militärangriffe auf irakischem Territorium und greift tief in die Souveränität des Landes und der kurdischen Autonomieregion ein. Dabei werden zivile Ziele aus der Luft bombardiert. Nicht nur Grenzdörfer fallen dabei diesen Angriffen zum Opfer, sie erreichen auch die Regionen Duhok bis nach Maxmur, südlich von Erbil und Ranya, nördlich von Suleimaniyya. Auch Shingal bleibt nicht verschont, dabei war die ezidische Stadt noch dazu im Herbst 2020 mit dem Tod des Bavê Şêx, des geistlichen Oberhaupts der EzidInnen, konfrontiert. Am 14. November 2020 wurde ʿAlī Ilyās zum neuen Bavê Şêx gewählt.

Die Kurdische Regionalregierung hat sich nach monatelangen Verhandlungen mit der Zentralregierung in Bagdad auf ein Haushaltsbudget geeinigt. Das könnte bedeuten, dass die Gehälter in der kurdischen Autonomieregion nach mehreren Jahren nun wieder vollständig ausbezahlt werden. Während dies für ein kurzes Aufatmen sorgt, gehen kurdische Sicherheitskräfte im Rahmen einer vermeintlichen Razzia gegen Prostitution gegen Mitglieder der ohnehin schon bedrohten LGBTIQ-Community in der Stadt Slemani vor. Dutzende – vor allem junge – Menschen werden verhaftet und beschuldigt, eine Bedrohung für die Sicherheit der Stadt darzustellen. Diese Aktion hat für großen Aufschrei gesorgt, die NGO IraQueer wirft den Behörden vor, ohne jegliche Rechtsgrundlage gehandelt zu haben. Dabei kommt die KRG auch so schon nicht zur Ruhe, zum Schluss sorgt die Patriotische Union Kurdistans (PUK) für Schlagzeilen. Drei Jahre nach dem Tod von Parteigründer Jalal Talabani wurde mit Juli 2021 nun ein Nachfolger gefunden: Mit Bafel Talabani übernimmt der Sohn des Parteigründers den Vorsitz und setzt sich bei einem parteiinternen Machtkampf gegen seinen Cousin und ehemaligen Co-Vorsitzenden Lahur Talabani durch.

Nichtsdestotrotz hat es ein historisches Ereignis gegeben: zum ersten Mal hat ein Papst dem Irak ein Besuch abgestattet. Von 5.-8. März 2021 besuchte Papst Franziskus neben Regierungsvertretern auch unterschiedliche religiöse Vertreter des Landes, darunter auch den schiitischen Großajatollah Ali al-Sistani im Najaf. Während seines Aufenthalts in Bagdad hat Papst Franziskus als erstes Oberhaupt der römisch-katholischen Kirche eine Messe in der chaldäischen St.-Josefs-Kirche in Bagdad gefeiert. Es war sein erster Gottesdienst nach dem Ritus der Ostkirchen. In den darauffolgenden Tagen hielt er auch in Mossul, Ninive und Karakosh an, um den Opfern des IS-Terrors, so auch den ChristInnen und den ÊzîdInnen, zu gedenken und Überlebende zu treffen. Schließlich traf der Papst auch in der Kurdischen Autonomieregion ein, wo er in der Hauptstadt Erbil von KRG-Präsident Nechirvan Barzani und Regierungschef Masrour Barzani begrüßt wurde und im Franso Harriri Stadion einen Gottesdienst abgehalten hat.

Prekäre Rückkehr: Die Zukunft Şingals bleibt ungewiss

Im Herbst 2020 und Frühjahr 2021 setzte sich der Trend zur Rückkehr der 2014 vor den Angriffen des „Islamischen Staates" (IS) geflohenen Zivilbevölkerung nach Şingal fort, wobei weiterhin ein großer Unterschied zwischen der Nordseite des Gebirges und der Südseite zu beobachten ist. Während auf der Nordseite viele der Dörfer und Kleinstädte wieder zu größeren Teilen besiedelt sind und teilweise auch Êzîdî aus dem Süden nicht in ihre Heimatdörfer, sondern in leerstehende Häuser in den Norden „zurückkehren", sind mit Ausnahme der Distrikthauptstadt Balad Sinjar fast alle Dörfer im Süden weitgehend unbewohnt. Nur wenige Familien kehrten in die dortigen Siedlungen zurück, was sowohl mit der fehlenden Infrastruktur und der schwierigeren Sicherheitslage als auch mit der Tatsache zu tun hat, dass diese Dörfer wesentlich länger unter Kontrolle des IS standen und im Krieg oft auch stärker zerstört wurden.

Ein Nebeneffekt der schwierigen Situation im Süden ist die Tatsache, dass eine Reihe von Dörfern auf dem Şingal-Gebirge selbst wieder aufgebaut werden. Das Regime Saddam Husseins hatte in den 1970er-Jahren fast alle Dörfer im Gebirge entsiedeln und zerstören lassen und die Bevölkerung in Kollektivstädten (mujamaʿat) am Fuße des Gebirges ansiedeln lassen. Diese ehemaligen Kollektivstädte waren es, die 2014 zerstört wurden. Die in die Berge geflohenen Menschen bauen nun teilweise diese früheren Dörfer wieder auf. Einige der alten Gärten werden wieder bewässert und viele fühlen sich in den wiedererrichteten Bergsiedlungen sicherer als in der Ebene.

Sowohl im Norden als auch im Süden ist die Möglichkeit, Arbeit zu finden oft schwieriger, als im Umfeld der Lager der Vertriebenen in der Autonomieregion Kurdistan. Dies führte parallel zur Rückkehr nach Şingal zu einem – teilweise von der Regionalregierung Kurdistans beförderten – Trend nach einiger Zeit in Şingal wieder in die Vertriebenenlager in der Provinz Duhok zurückzukehren. Der dem Regierungschef der Regionalregierung Kurdistans nahestehende Sender K24 berichtete Ende Juli 2021 beinahe triumphierend, dass die schlechte Sicherheitslage und der Mangel an Infrastruktur bereits 95 êzîdische Familien wieder zur Rückkehr in die Vertriebenencamps in der Kurdistan Region gebracht habe.

Tatsächlich zeigen Gespräche vor Ort ein widersprüchliches Bild: Insbesondere im Süden der Region überlegen weitere Familien erneut ihre Dörfer wieder zu verlassen. Jene, die seit Monaten in weitgehend verlassenen und teilweise zerstörten Dörfern sitzen und weder Einkommen noch Infrastruktur vorfinden, sehnen sich teilweise zurück nach den informellen Verdienstmöglichkeiten in Kurdistan zurück. Zugleich hofften viele der Rückkehrer, dass andere nachziehen würden, die dann aber doch bis jetzt in den Vertriebenenlagern geblieben sind.

Zermürbend wirken auch türkische Luftangriffe auf die Region und die Rückkehr irakischer IS-Angehöriger – die allerdings aus Syrien in bewachte Lager überführt wurden.

Kritik üben viele der Betroffenen an der irakischen Regierung und der Provinzverwaltung, denen vorgeworfen wird zu wenig in den Wiederaufbau und die Sicherheit zu investieren. Zugleich merken viele êzîdische Gesprächspartner in der Region an, dass die in Duhok und Erbil regierenden Demokratische Partei Kurdistans ein Interesse daran habe, die Êzîdî in den Vertriebenenlagern der Autonomieregion Kurdistan zu behalten um einerseits deren Stimmen bei den kommenden Parlamentswahlen im Oktober 2021 manipulieren und damit Sitze außerhalb der Autonomieregion Kurdistans mit Stimmen aus der Provinz Ninawa zu erringen und andererseits um weiterhin internationale Hilfsgelder anzuziehen.

Der Versöhnungsprozess der RückkehrerInnen mit angrenzenden arabischen und kurdisch-sunnitischen Stämmen geht schleppend voran. Von den kurdischen Sunniten sind kaum welche in die Region zurückgekehrt. Die meisten sind mittlerweile in Duhok und Erbil heimisch geworden. Zwischen jenen arabischen Stämmen, die sich nicht allzu aktiv am IS beteiligt hatten oder sogar teilweise mit den Êzîdî gegen den IS gekämpft hatten und den Êzîdî entwickeln sich langsam wieder freundschaftliche Beziehungen. Dies gilt insbesondere für die arabischen Dörfer im Nordwesten der Region, die bereits vor 2014 mit Êzîdî gemeinsam einen lukrativen Schmuggel über die syrisch-irakische Grenze betrieben. Diese alten Handelsverbindungen werden zunehmend wieder aufgenommen. Das Verhältnis zu Stämmen, die sich sehr aktiv am IS beteiligten, ist allerdings nach wie vor extrem angespannt.

Auch die politische Gesamtlage ist weiterhin angespannt. Şingal ist nicht nur weiterhin der Bedrohung eines wieder erstarkenden IS ausgesetzt, sondern zu einem wichtigen Schlüsselgebiet in den regionalen Konflikten geworden. So ist Şingal nicht nur als Verbindungsglied für die PKK-nahen Kräften in Syrien und im Irak wichtig, sondern läuft auch Teil des Nachschubs für pro-iranische Milizen in Syrien über die Region. Zudem führt mittlerweile ein Strang des internationalen Drogenhandels aus Afghanistan über den Irak und Syrien in die Türkei und nach Europa sowie der in Syrien hergestellten künstlichen Droge Captagon (Fenetyllin) in den Golf durch Şingal. Damit haben unterschiedliche politisch/militärische und geschäftliche/kriminelle Kreise Interesse an der Region. Das im Oktober 2020 geschlossene Abkommen zwischen der irakischen Regierung in Baghdad und der Regionalregierung Kurdistans in Erbil, das die Selbstverwaltungsstrukturen der PKK-nahen Kräfte um die Widerstandseinheiten von Şingal / Yekîneyên Berxwedana Şengalê, YBŞ) nicht inkludierte, konnte erwartungsgemäß nicht umgesetzt werden. Von Seiten der YBŞ und dem Demokratischen Autonomierat von Şingal (Meclîsa Xweseriya Demokratîk a Şengalê, MXDŞ), den mit der YBŞ kooperierenden Selbstverwaltungsstrukturen mit Schwerpunkt im Westen der Region, wurde es als Angriff beider Seiten betrachtet, dass diese die Auflösung deren Polizeieinheiten (Asayîşa Êzîdxanê) und deren Verwaltungsstrukturen über deren Köpfe hinweg beschlossen hatten. Ein entsprechendes Ultimatum zur Entwaffnung der Asayîşa Êzîdxanê am 1. April 2021 sorgte für massive Proteste und wurde von den Asayîşa Êzîdxanê nicht befolgt. Vom irakischen Premierminister Mustafa al-Kadhimi gab es in der Folge eine über Mittelsmänner an die YBŞ und den MXDŞ gegebene Zusage, die YBŞ und die Asayîşa Êzîdxanê nicht gewaltsam zu entwaffnen.

Real wird damit der Westteil der Region auch im Sommer 2021 weiterhin vom MXDŞ verwaltet. Sowohl YBŞ als auch Asayîşa Êzîdxanê sind im August 2021 weiterhin in der Region aktiv. Deren Gebiet ist allerdings nicht klar vom Regierungsgebiet abgegrenzt. YBŞ und Asayîşa Êzîdxanê sind teilweise auch in Orten präsent, die überwiegend unter Regierungskontrolle stehen und umgekehrt bewegen sich auch irakische Armee und Polizei in Gebieten unter Kontrolle des MXDŞ.

Auch wenn also das Abkommen vom Oktober 2020 bislang nicht umgesetzt werden konnte und die PKK-nahen Kräfte weiterhin ein wichtiger Faktor in der Region bleiben, so ist es im Laufe des vergangenen Jahres trotzdem der irakischen Regierung gelungen diese von den unmittelbaren Grenzregionen zu Syrien zurückzudrängen. Im Frühjahr 2021 wurde an der gesamten Grenze zwischen den YBŞ-kontrollierten Gebieten und Syrien ein durchgehender neuer Grenzzaun mit permanent besetzten Kontrollposten der irakischen Armee errichtet. Der einst unter Kontrolle der YBŞ stehende Grenzübergang im äußersten Westen der Region wird mittlerweile völlig von der irakischen Armee kontrolliert. Zwar gibt es immer noch Schmuggel über diese Grenze, dieser läuft nun allerdings unter Kontrolle der irakischen Armee.

Die Region blieb auch weiterhin ständig von der Türkei bedroht. In der Nacht auf den 15. Juni 2020 kam es zu insgesamt sechs türkischen Luftangriffen auf Checkpoints der YBŞ. Am 30. Juni 2021 wurde ein Auto der YBŞ beim Vertriebenenlager Serdaşt von einer türkischen Drohne angegriffen.

Schließlich nützte die Türkei die Tatsache, dass alle Welt auf die Taliban und deren Eroberung der afghanischen Hauptstadt Kabul blickte um seit dem 16. August 2021 wieder verstärkt Şingal mit Luftangriffen anzugreifen. Zeitgleich mit dem Besuch des irakischen Premierministers Mustafa al-Kadhimi in Koço, zum siebten Jahrestag des dortigen IS-Massakers, am Montag den 16. August, wurden zwei YBŞ-Kämpfer, Seîd Hesen und sein Neffe Îsa Xwedêda getötet und drei weitere Zivilisten durch Luftangriffe der Türkei verletzt. Bei den drei Verletzten, Mahir Mirza Ali, Media Qasim Simo und Şamil Abbas Brgis, handelte es sich um Mitarbeiter der NGO Global Clearance Solutions (GCS) in der Mienenräumung tätig waren. Bei den Getöteten und Verletzten handelte es sich ausnahmslos um irakische Staatsbürger êzîdischer Religionszugehörigkeit und nicht um türkische Kader der PKK. Die Getöteten befanden sich bei dem türkischen Angriff in einem Auto in der Stadt Şingal. Am 17. August folgte ein Luftangriff auf einen Gesundheitsposten im Dorf Sikeniye, bei dem acht Menschen getötet wurden: Vier Mitarbeiter des Gesundheitspostens (Elî Reşo Xidir, Sedo Îlyas Reşo, Hecî Xidir und Muhlise Sîdar) und vier YBŞ-Kämpfer (darunter zwei Araber), die den Gesundheitsposten bewachten. Zusätzlich wurden weitere Personen verletzt.

Da der irakische Luftraum teilweise von den USA kontrolliert wird, ist davon auszugehen, dass die Türkei für diese Angriffe die Genehmigung der USA erhalten hatte – möglicherweise als Dank für das türkische Engagement zur Sicherung des Flughafens in Kabul.

Insgesamt bleibt die Sicherheitslage in der Region angesichts solcher Angriffe weiterhin prekär, was wohl mit dazu beiträgt, dass viele Vertriebene von 2014 weiterhin lieber in den Vertriebenenlagern abwartet als in ihre Heimat zurückzukehren.

Abb. 1: Nach der Exhumierung und Identifizierung der Überreste der Männer von Koço wurden diese im Februar 2021 von Baghdad wieder in ihre Heimat überführt und dort würdig bestattet. (© Thomas Schmidinger)

Abb. 2: Tatoo zur Erinnerung an den Genozid von 2014 am Arm eines Kämpfers der êzîdischen Volksmobiliserungseinheiten in Şingal. (© Thomas Schmidinger)

Krieg, Versorgungsprobleme und Wassermangel: Nordost-Syrien unter Druck

Thomas Schmidinger

Hatte die Autonome Verwaltung Nord- und Ostsyriens die Covid-19-Krise im Frühling 2020 mit Grenzschließungen und einem relativ strikten Lockdown noch relativ gut unter Kontrolle bringen können, so nahmen im August und September 2020 auch im Nordosten Syriens die Infektionen stark zu. Anfang September war die Zahl der an Covid-19 verstorbenen in der Region bereits auf 40 gestiegen. Insgesamt waren 624 Infektionen bekannt. Die Grenze in die Autonomieregion Kurdistan im Irak blieb deshalb bis auf wenige Ausnahmefälle geschlossen. Auch JournalistInnen erhielten keine Einreiseerlaubnis und selbst politischen Delegationen wurde nur in Ausnahmefällen der Grenzübertritt gestattet. Insgesamt kam es allerdings trotz wachsender Infektionszahlen und einer raschen Lockerung des Lockdowns auch im Herbst und Winter 2020/2021 zu relativ wenigen Todesfällen. Erklärbar ist diese Entwicklung u.a. dadurch, dass Nordostsyrien eine völlig andere Alterspyramide hat als Europa, und dass jene hochbetagten Personen, die in Europa an Covid-19 verstorben sind, in Syrien aufgrund der sehr viel schlechteren medizinischen Gesamtversorgung ohnehin schon viel früher verstorben sind. Wer in Rojava 90 wird, muss kerngesund sein, sonst ist er schon mit 70 oder 80 an etwas anderem verstorben. Zudem gibt es keine Altersheime, in denen sich hochbetagte Menschen gegenseitig anstecken könnten. Insofern kam die Selbstverwaltete Region von Nord- und Ostsyrien bis jetzt relativ glimpflich durch die Corona-Pandemie. Im Gegensatz zu Europa war das soziale und wirtschaftliche Leben nur kurzfristig eingeschränkt. Allerdings brachte die längerfristige Grenzschließung zu Kurdistan-Irak für die ohnehin schon aufgrund der Sanktionen sowie der Grenzblockade zur Türkei ökonomisch sehr bedrängte Region zusätzliche wirtschaftliche Probleme.

Fleisch und Konsumgüter aus dem Ausland sind mittlerweile selbst für den Mittelstand nur noch schwer erschwinglich. Insbesondere in Kobanê hat sich die Versorgungslage 2020/21 stark verschlechtert. Die Region ist seit der Besatzung Tal Abyads und Serê Kaniyês durch die Türkei im Herbst 2019 aufgrund der permanenten Bedrohung der M4-Schnellstraße entlang der Waffenstillstandslinie auch innerhalb der Selbstverwaltung Nord- und Ostsyriens nur noch schwer erreichbar. Die ohnehin angespannte Versorgungslage wurde im Frühjahr 2021 zusätzlich dadurch verschärft, dass die Selbstverwaltung sämtliche Getreidevorräte der Herbsternte an das syrische Regime verkauft hatte. Dies führte im Mai vor der Frühjahrsernte zu Engpässen in der Versorgung mit Brot.

Der Ende Juli 2020 eingefädelte Deal zwischen der Selbstverwaltung und dem US-amerikanischen Energieunternehmen Delta Crescent Energy LLC über die Ausbeutung der unter Kontrolle der Selbstverwaltung stehenden Ölquellen, hatte bereits zu einem Zerwürfnis zwischen der Führung der PKK in Qandil und der Selbstverwaltung in Syrien geführt. Auch der Angriff auf ein Büro der Demokratischen Partei Kurdistans – Syrien (PDK-S) in Qamishli am 15. August 2020 durch junge PKK-Anhänger wurde von vielen als Versuch gedeutet, die zuvor sehr erfolgreichen Gespräche zwischen der Selbstverwaltung und der Kurdischen Partei der Nationalen Union (Partiyên Yekîtiya Niştimanî ya Kurd, PYNK) einerseits und dem Kurdischen Nationalrat (ENKS) andererseits zu torpedieren. Die Selbstverwaltung versprach, den Vorfall jedenfalls zu untersuchen und gerichtlich zu verfolgen, und stellte sich damit gegen die Angreifer auf das Büro der PDK-S, die eine der beiden führenden Parteien des ENKS darstellt.

Zu einem ähnlich interpretierbaren Vorfall kam es im Dezember, nachdem ein hochrangiges Mitglied des ENKS, Abdullah Kado im November Erfîn besucht hatte und dort gemeinsam mit den islamistischen protürkischen Milizen öffentlich aufgetreten war.

Das Engagement des US-Energieunternehmens, das im Sommer 2020 noch zu Missstimmungen zwischen der PKK-Zentrale in Qandil und der PYNK geführt hatte, wurde schließlich von Seiten der neuen US-Administration unter Präsident Biden beendet. Im Mai 2021 wurde bekannt, dass diese die Erlaubnis für Delta Crescent Energy LLC zum Export des syrischen Öls nicht erneuern würde. Der Selbstverwaltung Nord- und Ostsyriens fehlen damit seit Juni 2021 wesentliche Einkommensmöglichkeiten zur Finanzierung ihrer Aufgaben.

Auch militärisch stand die Selbstverwaltung Nord- und Ostsyriens 2020/21 weiter unter Druck. Am 18. Dezember 2020 begannen verschiedene Einheiten der „Syrischen Nationalarmee", also jene islamistischen Milizen, die als lokale Verbündete der türkischen Besatzungsmacht in Nordsyrien agieren, mit Angriffen auf ʿAin ʿIssā und die umgebenden Dörfer, die an der Verbindungsstraße M4 zwischen Kobanê und Qamişlo liegt. Zwar beteiligten sich keine regulären türkischen Verbände an den Angriffen, allerdings wurden alle Angriffe aus dem türkisch besetzten Gebiet um Tal Abyad geführt, womit diese einen klaren Bruch des Waffenstillstandsabkommens von Sotschi vom Oktober 2019 darstellen. Bis Ende Dezember flohen knapp 10.000 ZivilistInnen aus der Kampfregion. Mehrere Kämpfer auf beide Seiten wurden getötet. Weder die in der Region stationierte russische Militärpolizei, noch die syrische Armee griff dabei in die Kampfhandlungen ein. Von kurdischer Seite wurde Russland verdächtigt, die Türkei deshalb gewähren zu lassen, weil so der Druck auf die Autonome Verwaltung erhöht werden könnte, sich zu den Bedingungen der Regierung in Damaskus mit Assad auszusöhnen.

Parallel zu den Kämpfen um ʿAin ʿIssā verschärfte sich auch die militärische Lage im Kreis Şêrawa im äußersten Südosten der Region Efrîn. Hierbei handelt es sich um den letzten 2018 nicht von der türkischen Armee und ihren syrischen verbündeten Milizen besetzten Teil der Region Efrîn. Die meisten der hier existierenden Gebirgsdörfer sind von Êzîdî bewohnt. Im März 2018 flohen auch aus den nun türkisch besetzten êzîdischen Dörfern mehrere tausend ZivilistInnen in die noch von der YPG gehaltenen Dörfer im Kreis Şêrawa. In den Dörfern selbst ist weiterhin die YPG präsent, allerdings gibt es parallel dazu auch Checkpoints der syrischen Regierungsarmee, die hier in einer friedlichen Kooperation mit der YPG agiert.

Anfang Dezember wurden einige dieser Dörfer bereits mit Raketen aus dem türkisch besetzten Teil von Efrîn beschossen, wobei es allerdings nach Angaben der lokalen Bevölkerung keine Toten gab, da die meisten Raketen nur in den Feldern der Dörfer einschlugen. Kämpfer der unter dem Label der „Syrischen Nationalarmee" agierenden Faylaq aš-Šām, die zu den pro-türkischen Hilfstruppen im besetzten Efrîn gehören, begannen am 4. Dezember die noch freien êzîdischen Dörfer Biyê, Basûfanê und Kebaşîn zu belagern. Ende Dezember wurden mit Burc Heyder und Beradê zwei weitere Dörfer belagert. Mehrere Personen aus Basûfanê verschwanden in Laufe des Dezembers und es besteht der Verdacht, dass diese von Kämpfern der „Syrischen Nationalarmee" gekidnappt wurden. Die für die Versorgung der Dörfer lebensnotwendige Verkehrsverbindung in die schiitischen Dörfer Nubl und az-Zahrāʾ, von denen die Straße nach Aleppo weiter führt, wurde damit weitgehend unpassierbar.

In den türkisch besetzten Teilen Efrîns verstärkte sich die Repression gegen die 2018 nicht geflohenen KurdInnen. Ende 2020 traf diese auch zunehmend KurdInnen die dem Kurdischen Nationalrat ENKS angehören, darunter auch Personen, die nach der Besetzung Efrîns mit den BesatzerInnen kooperiert hatten und an den neuen Verwaltungsräten des Besatzungsregimes teilgenommen hatten. Die Enteignung von Olivenplantagen und Wohnhäusern wurde fortgesetzt und betrag 2020 und 2021 auch KurdInnen, die 2018 nicht aus der Region geflohen waren. Auch kurdische Parteien, die in Opposition zur Selbstverwaltung Nord- und Ostsyriens stehen, wie Silêman Osos Partiya Yekîtîya Kurdistani – Sûrîyê berichten regelmäßig über Beschlagnahmen und massive Menschenrechtsverletzungen durch die pro-türkischen Milizen und die türkischen Besatzungsbehörden in der Region.

Dass aufgrund der brutalen Besatzungspolitik der Türkei auch der ENKS zunehmend deutlicher Kritik an der türkischen Besatzung Efrîns übte, führte 2021 dazu, dass sich die Türkei bemühte, eine eigene kurdische politische Gruppierung zu schaffen, die mit den Besatzungsbehörden kollaborieren sollte. Die bereits Ende 2018 im besetzten Efrîn geschaffene „Syrische Unabhängige Kurdische Organisation", deren Treffen seither überwiegend in der Türkei stattfinden, wurde 2020/2021 zunehmend in türkischen Medien als die Alternative zur Selbstverwaltung Nord- und Ostsyriens präsentiert, während der ENKS zunehmend ignoriert wurde. Die von Abulaziz Temmo geführte Organisation unterstützt offen die türkische Besatzung Efrîns, scheint aber ausschließlich als türkisches Propagandainstrument eine Bedeutung zu haben. Der Name seiner Organisation ist im Internet fast ausschließlich auf Türkisch zu finden (Suriye Bağımsız Kürt Rabıtası (SBKR)) und Abdulaziz Temmo kommt fast ausschließlich in türkischen Medien zu Wort, wobei er regelmäßig die Selbstverwaltung Nord- und Ostsyriens als terroristisch bezeichnet und die türkische Besatzung Efrîns und Serê Kaniyês legitimiert. Innerhalb der Region selbst hat seine Gruppe keinerlei Unterstützung.

Auch in den weiter östlich gelegenen Teilen der Selbstverwaltung Nord- und Ostsyriens kam es auch 2021 immer wieder zu Angriffen türkischer Truppen und ihrer Verbündeten. Insbesondere das an der Demarkationslinie zum türkisch besetzten Tal Abyad gelegene ʿAin ʿĪssā wurde immer wieder Opfer von Angriffen, was zur partiellen Flucht der lokalen Bevölkerung aus den Gebieten an der Waffenstillstandslinie führte. Im Juli 2021 wurde der Landkreis Zirgan (Arabisch: Abū Rāsīn), südlich von Qamişlo verstärkt unter Beschuss genommen. Im Juli 2021 wurden vom türkisch besetzten Dawûdiyê aus die noch nicht besetzten Dörfer Dede Ebdel, Xedrawî, Ûm Hermala und al-Niwêhat unter Beschuss genommen. Am 17. August 2021 wurden die Dörfer İdris El Ebas und Rebiat El Zêdiyê, wenige Kilometer um Zirgan angegriffen.

Politische Probleme in den syrisch-kurdischen Regionen rühren allerdings nicht ausschließlich von der türkischen Besatzung Efrîns und Serê Kaniyês und den militärischen Angriffen auf die Region her, sondern sind teilweise auch hausgemacht. Die wachsende Korruption innerhalb der Selbstverwaltung wurde zunehmend zu einem politischen Problem. Schon in der zweiten Hälfte 2020 wuchs die Zahl jener im Camp al-Hol inhaftierten IS-AnhängerInnen, die über korruptes Bewachungspersonal aus dem Camp herausgeschmuggelt wurden und teilweise in andere Teile Syriens oder in die Türkei weiter gebracht wurden. Selbst in Europa sammelten IS-nahe Vereine und Netzwerke von Angehörigen teilweise Geld für den „Freikauf" inhaftierter JihadistInnen. Versuche der Selbstverwaltung diese auch sicherheitsrelevante Form der Korruption zu bekämpfen, blieben nur begrenzt erfolgreich.

Abb. 1: Spezialeinheiten der YPG vor dem Gefangenenlager von al-Hol, in dem IS-AnhängerInnen untergebracht sind. (© Thomas Schmidinger)

Abb 2.: Das Waşukanni Camp bei al-Hasaka / Hesîçe, in dem Vertriebene aus Serê Kaniyê untergebracht sind. (© Thomas Schmidinger)

Am deutlichsten wurde die Problematik allerdings im Falle der Familie von Fuʾād Muhammed al-Maʿrūf (Abu Delo), die in den Kriegsjahren ein Vermögen von 2,7 Milliarden U$ anhäufen konnte und in Rojava in Anlehnung auf die eng mit der Familie Assad verbundene korrupte Unternehmerfamilie Makhlouf bereits als die „Kurdischen Makhloufs" bezeichnet wird. Die mit illegalem Grenzhandel, Korruption und anderen Geschäften erworbenen Kriegsgewinne der Familie wurden nach der Hochzeit von Fuʾād al-Maʿrūfs Sohn am 6. Jänner zum Thema gemacht, als um 4.00 Nachts ein dermaßen überdimensioniertes Feuerwerk gezündet wurde, dass tausende BürgerInnen Qamişlos glaubten, es finde ein massiver Raketenangriff auf die größte Stadt Nordostsyriens statt. Am Tag darauf, am 7. Jänner 2021 kam es vor der Villa der Maʿrūfs schließlich sogar zu Protesten der Bevölkerung. Die Hochzeit selbst soll nach Berichten lokaler KurdInnen 150.000,- U$ gekostet haben. Braut und Bräutigam posierten in osmanischen Phantasiekleidern vor der Kamera. Dieser demonstrativ vorgetragene Reichtum einer Kriegsgewinnlerfamilie, wurde von vielen BewohnerInnen der Region angesichts des Massenelends der Vertriebenen aus den türkisch besetzten Gebieten, als obszön empfunden und führte auch zur Kritik an der Selbstverwaltung, die diese Form des Kriegsgewinnlertums nicht nur zugelassen, sondern auch ermöglicht hatte. Schließlich fungierte „Abu Delo" immer wieder als ökonomischer Mittelsmann zwischen der isolierten Region und der Türkei, dem syrischen Regime und dem ebenfalls verfeindeten Gebiet der Autonomieregion Kurdistans im Irak.

Auch jenseits solcher Exzesse wird von vielen syrischen KurdInnen zunehmend die Korruption im Alltag beklagt. Die Zunahme von Verhaftungen innerhalb der Selbstverwaltungsstrukturen im Zusammenhang mit Korruptionsvorwürfen, spricht ebenfalls dafür, dass sich in der Selbstverwaltung Nord- und Ostsyriens zunehmend ähnliche Probleme ausbreiten, wie sie in der Autonomieregion Kurdistan im Irak bereits seit vielen Jahren existieren.

Zunehmend problematisch wird auch die Sicherheitslage in der arabisch dominierten, allerdings teilweise von den Syrischen Demokratischen Kräften kontrollierten ölreichen Provinz Deir az-Zor. Hier gelang es dem „Islamischen Staat" (IS), sich grenzüberschreitend mit den anschließenden Gebieten im Irak weitgehend zu reorganisieren. Dabei häuften sich nicht nur Anschläge in der Region, sondern BewohnerInnen des ländlichen Raums nördlich des Euphrats an der irakischen Grenze berichten, dass der IS mittlerweile teilweise offen in der Nacht patrouilliert und Schutzgelder von der lokalen Bevölkerung eintreibt. Die Syrischen Demokratischen Kräfte und ihre Verbündeten US-Truppen verlieren seit 2021 zunehmend die Kontrolle über diese Grenzregion zum Irak. Dass sich auf der irakischen Seite der Grenze der IS zunehmend reorganisiert, deutet darauf hin, dass mit einem Wiederaufleben dieser jihadistischen Organisation zu rechnen sein wird.

Zuletzt sorgte allerdings auch die Wehrpflicht der Syrischen Demokratischen Kräfte für Proteste in der arabischen Zivilbevölkerung, sowohl in Deir az-Zor als auch im südwestlich von Kobanê liegenden Manbiğ. Bei Protesten gegen die Wehrpflicht kamen am 1. Juni 2021 acht Demonstranten in der ethnisch gemischten, allerdings mehrheitlich arabischsprachigen Stadt Manbiğ ums Leben. In der Folge setzte die Selbstverwaltung Nord- und Ostsyriens die Wehrpflicht vorerst aus.

Zu einem der größten Probleme in der Region, die sowohl die kurdische als auch die arabische und christliche Bevölkerung betrifft, wurden 2021 allerdings die extreme Hitze und der Wassermangel. Im gesamten Nahen Osten war das Jahr 2021 von extremer Trockenheit und Hitze geprägt. Verschärft wurde dies noch durch die Wasserpolitik der Türkei, die durch ihre Dämme am oberen Euphrat und Tigris in der Lage ist, Wasser zurückzuhalten und für die eigene Landwirtschaft zu verwenden. Aus kurdischer Sicht verwendet die Türkei dabei das Wasser zunehmend als Waffe gegen die Selbstverwaltung Nord- und Ostsyriens.

Die Dürre in der Region ist allerdings zunächst vor allem auch eine Folge des Klimawandels. Der Regen im Frühling 2021 machte nur die Hälfte der Niederschläge der Vorjahre aus. So fielen etwa in Dêrik heuer nur 300 mm im Vergleich zu 500 mm im Vorjahr. Die Weizenproduktion musste um fast 80% reduziert werden. Ein Großteil der Weizenproduktion Nord- und Ostsyriens ist vom Regen abhängig. Allerdings ist die Agrarproduktion auch in jenen Regionen gefährdet, die durch den Euphrat bewässert werden. Nach einem bilateralen Abkommen mit Syrien aus dem Jahr 1987, müsste die Türkei eine Durchflusswassermenge von 500 Kubikmetern Wasser pro Sekunde garantieren. Die Türkei verstößt allerdings schon lange gegen dieses Abkommen und lässt derzeit am Euphrat weniger als 200 Kubikmeter pro Sekunde in das südliche Nachbarland fließen. Der globale Klimawandel führt in einer ohnehin regenschwachen Region dazu, dass die Konflikte um Wasserressourcen sich in der gesamten Region auch in Zukunft massiv verschärfen werden.

Diskriminierung, wirtschaftliche Not und Pandemie im Schatten der Wahlen. Aktuelle Entwicklungen in Iranisch-Kurdistan

CHRISTOPH OSZTOVICS

Menschenrechtslage

Die menschenrechtliche Situation ist für KurdInnen im Iran weiterhin schlecht. Im letzten Jahr und insbesondere seit Beginn der Corona-Pandemie und der Verschlechterung der Wirtschaftslage nahmen die Menschenrechtsverletzungen gegen Oppositionelle und Minderheiten in Rojhelat (Iranisch-Kurdistan) zu. So wurde, um nur ein Beispiel zu nennen, die Kurdischlehrerin Zara Mohammadi zu zehn Jahren Gefängnis verurteilt. Ihr wurde vorgeworfen eine Gruppierung gegen die Nationale Sicherheit gegründet zu haben. Das Urteil wurde allerdings im Februar 2021 revidiert und auf fünf Jahre herabgesetzt. Zara Mohammadi ist Direktorin und Mitbegründerin der Organisation Nojin, die sich in der Region Sanandaj für Kurdischunterricht und Menschenrechte einsetzt.

Allein im Jänner und Februar dieses Jahres sollen über 90 kurdische AktivistInnen inhaftiert worden sein, wie durch einen offenen Brief publik wurde, den 36 Nichtregierungsorganisationen, darunter Human Rights Watch, Amnesty International und die Gesellschaft für bedrohte Völker, unterzeichnet hatten. Meist erfahren Angehörige keine Details über den Aufenthaltsort der Inhaftierten oder den Grund der Verhaftung. Wie aus anderen Fällen bekannt ist, werden Gefangene häufig so lange festgehalten und zum Teil gefoltert, bis sie ein Geständnis abgelegt haben. Es folgen meist lange Haftstrafen und regelmäßig auch die Todesstrafe.

Seit Jahren zwingt die schlechte wirtschaftliche Lage in Iranisch-Kurdistan viele Menschen zum illegalen Grenzschmuggel als Einkommensquelle. Vor allem Männer arbeiten in den gefährlichen Bergregionen zwischen Iran und Irak bzw. der Türkei als Lastenträger (Kolbar). Regelmäßig werden diese Träger von iranischen und türkischen Grenzsoldaten drangsaliert und unter Beschuss genommen. Im Juli wurde eine Gruppe von fünf Kolbar in der Nähe der Stadt Čāldirān von iranischen Grenzsoldaten geschlagen und verletzt. Im April wurden zwei Träger von iranischen Behörden gefoltert, woran einer der beiden verstarb. Über 20 Kolbar sollen im allein Frühling dieses Jahres getötet oder verwundet worden sein.

Asylsuchende in Nordirak

Am 18. Mai übergoss sich der 26-jährige iranische Kurde Behzad Mahmudi vor dem Büro der UNHCR in Hewlêr/Erbil mit Benzin und zündete sich selbst an. Er protestierte damit gegen die Asylpolitik des *Kurdish Regional Government* (KRG) und die harschen

Aufenthaltsbedingungen iranischer Flüchtlinge im Nordirak sowie die fehlende Unterstützung durch die Vereinten Nationen. Mahmudi erlag seinen Verletzungen wenig später in einem Krankenhaus. Seine Situation spiegelt die der tausenden kurdischen Flüchtlinge aus dem Iran wider, die in den letzten Jahren in den Nordirak gekommen waren. Sie erhalten nur selten von den Behörden Asylstatus und leben unter prekären Verhältnissen.

Viele der iranischen Flüchtlinge werden von den Sicherheitskräften des KRG wieder in den Iran abgeschoben. Unter ihnen war im letzten Jahr der Fall von Mustafa Salimi bekannt geworden, dem als kurdischem politischen Häftling die Flucht aus dem iranischen Gefängnis Saqqez gelungen war und sich danach nach Irakisch-Kurdistan absetzen konnte. Von dort wurde er allerdings wieder in den Iran abgeschoben, wo er im April 2020 exekutiert wurde.

Im Zuge dieser Ereignisse kam es in den letzten Monaten vermehrt zu Protesten vor dem Hauptquartier der Vereinten Nationen in Hewlêr. Die Protestierenden, zum Teil vertreten durch Organisationen wie die *Rojhelat Refugee Association* übergaben dem UNHCR eine Liste mit neun Forderungen, wie u.a. die Errichtung temporärer Unterkünfte, die Ausgabe von Essensrationen oder die Ermöglichung von Arbeitsbewilligungen. Zusätzlich soll die Situation iranisch-kurdischer Flüchtlinge verbessert werden und ihre Anliegen von den lokalen Behörden und den Vereinten Nationen verstärkt behandelt werden.

Ob die lokalen Behörden den politischen Flüchtlingen aus Rojhelat Schutz vor der Verfolgung durch das iranische Regime gewähren können ist jedoch fraglich. Immer wieder werden Oppositionelle aus dem Iran im Nordirak gezielt getötet. Anfang August wurde das Mitglied des Zentralkomitees der *Demokratischen Partei des Iranischen Kurdistans* (*Partiya Demokratîk a Kurdistana Îranê* - PDK-I) Musa Babacanî in Hewlêr ermordet aufgefunden. Babacanî war kurz zuvor verschleppt worden und galt als vermisst. Seine Leiche wurde einige Tage später mit Folterspuren in einem Hotel entdeckt. Er ist das jüngste Opfer in einer Reihe politischer Morde an kurdischen Oppositionellen, nachdem erst im Juli der Aktivist Behrouz Rahimi von iranischen Agenten in Silêmanî/Sulaimaniyya getötet worden war.

Covid-19

Am 3. August verzeichnete Iran mit offiziell 37.189 Infizierten den stärksten Zuwachs an Neuinfektionen seit Beginn der Pandemie. Mit über 91.000 Toten wurde der Iran in der Region am heftigsten getroffen.

Laut Veröffentlichung der staatlichen Agentur IRNA (Islamic Republic News Agency) war die Rate an Infektionen und an Todesfällen in der Region Kurdistan im März 2020 mit 12% die höchste im gesamten Iran (6%). Die Zahlen für das Jahr 2021 müssen angesichts der Gesamtsituation als weiterhin hoch angenommen werden. Bis dato sind erst an die 4% der iranischen Gesamtbevölkerung geimpft. An den Peripherien des Landes dürfte die Zahl noch niedriger sein.

Anfang August warnte Human Rights Watch die iranische Regierung vor einem erneuten schnellen Ausbreiten des Virus in den Gefängnissen und forderte die zumindest temporäre

Entlassung von Häftlingen. Solche Maßnahmen hatte die Regierung im letzten Jahr schon einmal getroffen, allerdings gezielt nicht für politische Gefangene.

Die insgesamt schon schlechte Situation wird in marginalisierten Regionen wie Kurdistan durch Armut, fehlende medizinische Infrastruktur und die hohe Zahl an inhaftierten Personen verschärft.

Präsidentschaftswahlen

Bei den iranischen Präsidentschaftswahlen am 18. Juni 2021 wurde erwartungsgemäß der ultrakonservative Kandidat Ebrahim Raisi gewählt, offiziell mit 62% der Stimmen bei einer Wahlbeteiligung von 48,8%. Die Wahl wurde bereits im Vorfeld stark kritisiert und als manipuliert bezeichnet, da der Wächterrat einen großen Teil der KandidatInnen gar nicht zur Wahl zuließ. Raisi gilt in innen- und außenpolitischen Fragen als Hardliner und soll im Zuge der Islamischen Revolution für Massenexekutionen politischer Gefangener verantwortlich gewesen sein. Seine Wahl verheißt für die Situation der KurdInnen im Iran nichts Gutes.

Am 13. Juli, dem 32. Jahrestag der Ermordung Abdul Rahman Ghassemlous 1989 in Wien, veröffentlichte das ‚Cooperation Center of the Iranian Kurdistan's Political Parties' ein Statement, das angesichts der Wahl von Raisi vor Genozid und Terror warnte. Ob der neu gewählte Präsident angesichts seiner Geschichte, der angespannten wirtschaftlichen Situation und der laufenden Gespräche zum Atomdeal für Verhandlungen mit Oppositionsparteien offen sein wird, muss bezweifelt werden.

Kaukasus: Krieg um das ehemalige „Rote Kurdistan"

Thomas Schmidinger

Im Herbst 2020 rückte erneut der über fast 30 Jahre eingefrorene Konflikt zwischen Armenien und Aserbeidschan in den Mittelpunkt der Aufmerksamkeit der Weltöffentlichkeit. Der schwelende Konflikt um Nagorny-Karabakh entwickelte sich zu einem Krieg zwischen den beiden Staaten. Dabei ging es auch um Gebiete, die lange von KurdInnen bewohnt waren und in der Sowjetunion Schauplatz kurzfristig existierender kurdischer Entitäten waren.

Zwischen Nagorny-Karabakh und der Sozialistischen Sowjetrepublik Armenien lag von 1923 bis 1929 ein zu etwa zwei Dritteln von schiitischen Kurden bewohnter autonomer Distrikt namens *Kurdistana Sor* [Rotes Kurdistan] mit der Hauptstadt Laçîn. Bereits damals waren allerdings viele der dortigen Kurden zweisprachig und hatten sich mit den ebenfalls schiitischen Aseris stark vermischt. Viele assimilierten sich im Laufe der folgenden Jahrzehnte und wurden de facto zu Aseris. Sunnitische Kurden – die in Aserbaidschan vor allem in der 1924 gegründeten Autonomen Sowjetrepublik Nachitschewan lebten, einer von Armenien umgebenen Enklave an der iranisch-türkischen Grenze – wurden hingegen 1937 unter unmenschlichen Bedingungen nach Zentralasien deportiert. Das bis in die 1930er-Jahre stark gemischte Gebiet, in dem Armenier, Kurden und Aseris lebten, wurde zunehmend aserisiert.

Trotzdem blieb die Sozialistische Sowjetrepublik Aserbaidschan ein multiethnischer Teilstaat der Sowjetunion, in dem neben Aseris, Kurden und Armeniern auch Lesgier, Talyschen, Awaren, Zachuren, Uden (Udinen), Bergjuden, die sich mit den muslimischen Taten eine iranische Sprache teilten, und eine Reihe von kleinen kaukasischen Gruppen lebten, deren Sprachen oft nur in wenigen Dörfern gesprochen werden.

Mit dem aufkommenden Nationalismus am Ende der Sowjetunion kam allerdings das komplexe Machtgleichgewicht in der Region in Bewegung. Bereits Ende der 1980er-Jahre wurden ArmenierInnen in Aserbaidschan Opfer von Pogromen. Bis dahin hatten sie nicht nur in Nagorny-Karabakh gewohnt, sondern auch in der aserbaidschanischen Hauptstadt Baku, in Sumgait, der Region Nachitschenwan oder Kirowabad, dem heutigen Gəncə. Über 200.000 Armenierinnen und Armenier lebten noch in den 1980er-Jahren allein in Baku.

Die Pogrome in Sumgait und Kirowabad 1988 und Baku 1990 verschärften bereits bestehende Autonomieforderungen der Armenierinnen und Armenier in der zu über 77 Prozent von Armeniern bewohnten Region Nagorny-Karabakh, die am 3. September 1991 ihre Unabhängigkeit erklärte. Aserbaidschan hob daraufhin die Autonomie der Region auf. Ein militärischer Konflikt zwischen den neuen unabhängigen Republiken Armenien und Aserbaidschan endete mit dem armenischen Sieg und der Eroberung eines etwa doppelt so großen Gebietes durch Armenien. Nicht nur fast die gesamte ehemalige Autonomieregion Nagorny-Karabakh, sondern auch der dazwischen liegende, mehrheitlich von Aseris und Kurden bewohnte Laçîn-Korridor, also jenes Gebiet, das in den 1920er-Jahren als "Rotes Kurdistan" galt, wurde von armenischen Truppen besetzt.

Noch während im Mai 1992 die Kämpfe um den Laçîn-Korridor andauerten, brachten die armenischen Militäreinheiten eine Gruppe von Kurden in die Region, die dort in Anlehnung an das historische „Rote Kurdistan" eine „Republik Kurdistan" ausriefen. Die armenische Propaganda versuchte damit das Gerücht zu verbreiten, dass nichtarmenische Einheiten die Verbindung von Nagorny-Karabakh zu Armenien eroberten, sondern lokale kurdische Aufständische sich von der Fremdherrschaft Aserbaidschans befreien wollten.

Die Ausrufung der „Republik Kurdistan" wurde gefilmt und medial verbreitet. Als Präsident wurde der nicht aus dieser Region stammende muslimische Kurde Vakil (Kurdisch: Wekîl) Mustafaev (1938–2019) eingesetzt. Mustafaev und die Minister seiner Regierung reisten allerdings unmittelbar nach der Ausrufung ihrer „Republik" wieder ab. Wekîl Mustafaevs Werdegang ist nicht untypisch für das Leben sunnitischer Kurden in der Sowjetunion. Geboren wurde er 1938 in Usbekistan in der zentralasiatischen Verbannung, verstorben ist er 2019 im Exil in Italien. Dazwischen studierte er Rechtswissenschaft in der Kirgisischen Sozialistischen Sowjetrepublik, war stellvertreter Sicherheitschef der mehrheitlich von Usbeken bewohnten kirgisischen Stadt Osch und Leiter der Abteilung für schwere Verbrechen des Innenministeriums der Karakalpakischen Autonomen Sozialistischen Sowjetrepublik. In der Endphase der Sowjetunion war er einer der Gründer der kurdischen Organisation Yekbûn (Einheit), die sich für die Wiedererrichtung eines autonomen Kurdistans im Kaukasus einsetzte. Nach dem Platzen dieses Traums ging der kurzlebige Präsident der „Republik Kurdistan" nach Europa ins Exil.

Anstatt der Wiederherstellung einer Kurdischen Region, folgte der Exodus der verbliebenen KurdInnen. Infolge der Eroberung des Gebietes durch armenische Einheiten flohen nicht nur die lokalen Aseris, sondern auch die Nachkommen jener KurdInnen, die in den 1920er-Jahren das "Rote Kurdistan" trugen, aber als Schiiten bereits weitgehend mit der aserischen Bevölkerung vermischt und in dieser aufgegangen waren.

Obwohl Aseris – anders als die Osmanen – Schiiten sind, schwingt in dem Konflikt auch die unbewältigte Geschichte des Genozids von 1915 mit, da die Türkei sich zunehmend als Schutzmacht der ebenfalls turksprachigen Aseris versteht. An den Kämpfen um Nagorny-Karabakh beteiligten sich schließlich nicht nur lokale ArmenierInnen, sondern auch KämpferInnen aus der armenischen Diaspora wie der in den USA geborene langjährige Kader der armenischen Geheimarmee zur Befreiung Armeniens (Asala), Monte Melkonian, die bis dahin einen bewaffneten Kampf gegen die Türkei führte.

Der Konflikt wurde schließlich nach dem Sieg der armenischen Seite eingefroren, aber nicht gelöst. Auf dem Boden Nagorny-Karabakhs und der eroberten Gebiete des Laçîn -Korridors wurde die international nicht anerkannte „Republik Arzach" gegründet, die auch die ehemals kurdischen Gebiete umfasste und heute fast ausschließlich von Armeniern bewohnt wird. Obwohl die armenische Diaspora in den letzten 25 Jahren viel Geld in die Region investiert hatte, führte die permanente militärische Bedrohung der Region, die immer wieder zu Scharmützeln mit Aserbaidschan führte, nicht zu einer Zunahme der armenischen Bevölkerung. Im Gegenteil: Hatte die Region 1989 noch 145.450 armenische und 40.688 aserische BewohnerInnen, so waren es bei der Volkszählung 2005 nur noch 137.380 ArmenierInnen und ganze sechs Aseris. 2015 waren es immerhin wieder 144.683 ArmenierInnen, also knapp so viele wie vor dem Krieg. Ohne die Spenden der Diaspora hätte das Gebiet nie überlebt. Das bitterarme Armenien fiel in den letzten 20 Jahren weit hinter die ökonomische Entwicklung des Erdölstaates Aserbaidschan zurück.

Aserbaidschan nützte die Einnahmen aus dem kaspischen Erdöl und Erdgas, um seine Armee massiv aufzurüsten. Unterstützt wurde es dabei vor allem von der Türkei, aber auch von Israel, das zwischen 2006 und 2019 um 825 Millionen Dollar Waffen an Aserbaidschan geliefert hatte.

Während die Türkei und Israel Aserbaidschan unterstützten, bildete auf der anderen Seite Russland lange die Schutzmacht Armeniens. Der Iran rückte, trotz gemeinsamer schiitischer Religion, mit dem wachsenden türkischen Einfluss auf Aserbaidschan immer mehr auf die Seite Armeniens. Armenien ist für den Iran ein wichtiges ökonomisches Tor in den Westen. IranerInnen studieren gerne in der armenischen Hauptstadt Eriwan, und iranische TouristInnen machen gerne Kurzurlaub in Armenien, wenn sie Lust auf Alkohol oder Prostituierte haben. In Eriwan steht die einzige noch in Betrieb befindliche Moschee des Landes unter iranischer Verwaltung. Die Unterstützung Israels für Aserbaidschan fördert auf der anderen Seite wiederum das iranische Engagement aufseiten Armeniens.

2018 versuchte sich Armenien vom Einfluss Russlands zu lösen. Die samtene Revolution brachte mit Nikol Paschinjan einen prowestlich orientierten Ministerpräsidenten an die Macht, während zugleich der Einfluss der USA und Europas in der Region schwand. Die unberechenbare Außenpolitik der USA unter Donald Trump und die Erpressbarkeit der vor Flüchtlingsangst zerfressenen EU gegenüber der Türkei machten das Vorhaben einer Westorientierung genauso unrealistisch wie die mit den Öl- und Gaseinnahmen finanzierte Aufrüstung Aserbaidschans. Die frühere Schutzmacht Russland sieht nun wiederum zu und betrachtet den Angriff Aserbaidschans als Möglichkeit, Armenien eine Lektion zu erteilen.

Die neue Regierung Paschinjan verkalkulierte sich allerdings nicht nur in ihrer außenpolitischen Neuorientierung, sondern überschätzte dabei auch die eigene Position. Der Versuch, den Konflikt am Rande der OSCE-Konferenz in Madrid 2007 zu lösen, hatte zu den sogenannten Madrid-Prinzipien geführt, die eine friedliche Lösung des Konflikts durch Rückgabe einiger armenisch besetzter Gebiete an Aserbaidschan und ein autonomes Nagorny-Karabakh mit einem Korridor nach Armenien im Norden des Laçîn -Korridors vorgesehen hatten.

Es folgten jahrelange Verhandlungen unter Vermittlung Russlands, Frankreichs und der USA, die sogenannte Minsk-Gruppe. 2016 begann allerdings das Armenian National Committee of America (ANCA), eine armenische Lobby-Organisation in den USA, gegen die Madrid-Prinzipien zu lobbyieren. Im März 2020 erklärte Ministerpräsident Paschinjan die Madrid-Prinzipien für obsolet und beanspruchte Nagorny-Karabakh erstmals für Armenien als Teil des eigenen Staatsgebietes. Zugleich thematisierte er den Vertrag von Sèvres mit der Türkei, der Armenien ein sehr viel größeres Stück Land in der heutigen Osttürkei zugesprochen hatte.

Bereits im Juli 2020 kam es zu ersten Kämpfen zwischen armenischen und aserbeidschanischen Truppen. Vom 27. September bis 10. November 2020 folgte ein offener Krieg, den Aserbeidschan mit Hilfe überlegener Drohnen-Technologie aus Israel und der Türkei gewann. Auf aserbeidschanischer Seite beteiligten sich auch jihadistische Söldner aus Syrien am Krieg, die von der Türkei in das Kriegsgebiet gebracht wurden. Auf armenischer Seite beteiligten sich auch êzîdische Freiwillige aus Armenien. Mit der Eroberung der historischen Hauptstadt der Region Şuşa (Armenisch: Schuschi) durch die AserbaidschanerInnen am 8. und 9. November 2020 war der Krieg entscheiden und die armenische Seite sah sich am 10. November gezwungen einem für sie stark nachteiligen Waffenstillstand zuzustimmen, den Russland den beiden Seiten vorgelegt hatte.

Am 15. November musste sich Armenien nach dem von Putin diktierten armenisch-aserbeidschanischen Waffenstillstandsabkommen aus dem gesamten nördlichen Gebiet zwischen der alten sowjetischen Autonomieregion Nagorny-Karabakh und Armenien, der Region Kalbajar zurückziehen.

Der weiter südlich gelegene Rayon Laçîn, der von 1923 bis 1929 zusammen mit Kalbajar die kurdische Verwaltungseinheit innerhalb Aserbeidschans gebildet hatte, muss am 1. Dezember an Aserbeidschan zurückgegeben werden. Der Laçîn-Korridor selbst, der die Verbindung zwischen Armenien und Berg-Karabach aufrechterhalten wird, verbleibt unter der Kontrolle russischer Friedenstruppen. Russische Truppen sollen sowohl eine sichere Straßenverbindungen zwischen Armenien und Nagorny-Karabakh als auch zwischen der aserbeidschanischen Enklave Nakhitschewan und dem Rest Aserbeidschans überwachen. Damit musste Armenien alle Gebiete außer der früheren sowjetischen Autonomieregion Nagorny-Karabakh räumen und auch von dieser Autonomieregion blieben nur jene Gebiete unter armenischer Kontrolle, die zum Zeitpunkt des Waffenstillstands nicht von Aserbeidschan kontrolliert wurden.

Die in Armenien verbliebenen KurdInnen sind heute fast alle Êzîdî. Im September 2019 wurde dort im Dorf Aknalich mit der Quba Mere Diwane, der weltweit größte êzîdische Tempel eröffnet. Insbesondere die armenischen Êzîdî distanzieren sich allerdings vielfach von einer kurdischen Identität und betrachten sich selbst als eigene ethnische Gruppe der Êzîdî. Auch die georgischen KurdInnen sind überwiegend Êzîdî. Beim 2015 in der georgischen Hauptstadt Tbilisi eröffneten êzîdischen Tempel gibt es die einzige akademische theologische Ausbildungsstätte für êzîdische Theologie weltweit. Schiitische KurdInnen sind, wenn auch stark assimiliert, in Aserbeidschan zu finden und sunnitische KurdInnen leben im Kaukasus heute überwiegend im Russischen Krasnodar Krai und in der Republik Adygeja, beide im Nordwestkaukasus.

4

Konferenzberichte
Conference reports

Online lecture series *Intersectional perspectives on Turkey*
Universität Graz, Zentrum für Südosteuropastudien
March-June 2021

AGNES GROND

Die Vortragsreihe wurde von Bilgin Ayata, Derya Özkaya und Sophie Mainz konzipiert und begann am 11.03.2021 mit dem eindrucksvollen Bericht *Confronting Femicide in Turkey: Causes, Consequences, and Resistances to the increase of Violence against Women* von Melek Önder, der SprecherIn der Istanbuler Plattform ‚We Will Stop Femicides‘. Der Vortrag informierte über den erschreckenden Anstieg an Femiziden sowie die aktuelle Diskussion zur Istanbul-Konvention in der Türkei, und analysierte aktuelle Einzelfälle. Sie ließ eine betroffene Zuhörerschaft zurück, schaffte es jedoch gleichzeitig, trotz der zunehmenden Schwierigkeit von Präventionsarbeit in der Türkei, Zuversicht zu vermitteln.

Der zweite Termin am 25. 03.2021 war dem Werk der Künstlerin Rojda Tuğrul *The Two Rivers of Mesopotamia* gewidmet. Dieses Projekt thematisiert die ökologischen und kulturellen Auswirkungen der Staudammbauten an den Flüssen Eufrat und Tigris anhand von Zeichnungen der in der Region endemischen Art des Rafetus euphraticus (Eufrat-Weichschildkröte).

Am 22.04.2021 gab es im Rahmen der lecture series eine Buchvorstellung. Khatchig Mouradian präsentierte sein Buch *The Resistance Network: The Armenian Genocide and Humanitarianism in Ottoman Syria, 1915–1918,* das dem armenischen Widerstand während des Genozids gewidmet ist, und das Bild der ArmenierInnen als passive Opfer neu bewertet.

Auch am 20.05.2021 gab es eine Buchpräsentation, die dem Buch *The National Frame: Art and State Violence in Turkey and Germany* von Banu Karaca gewidmet war. Das Buch thematisiert das Machtgefälle, das Kunstförderung in der Türkei und Deutschland zwischen FördergeberInnen und Geförderten schafft. Es thematisiert das Selbstbild der MäzenInnen und die Herkunft der Gelder, die zur Kunstförderung herangezogen werden: Im Gegensatz zu den Idealen der Förderer entstammt dieses sehr oft staatlicher Gewalt und Enteignung.

Die lecture series schloss mit einer weiteren Buchpräsentation: Gülay Türkmen stellte ihr Buch *Under the Banner of Islam: Turks, Kurds and the Limits of Religious Unity* vor. Sie untersucht, wie religiöse, ethnische und nationale Identitäten in ethnischen Konflikten zwischen Communities mit gleicher religiöser Zugehörigkeit zusammenlaufen. Die Vorträge waren gut besucht. Bei jedem Vortrag entwickelte sich eine lebhafte Fragerunde und Diskussion zwischen Vortragender/m und der internationalen Zuhörerschaft. Es war ein spannendes Semester mit viel Austausch und interessanten Themen.

5

Rezensionen
Reviews

Ameen Abdulqader/Abdulselam Najmaddin Abdullah: Fêrbûna Kurdî

Duhok: University of Duhok, 2021, 88 Seiten, ca. € 10,00.-

THOMAS SCHMIDINGER

Das Center of Languages der University of Duhok hat im Juni 2021 das erste moderne Lehrbuch für das Behdînî, den in der Provinz Duhok verbreiteten Dialekt des Kurmancî vorgelegt, der im Irak mit der auf dem arabischen Alphabet basierenden kurdischen Schrift geschrieben wird.

In welcher Schrift das Kurmancî geschrieben wird, wurde leider in den letzten Jahren im irakischen Teil Kurdistans und insbesondere im ebenfalls kurmancîsprachigen Şingal zunehmend zu einer politischen Frage zwischen PDK und PKK. Unumstritten ist jedoch, dass in der zur Kurdistan-Region des Irak gehörenden Provinz Duhok der dortige Dialekt des Kurmancî, das Behdînî, derzeit – wie das Soranî - mit einer arabisch-basierten Schrift geschrieben wird.

Neben dem auf dem latein-basierten Alphabet geschriebenen Kurmancî existiert mit dem Behdînî damit eine zweite gleichberechtigte Schriftsprache, die in der Autonomieregion Kurdistan im Irak und teilweise auch in grenznahen Gebieten des Iran verwendet wird. In dieser Variante erscheinen Bücher und Zeitschriften und werden in Duhok öffentliche Aufschriften verfasst. Lehrwerke waren bislang allerdings eine Seltenheit.

Mit der Flucht von Displaced Persons aus anderen Teilen des Iraks, insbesondere aus Şingal und Mosul, aber auch der zunehmenden Migration von AraberInnen aus dem Südirak, die vor dem Klimawandel in Kurdistan Zuflucht suchen, gibt es seit einigen Jahren einen größeren Bedarf an Behdînî-Sprachunterricht und damit auch an Lernunterlagen.

Mit dem neuen Lehrbuch der Universität Duhok liegt nun eine ausgezeichnete Einführung in Behdînî vor, die v.a. zum Studium in einem Sprachkurs bzw. mit einem/einer SprachlehrerIn geeignet ist. Als weitgehend einsprachiges Werk verfügt es über keine Erklärungen auf Englisch, Arabisch oder Deutsch. Lediglich einige wenige Wortlisten sind auf Englisch und Arabisch mit angegeben.

Für das bloße Selbststudium ist das Buch damit weniger geeignet. Wer allerdings schon etwas Kurmancî kann und sich zusätzlich die Schreibweise und Eigenheiten des Behdînî aneignen will, kann durchaus auch eigenständig mit dem Buch arbeiten.

Insgesamt stellt das Buch eher auf Wortschatz und Alltagstauglichkeit, denn auf grammatikalische Erklärungen ab. Neben dem mit vielen Farbbildern sehr modern gestalteten eigentlichen Lehrbuch gibt es dazu noch eine CD mit Hörbeispielen und ein 64 Seiten starkes Übungsheft. In dieser Kombination stellt das Buch mit Sicherheit eine gute Begleitung für jeden dar, der sich intensiver mit dieser Version des Kurdischen beschäftigen will.

Alireza Korangy (Hg.): Kurdish Art and Identity. Verbal Art, Self-Definition and Recent History. Foreword by Philip G. Kreyenbroek.

Berlin/Boston: De Gruyter Verlag 2020, 214 Seiten,
eBook (PDF): € 68,95.- Hardcover: € 68,95.-

AGNES GROND

Wie bereits der Titel des Sammelbands „Kurdish Art and Identity. Verbal Art, Self-Definition, and Recent History" vermuten lässt, sind die neun Beiträge des Bandes inhaltlich sehr weit gestreut: Drei Artikel beleuchten verschiedene Aspekte des Epos *Mem û Zîn*, zwei Artikel behandeln die Kunst der *dengbêj*, drei Artikel befassen sich mit Kurmancî-, Zazakî und Lekîsprachigen Märchen oder Märchensammlungen, ein Artikel behandelt ein imaginäres kurdisches Museum. Ein weiter Bogen wird gespannt, der von Fragen der Oralität bis zu höfischer Literatur, von den politischen Verwicklungen des 16. Jahrhunderts bis in die zeitgenössische globale kurdische Diaspora, von Literatur bis zur bildenden Kunst reicht. Zu dieser inhaltlichen kommt eine ebenso große methodologische Breite: Literacy-Forschung, die Oral-Formulaic-Theory, Jung'sche Psychologie, historische, soziolinguistische, anthropologische, theaterwissenschaftliche und kunsthistorische Ansätze kommen in den Beiträgen zur Anwendung.

Dass der Band trotz dieser großen Vielfältigkeit und Verschiedenartigkeit der Beiträge inhaltlich nicht auseinanderfällt, liegt an der Ausrichtung der Beiträge an der Frage, welche Faktoren eine „kurdische Identität" ausmachen, und welche Rolle Folklore, Epik, Literatur, Geschichte und zeitgenössische Kunst bei der Herausbildung dieser Identität spielen.

Die ersten beiden Beiträge (von Michael Chyet und Leonard Michael Koff) befassen sich auf sehr unterschiedliche Art und Weise mit dem Epos *Mem û Zîn*. Chyet wendet die Oral-Formulaic-Theory auf verschiedene Aufnahmen von Darbietungen des Epos aus dem 20. Jahrhundert an. Koff hingegen vergleicht Ehmede Xanîs Fassung mit antiken und mittelalterlichen Epen wie *Pyramus und Thisbe* oder *Aucassin et Nicolette*. Darüber hinaus analysiert er den Einfluss von Sufi-Mystizismus und die Vereinnahmung von *Mem û Zîn* als Nationalepos. Ein weiterer Beitrag, nämlich Beitrag 6 von Djene R. Bajalan, widmet sich dem Autor Ehmede Xanî, und setzt dessen Werk in Beziehung zum Werk Şerefxans. Bajalan analysiert den Werdegang der beiden Autoren im Spannungsverhältnis zwischen osmanischem und safawidischem Reich des 16. Jahrhunderts. Şerefxans höfisches und Ehmede Xanîs religiöses Umfeld prägt jeweils den Zugang des Autors zu seiner kurdischen Identität und findet in den Werken *Şerefnamê* und in *Mem û Zîn* seinen ganz spezifischen Ausdruck.

Die Beiträge 5 und 7 von Duygu Çelik und Amir Sharifi & Zuzan Barwari haben die Tradition der *dengbêj* zum Inhalt. Çelik geht dem Einfluss der *dengbêj* auf das kurdische Theater nach, Sharifi & Barwari analysieren textliche und performative Aspekte einer Darbietung des *dengbêj* Delil Dilanar.

Einer der Höhepunkte des Bandes ist der Beitrag *Cleansing the Galleries: A Museum in the Imagination of Kurdish Diaspora Artists and Activists* von Vera Eccarius-Kelly. In 18 Interviews mit kurdischen AktivistInnen und KünstlerInnen in der Diaspora lässt die Autorin ein imaginäres kurdisches Museum entstehen, indem sie erhebt, welche Exponate aus Geschichte und Gegenwart für eine kurdische Identität relevant wären. Die Ergebnisse der methodisch sehr sauber durchgeführten Studie zeigen das Bedürfnis nach Bewahrung und Rettung von bedrohten historischen Denkmälern sowie einen starken Fokus auf Sprache und Musik. Ein weiterer Schwerpunkt ist die Dokumentation kurdischer Heterogenität. Alevitische, armenische, assyrische, êzîdische Verbindungen zu kurdischer Identität sollen repräsentiert sein. Zusätzlich enthält der Beitrag einen sehr lesenswerten Abschnitt über kulturelle Hegemonien in Museen und Kunstsammlungen.

Die Beiträge von Suat Baran (Beitrag 4), Eberhard Werner (Beitrag 8) und Mustafa Dehqan (Beitrag 9) behandeln unterschiedliche Aspekte von Märchen in verschiedenen kurdischen Sprachen (Kurmancî, Zazakî und Lekî).

Insgesamt kann gesagt werden, dass es sich um einen sehr gelungenen Sammelband mit gut recherchierten und geschriebenen Beiträgen handelt.

Sebra Xalti (Übersetzung), Ravo Ossmann (Bilder), Gerd Bohne & Claudia Ruhs (Idee und Konzept) „Keçen Roje. Töchter der Sonne - Geflüchtete ezidische Frauen erzählen".

Unibuch Verlag 2021. Paperback, 166 Seiten, 1. Auflage, € 28,00.-

MARIA SIX-HOHENBALKEN

Wie die EditorInnenschaft es schon vermuten lässt, ist dies kein übliches akademisches Werk, sondern richtet sich an eine breite LeserInnenschaft. Es beinhaltet die Erinnerungen von fünf vor dem IS geflüchteten êzîdischen Frauen, die heute in Deutschland leben. Sebra Xalti und Claudia Ruhs haben diese Erinnerungen aufgenommen. Sebra Xalti zeichnet für die Übersetzung verantwortlich und auch für die im Buch aufgenommenen Gedichte (Kurdisch und Deutsch), die sie angesichts der genozidalen Prozesse an den ÊzîdInnen verfasst hat. Der Band ist den 2500 Frauen gewidmet, die vom IS verschleppt wurden und deren Schicksal bis heute ungewiss ist.

Sechs Frauen, Xatûn, Hevi, Xanê und ihre Töchter Sorgul, Nergiz und Sosin berichten von den Verfolgungen, von ihrer persönlichen Überlebensgeschichte, von der Situation der Verwandten, die noch immer in Flüchtlingslagern leben und von jenen deren Schicksal ungewiss ist. Begleitet werden diese Berichte von Kunstwerken von dem êzîdischen und in Deutschland lebenden Künstler Ravo Ossman, der die erfahrene Massengewalt in Bildern darstellt. Manche dieser Bilder hatte der Künstler im Irak angefertigt, diese wurden aber im Zuge des Überfalls durch den IS zerstört – nur mehr die Fotographien davon konnte der Künstler retten.

Die einzelnen Frauen erzählen eingangs über ihr Leben vor dem Genozid. Sie berichten über ihre Familien, ihr Aufwachsen in der êzîdischen Gemeinschaft und das Leben in Şingal. Danach berichten sie von ihren Leidenswegen während der genozidalen Prozesse, von ihren Erfahrungen der Flucht über die Berge, ihr Überleben in verschiedenen Flüchtlingscamps bis sie es nach Deutschland geschafft haben. Schließlich erzählen sie von ihren ersten Jahren in Deutschland, von den Herausforderungen und den steten Kontakten mit jenen Verwandten, die immer noch in Flüchtlingslagern im Irak oder in der kurdischen Autonomieregion leben. Für alle die heute in Deutschland in Sicherheit leben, sind die Verbindungen mit dem Irak, wie auch die persönlichen Erfahrungen und Langzeitfolgen der erlittenen Gewalt noch immer sehr präsent.

Gemeinsam ist den sechs Erzählungen, dass es alle Frauen mit ihren Kindern und den Ehemännern geschafft haben nach Deutschland zu flüchten. Alle Befragten haben Verwandte verloren, für viele ist der Verbleib mancher Familienmitglieder noch immer ungewiss. Gemeinsam ist ihnen auch, dass sie ein Leben verloren haben, das aus sehr dichten sozialen Beziehungen und Netzwerken bestand; innerhalb weniger Jahre sind diese Großfamilien aufgelöst worden, die Mitglieder leben in unterschiedlichen Ländern zerstreut.

Die erzählenden Frauen stammten aus unterschiedlichen wirtschaftlichen Verhältnissen. Von einer erfahren die LeserInnen, dass sie aus einer Şex Familie stammt. Wie durch ein Wunder haben alle diese Familien überlebt und es geschafft, mit ihren Kindern zu flüchten. Eine Familie kam über das Projekt einer NGO direkt aus einem Flüchtlingslager, alle anderen haben es auf abenteuerliche Weise, über das Meer, tagelange Fußmärsche, monatelange Aufenthalte in Flüchtlingslagern und schließlich mit Schleppern geschafft nach Europa zu gelangen.

Die erste Erzählerin, Xatûn wurde 1989 in Shingal geboren. Ihre Eltern waren arme LandarbeiterInnen, die für arabische Großgrundbesitzer arbeiteten. Nach ihrer Heirat kann ihr Mann eine Anstellung bekommen und für die Familie ein wenig an ökonomischer Sicherheit schaffen. Die Familie rettet sich in letzter Minute vor den IS Kämpfern auf die Berge . Tagelang harren sie dort aus bis sie von einer Luftbrücke und von den KämpferInnen der YPG/YPJ versorgt werden. Nach mehrmonatigen Stationen in Derik, in Xanke, in Flüchtlingslagern in Şirnak und in Midyat entscheidet sich die Familie nach Europa zu flüchten. Mit Unterstützung einer NGO gelangen sie schließlich nach einem eineinhalbjährigen Aufenthalt in verschiedenen Flüchtlingslagern in Mazedonien nach Deutschland. Die einstige Großfamilie lebt nun zerstreut zwischen Flüchtlingslagern im Irak, mehreren Städten in Deutschland und Holland. Sechs ihrer Cousins haben im Kampf mit dem IS ihr Leben gelassen.

Hevi wuchs in einer ökonomisch gut situierten Großfamilie in Koco auf. Als der IS das Dorf überfällt, gibt sie sich als verheiratete Frau aus und hat auch zwei verwandte Kinder bei sich. So entgeht sie dem Schicksal als Sexsklavin weiter verkauft zu werden, und wird schließlich bei einer IS Familie in Raqqa als Arbeitssklavin eingesetzt. Sie versucht mehrmals zu flüchten bis sie es schließlich schafft und zu ihren Verwandten in Kurdistan Iraq gelangt. Drei ihrer Brüder werden noch immer vermisst, auch eine Schwester und eine Schwägerin und ihre Kinder. Die Überreste ihres Vaters und eines Bruders wurden in einem Massengrab gefunden. Nach einem Jahr der Gefangenschaft und Flucht kann sie mit ihrer Schwägerin nach Hannover kommen. Ihrem späteren Ehemann gelingt zwei Jahre danach die Flucht.

Xanê wurde 1975 in Şingal in eine große wohlhabende Familie geboren. Als der IS die Region okkupiert und sich selbst ihre arabischen Nachbarn und Patenfamilien gegen sie stellen, gelingt ihr und ihrem Mann die Flucht mit sieben Kindern. Während der Flucht kommen die Zwillinge auf die Welt. Über Flüchtlingslager in der Türkei, missglückten Versuchen die türkisch-griechische Grenze zu überwinden und vielen Fußmärschen in Mazedonien und Serbien, gelangen sie nach Deutschland. Zwei ihrer vier Brüder leben in Flüchtlingslagern im Irak, zwei sind nach Deutschland geflüchtet. Die älteste Tochter, die eine wichtige Stütze für sie ist, war 14 Jahre alt, als sie vor dem IS flüchteten. Die Tochter wurde so traumatisiert, dass sie seitdem nicht mehr gewachsen ist. Nur vier ihrer 31 MitschülerInnen haben überlebt.

Nergiz ist 43 Jahre alt und wurde in al Hasaka geboren. Sie flüchtet nach Bashika, 2014 wird der Ort vom IS eingenommen. Die zwei älteren Kinder werden mit Verwandten nach Deutschland geschickt, sie, ihr Mann und die zwei jüngeren Kinder flüchten dann Monate später gemeinsam mit Verwandten über die Türkei nach Deutschland. Bereits vor dem Überfall des IS spitzte sich die wirtschaftliche und politische Lage zu, aus der einst wohlhabenden Familie wurden Tagelöhner, ihre Schwester verschwand und bis heute ist ihr Schicksal ungewiss.

Sosin ist 33 Jahre alt und stammt aus dem Distrikt Şingal. Ihre Geschwister können nicht flüchten und werden vom IS gefangen genommen – sie gibt die Geschichte ihrer Schwester wieder, die mit ansehen musste, als ihr Bruder vom IS erschossen wurde. Als sie mit ihren Kindern in die Berge flüchten musste, war ihr Mann in Erbil. Über ein Jahr dauerte die Flucht der Familie über die Türkei nach Hannover. Ihr ältester Bruder ist in IS Gefangenschaft, der mittlere wurde ermordet.

Aus den Erzählungen dieser Frauen erfahren die LeserInnen Details über die Flucht aus Şingal und über das Schicksal weiterer Familienangehöriger. Alle erzählen über die monatelange – bei manchen sogar jahrelange – Fluchtsituation, die Zwischenstationen in verschiedenen Flüchtlingslagern bis sie schließlich nach Deutschland kamen. Von allen werden die Bildungsmöglichkeiten in Deutschland besonders hervorgehoben, und alle sind sehr bedacht darauf, dass ihre Kinder eine gute Ausbildung erhalten. Für viele ist der eigene Spracherwerb oft durch die traumatischen Erfahrungen kompliziert.

Die Organisation Landungsbrücke e.V., die die Aufnahme von über tausend êzîdischen und christlichen Frauen in Deutschland umsetzte, hat die Schirmherrschaft für das Publikationsprojekt übernommen.

Das Buch ist ein weiteres wichtiges Dokument, das durch diese als „testimonies" gestalteten Erzählungen die genozidalen Prozesse gegen die Êzîdinnen belegt. Darüber hinaus ist es ein beeindruckendes Buch, das auch die Situation der Geflüchteten während ihrer ersten Jahre in Deutschland aufzeigt und sich somit an eine breite LeserInnenschaft richtet. Für Beschäftigte im Bildungs-und Sozialbereich ist es somit auch eine wichtige Quelle um Verständnis für die ÊzîdInnen zu erzeugen.

Im HerausgeberInnenteam sind Claudia Ruhs, die erste Vorsitzende des Vereins Landungsbrücke e.V. in Uetze/Niedersachsen, Sebra Xalti, die mit ihrer Familie 1985 nach Deutschland flüchtete, und seit einigen Jahren Gedichte verfasst, der Schriftsteller Gerd Bohne und der aus Şingal stammende Künstler Ravo Ossman, der seit 2016 in Hannover lebt.

Hamit Bozarslan / Cengiz Gunes / Veli Yadirgi (Hg.): The Cambridge History of The Kurds

Cambridge: Cambridge University Press, 2021. 936 Seiten, € 138,50.-

THOMAS SCHMIDINGER

Ein Buch, das in der Cambridge History Serie erscheint, kann den Anspruch erheben, ein Standardwerk zu sein. Nach dem 2017 bei Hurst von Mohammed Shareef und Gareth Stansfield herausgegebenen „The Kurdish Question Revisited" und dem 2019 von Michael Gunter herausgegebenen „Routledge Handbook on the Kurds" ist dies nun schon das dritte Werk, das innerhalb weniger Jahre den Status als umfassendes Standardwerk zu kurdischer Geschichte, Politik und Kultur beansprucht. Das ist ein untrügliches Zeichen für das gewachsene Interesse an wissenschaftlicher Beschäftigung mit den Kurden. Wie seine Vorgänger kann aber auch dieses Buch diesen Anspruch nur bedingt einlösen.

Meist erscheinen in der Cambridge History Serie Werke über Staaten, Religionen oder bestimmte Kriege. Der neue, fast tausend Seiten starke Wälzer über die Kurden, stellt eine Ausnahme dar, da er die Geschichte eines transnationalen Volkes zu fassen versucht. Und tatsächlich bilden viele der Beiträge wichtige Grundlagentexte, die auch als Lektüre für Studierende der kurdischer Kultur und Geschichte von Bedeutung sein werden.

Trotzdem hat der Band einige Mängel, die ihn wohl nicht zum Standardwerk schlechthin werden lassen und die teilweise für die Cambridge University Press geradezu erstaunlich sind. Es ist in Sammelbänden durchaus üblich, dass sich die einzelnen Beiträge sowohl inhaltlich als auch sprachlich auf unterschiedlichem Niveau befinden. Hier zeigt sich allerdings bei einigen Beiträgen, dass das Buch teilweise einfach sehr schlecht redigiert ist. Am deutlichsten wird dies im inhaltlich sehr guten Text von Jaffer Sheyholislami über die Geschichte des Zentralkurdischen. Hier werden Textstellen in Soranî – ein Begriff, für den Jaffer Sheyholislami lieber den Begriff Zentralkurdisch verwendet – schlicht und einfach falsch wiedergegeben. Die Buchstaben werden zwar von rechts nach links geschrieben aber nicht miteinander verbunden. Da der Autor dies sogar in den Druckfahnen korrigiert hatte, dessen Korrekturen aber nicht beachtet wurden, liegt hier eine eklatante Sorgfaltsverletzung entweder durch die Herausgeber oder den Verlag vor.

Insgesamt ist es naheliegend, dass ein solch umfassendes Werk den Mut zur Lücke benötigt. Trotzdem ist irritierend, was teilweise fehlt und dass diese Lücken nicht in der Einleitung ausreichend benannt und erklärt werden. So finden sich etwa unter Teil V. „Kurdish Language" ganze drei Beiträge: Ergin Öpengin beschäftigt mit dem Kurmancî, Jaffer Sheyholislami eben mit dem Zentralkurdischen und Mehemed Malmîsanij titelt seinen Beitrag „The Kırmanjki (Zazaki) Dialekt of Kurdish Languge and the Issues It Faces". Damit wird bereits in der Überschrift darauf bestanden, dass es sich dabei um einen kurdischen Dialekt handelt und die langen linguistischen und politischen Debatten zur Zugehörigkeit dieser Variante einfach autoritär ausgeblendet. Während die Herausgeber damit offenbar einer sehr breiten Definition des Kurdischen folgen, die auch eine von vielen LinguistInnen und Angehörigen der

Sprachgemeinschaft als eigenständige Sprache klassifizierte Varianten wie das Zazakî zum Kurdischen rechnen, werden sämtliche südkurdischen Varianten nicht behandelt – wohl weniger, weil diese von den Herausgebern nicht zum Kurdischen gerechnet werden, sondern weil diese ihnen zu unwichtig schienen oder keine AutorInnen gefunden werden konnten. Solche Leerstellen hätten zumindest benannt werden müssen.

Auch in anderen Teilen des Buches ist eine gewisse Schräglage zugunsten des türkisch beherrschten Teils Kurdistans zu erkennen, während Syrien, Irak und Iran oft zu kurz kommen. In Teil III, in dem es um politische Entwicklungen geht, werden zwar sämtliche Teile Kurdistans und die Êzîdî in der Sowjetunion abgehandelt (nicht jedoch die sunnitischen und schiitischen KurdInnen in der Sowjetunion), allerdings fokussieren viele der anderen AutorInnen auf Entwicklungen in Nordkurdistan, was wohl auch im Zusammenhang mit einem ausschließlich aus Bakur stammenden Herausgeberkollektiv stehen dürfte.

Einigen der AutorInnen gelingt es, trotzdem einen Fokus auf die gesamte Region zu legen. Bereits der erste Beitrag des Buches, in dem sich Boris James dem Aufstieg und Fall der kurdischen Emirate vom 15. bis zum 19. Jahrhundert widmet, ist hier ein sehr positives Beispiel, wie auch in aller Kürze ohne unzulässige Verallgemeinerungen die Hauptlinien der Geschichte erzählt werden können. Auch Veli Yadirgis Politische Ökonomie Kurdistans gelingt es hier, in aller Kürze einen ausgezeichneten Überblick zu verschaffen.

Zu den wirklich ausgezeichneten Beiträgen dieses Bandes zählen auch jene von Choman Hardi und Isabel Käser zur kurdischen Frauenbewegung, die es verdient hätten, nicht fast wie ein Appendix an das Ende des Buches gestellt zu werden.

Michiel Leezenberg schafft es in seinem Kapitel, einen sehr knappen Überblick über die religiöse Entwicklung in der Region zu leisten. Philip G. Kreyenbroeks und Khanna Omarkhalis Überblick über die religiösen Minderheiten in Kurdistan ist genauso gelungen, wie der Beitrag von Mehmet Kurt über Religion und Politik in Türkisch-Kurdistan.

Insgesamt ist dieses Buch damit trotz seiner Schwächen ein Werk geworden, das viele sehr gute Beiträge enthält, die nicht nur lesenswert sind, sondern auch gut als Einführungstexte für Studierende geeignet sind.

Agnes Korn & Irina Nevskaya (Hg.): Prospective and Proximative in Turkic, Iranian, and beyond.

Reichert Verlag 2020, 387 Seiten, Hardcover: € 98,00.-

AGNES GROND

Der vorliegende Sammelband geht der Frage nach den linguistischen Kategorien *Prospektivität* und *Proximativität* nach und betrachtet sie unter arealem Blickwinkel. Diese Kategorien wurden bereits 1976 von Bernard Comrie postuliert und sind der Kategorie *Perfekt* entgegengesetzt. Die Kategorie *Perfekt* bezieht sich auf Ereignisse, die früher stattgefunden haben, in der Gegenwart aber immer noch relevant sind. *Prospektivität* bezieht sich demensprechend auf zukünftige Ereignisse, die aber in der Gegenwart bereits Relevanz haben. Terminologisch gesehen entwickelte sich das Feld dornig: In verschiedenen linguistischen Traditionen werden die Termini Prospektivität und Proximativität unterschiedlich und teils widersprüchlich verwendet, wie die HerausgeberInnen ausführen.

Konsequenterweise beginnt der Band daher mit einem Beitrag von Lars Johanson, der die Termini erläutert und klärt. *Prospektive* beziehen sich auf Intentionen und Wahrscheinlichkeiten in der nahen Zukunft. *Proximative* entsprechen den Comrie'schen *Prospektiven* und sind symmetrisch zur Kategorie *Perfekt*. Die AutorInnen sind angehalten, sich dieser Terminologie zu bedienen, oder Abweichungen in ihren Beiträgen zu beschreiben. Durch diese Vorentscheidung der HerausgeberInnen ist es möglich, die einzelnen Beiträge zum Alttürkischen, Noghay, Even, Khanty, Russisch, Sayan Samojedisch, Paschtu, Persisch, Ossetisch, Kurmancî, Neu-Aramäisch, Karaim, Osmanisch, Türkisch, Azeri, Balochi, Tati, Tundra Nenet, Dzungar Tuvan, Kasachisch, Kirgisisch, Uigurisch und Usbekisch gewinnbringend zu lesen und zu vergleichen.

Herausgegriffen wird nun der Beitrag *Deixis and near future expressions in Kurdish* von Thomas Jügel, Cemile Çelebi und Diako Nahid. Ihr Beitrag versteht sich als erster Schritt zu einer Sammlung von Prospektiv- und Proximativkonstruktionen in Kurmancî und Soranî. Die Studie beruht auf einem schriftlichen Erhebungsbogen, der per e-mail an SprecherInnen in folgenden kurdischsprachigen Gebieten versendet wurde: Batman, Elazığ, Muş, Adıyaman, Siirt, Şırnak, Murkian, Saghez und Sulaimania. Abgesehen davon, dass der Erhebungsbogen Raum für verschiedene Interpretationen zulässt, sind die Ergebnisse für Soranî und Kurmancî relativ konsistent. Die AutorInnen finden im Kurdischen neben den bekannten Formen für den Ausdruck zukünftiger Ereignisse Beispiele für die Verwendung verschiedener Partikel, die eine proximative Deutung der Äußerung erlauben. Diese sind wahrscheinlich pronominalen Ursprungs. Aus funktionaler Sicht heben sie das Ereignis hervor und bringen eine Bewertung desselben durch den/die SprecherIn (Dringlichkeit, Erstaunen, Unvermeidbarkeit) ins Spiel. Dieser Aspekt führt zu einer hohen Variabilität der proximativen Ausdrücke.

Die konsistente Terminologie erlaubt es den LeserInnen, die Ergebnisse der einzelnen Untersuchungen und Sprachen mit denjenigen anderer Beiträge zu vergleichen. Der Band ist somit für eine breite linguistische Leserschaft interessant und nutzbringend.

Lucie Drechselová und Adnan Çelik (Hg.): Kurds in Turkey. Ethnographies of Heterogenous Experiences

Lanham/Boulder et.al: Lexington Books, 2019. 2019 Seiten,
Gebundene Ausgabe: € 97,15, Taschenbuch: € 34,49, E-Book (Kindle): € 25,69.-

Thomas Schmidinger

Dieser Sammelband mit AutorInnen, die vielfach selbst aus dem türkischen Teil Kurdistans stammen, bietet eine Vielzahl unterschiedlicher aktueller sozialwissenschaftlicher Perspektiven auf die Situation der KurdInnen in der Türkei.

Besonders interessant sind bereits die ersten beiden Beiträge von Isabel Käser und Lucie Drechselová über Frauen in der kurdischen Bewegung der Türkei. Basierend auf Gesprächen mit Kämpferinnen der Frauenbewegung der PKK, insbesondere der Frauenarmee HPJ (Hezên Parastina Jin) geht Käser der Frage nach, welche Alternative „die Berge" für die betroffenen Frauen offerieren, und wie die Kämpferinnen selbst ihren eigenen Emanzipationsprozess sehen. Die beiden folgenden Beiträge von Ayhan Işık und Yeşim Yaprak Yıldız zu paramilitärischen Gruppen in den 1980er und zu Bekenntnissen von JİTEM Offizieren über Verbrechen an KurdInnen in den 1990erJahren sind eher historische Beiträge. Im dritten Teil („Space") stehen ein Beitrag von Suna Yılmaz über Urbanisierungspolicies in Diyarbakir und ein Beitrag von Minoo Koefoed über die Versuche der Kurdischen Bewegung mit „Demokratischer Autonomie". Im vierten Teil findet sich ein Beitrag von Adnan Çelik über Schmuggel als Kurdische „Infra-Politik" und von Davut Yeşilmen über Kurdische Novellen als Widerstandsliteratur im 21. Jahrhundert. Yeşilmens Beitrag ist damit, ähnlich wie die ersten beiden Beiträge von Käser und Drechselová, wieder ganz in der Gegenwart angekommen. Yeşilmen leistet einen hochinteressanten sowohl qualitativen als auch quantitativen Überblick über die Entwicklung der Literatur in Kurmancî in der Türkei in den ersten beiden Jahrzehnten des 21. Jahrhunderts. Diese Literatur habe sich nach 2000 heterogener und mehrdeutig entwickelt und zunehmend nicht nur KurdInnen, sondern auch nicht-Muslime als Charaktere entdeckt. So würden nun auch ArmenierInnen, AssyrerInnen, Êzîdî, AlawitInnen, TürkInnen oder EuropäerInnen Hauptcharaktere von Romanen in Kurmancî darstellen (S. 205f).

Insgesamt bietet das Buch von Lucie Drechselová und Adnan Çelik einige sehr lesenswerte Beiträge. Das Buch insgesamt leidet allerdings unter dem Problem vieler Sammelbände: Die Zusammenstellung der Beiträge scheint manchmal etwas willkürlich. Die Texte kommunizieren nicht miteinander und ein wirklich roter Faden ist in der Publikation kaum auszumachen. Außer, dass all die Texte mit KurdInnen in der Türkei zu tun haben, finden sich kaum Gemeinsamkeiten der Texte und auch die Einleitung der HerausgeberInnen kann glaubwürdige Klammer oder gar Conclusio aus den Texten liefern. Dies ändert allerdings nichts daran, dass viele der Beiträge wirklich ausgezeichnete wissenschaftliche Aufsätze darstellen, die jeweils für sich genommen absolut lesenswert sind.

Nader Purnaqcheband & Florian Saalfeld (Hg.): Aus den Tiefenschichten der Texte. Beiträge zur turko-iranischen Welt von der Islamisierung bis zur Gegenwart.

Wiesbaden: Reichert Verlag 2020, 316 Seiten. Hardcover: € 98,00.-

AGNES GROND

Eine Faltkarte vor dem ersten Beitrag des Sammelbands zeigt das geografische Gebiet, dass die Artikel behandeln. Seine Ost-West-Erstreckung reicht von Lanzhou in China bis nach Istanbul in der Türkei. Die nördlichste Stadt, die auf der Karte verzeichnet ist, ist Orenburg im europäischen Russland, die südlichste Stadt ist Mekka in Saudi Arabien. Nicht minder eindrucksvoll ist die zeitliche Dimension der vierzehn Beiträge, die, wie der Titel besagt, von der Islamisierung bis zur Gegenwart reichen, und Artikel von der Sasanidenzeit (bis 651 n. Chr.) über das Sultanat von Delhi (mit einem Fokus auf das 13. Jahrhundert), behandeln die Timuriden und Mogulkaiser, die Keneges Treaties (1820-1840) bis zu einer Textedition eines Berichts über Sklaverei aus der frühen Sowjet-Zeit.

Beispielhaft für die Intention des Bandes, *in die Tiefenschichten der Texte* vorzudringen, wird hier der Aufsatz *Yavuz Sultan Selim und die Qizilbasch: Geschichte eines Konflikts* von Dmitry Sevruk genauer vorgestellt: Es geht in dem Beitrag um unterschiedliche Blickwinkel auf die Massaker, die Sultan Selim im frühen 16. Jahrhundert unter den Qizilbasch anrichtete.

Der Autor beginnt mit dem Roman *Şah ve Sultan* des türkischen Literaturwissenschaftler Iskender Pala aus dem Jahr 2010. Die Geschichtsglorifizierung des Romans interpretiert Sevruk als passgenau in den neo-osmanischen Diskurs der heutigen Türkei. Der Konflikt mit den Qizilbasch wird geframt als von außen (den Safawiden) geschürte Intrige gegen den osmanischen Sultan. Nach dem Text von Iskender Pala wendet sich der Autor historischen Texten zu, die sich auf den Qizilbasch-Konflikt beziehen. Er analysiert die Texte osmanischer Chronisten des 16. Jahrhunderts wie Sa'ad ed-Din Efendi, venezianischer Botschafter in Istanbul und schließt den Beitrag mit einem Abschnitt über die sowjetische Historiografie, die in den Wurzeln des Qizilbasch-Konflikts nicht so sehr religiös-politische Ursachen sah, als vielmehr ökonomische Ursachen, und das Auseinanderklaffen zwischen osmanischen Eliten und anderen Bevölkerungsschichten thematisiert. Sevruk zeigt eindrucksvoll, wie Texte aus verschiedenen Epochen über ein historisches Ereignis von den jeweiligen zeitgeistigen und ideologischen Strömungen getragen sind.

Auch die anderen Beiträge des Bandes sind vielschichtig und geben unerwartete neue Einblicke in vermeintliche historische Gewissheiten, indem sie unkonventionelle Blicke auf Quellentexte werfen. Ein Kritikpunkt wäre vielleicht der starke Fokus auf Herrscherpersönlichkeiten und

Dynastien: In dem räumlichen und zeitlichen Kontext und unter den diesem Band gezeichneten Herrschaftsbedingungen entfaltet sich die aus diesem Grund ungenannt bleibende Geschichte der KurdInnen, bzw. entstehen auch die Texte, die die KurdInnen als die ihren reklamieren. KurdInnen sind in dem geografischen und zeitlichen Raum, den der Sammelband bearbeitet, eine zahlenmäßig bedeutende Minderheit, die diesen Raum auf allen sozialen Ebenen mitgestaltete. Dass sie in diesen Band keinen Eingang fanden, ist eine Lücke. Trotzdem schließe ich mit einer absoluten Leseempfehlung gerade für ForscherInnen, die sich mit kurdischen Themen auseinandersetzen. Die Texte geben ein unglaublich vielschichtiges Bild der *turko-iranischen Welt* und zeichnen so auch kurdische Geschichte.

Houzan Mahmoud (Hg.): Kurdish Women´s Stories

London: Pluto Press, 2021. 211 Seiten, Gebundene Ausgabe: € 86,77.-
Taschenbuch: € 17,31.-

THOMAS SCHMIDINGER

Um es gleich vorwegzunehmen: „Kurdish Women´s Stories" ist ein großartiges Buch. Die von Houzan Mahmoud vorgelegten autobiographischen Texte von Frauen aus allen vier Teilen Kurdistans geben einzigartige und sehr persönliche Einblicke in kurdische Frauenbiographien.

Entstanden sind die hier als Buch veröffentlichten Texte im Rahmen eines Online-Kulturprojekts, für das die aus Bashur stammende und in Großbritannien im Exil lebende linke und feministische Aktivistin Houzan Mahmoud im Jänner 2018 kurdische Frauen aufgerufen hatte, ihre eigenen persönlichen Geschichten aufzuschreiben. Fünfundzwanzig der zahlreichen eingetroffenen Geschichten wurden auf Englisch übersetzt und in Buchform bei Pluto Press herausgegeben.

Dabei geht es immer wieder um die Auseinandersetzung mit patriarchalen Familien, die Beteiligung am politischen und militärischen Kampf, die Hinrichtung von Söhnen, Ehemännern, Vätern und anderen Familienangehörigen oder persönliche Zugänge zu Literatur und Bildung. Aber auch das heikle Thema FGM wird von einer Autorin sehr eindrucksvoll mit der Schilderung ihrer eigenen Beschneidung thematisiert. Besonders eindrucksvoll auch ein Text einer ehemaligen Guerillakämpferin der iranisch-kurdischen Komala, der sich sehr intensiv damit auseinandersetzt, was es bedeutet, als Frau Seite an Seite mit männlichen Genossen einen bewaffneten Kampf zu führen und wie andere kurdische Parteien darauf reagierten, dass dies bei der Komala möglich war.

Die meisten der Texte sind auch sehr schön und gut lesbar geschrieben. Nur beim einen oder anderen Text hätte es vielleicht noch ein wenig mehr an Überarbeitung gebraucht. Die beeindruckendsten Texte sind jene, in denen die Frauen wirklich sehr persönlich werden und als Individuen ihre Geschichten erzählen und dabei auch dem Schmerz Ausdruck verleihen, enge Angehörige etwa durch Hinrichtung durch das irakische Baath-Regime zu verlieren. Nur bei zwei Texten aus Rojava hat man ein wenig den Eindruck, dass hier das übliche Parteinarrativ nacherzählt wird, bzw. die private Geschichte stark von diesem überlagert ist. Die meisten anderen Beiträge bleiben sehr persönlich und authentisch und damit auch sehr glaubwürdig.

Alireza Korangy & Corey Miller (Hg.): Trends in Iranian and Persian Linguistics. Erschienen in der Reihe „Trends in Linguistics".

Berlin/Boston: De Gruyter Mouton Verlag 2018, 368 Seiten,
eBook (PDF): € 99,95.-, Hardcover: € 99,95.-

AGNES GROND

Dieser Sammelband zu persischer und iranischer Linguistik hat ein ambitioniertes Ziel, wie in der Einführung erläutert wird. Er möchte die *„diversity in time and space"* des genannten Kulturraums darstellen, indem linguistische Erscheinungsformen in ihrer kulturellen und historischen Dimension beschrieben werden, und außer der persischen Sprache eine Auswahl weiterer iranischer Sprachen miteinbezogen wird. In 17 Beiträge wird versucht, sich diesem Ziel anzunähern.

Ein Beitrag, der den kulturellen Austausch und das damit verbundene schöpferische Potential auf eindrucksvolle Weise demonstriert, ist der Artikel *Huihuiguan zazi: A New Persian glossary compiled in Ming China* von Shinji Ido. Der *huihuiguan zazi* ist ein neupersisches Glossar, das zur Zeit der Ming-Dynastie (1386-1644) erstellt wurde. *Huihuiguan* war innerhalb des ‚Büros der vier Barbaren' diejenige Zweigstelle, die für persische Übersetzungen zuständig war. Der *zazi* (Glossar) ist in verschiedenen Dimensionen bedeutsam: einerseits stellt er eine Wörtersammlung dar, die Aufschluss über das chinesisch-persische wechselseitige Kulturverständnis gibt. Weiters enthält er die persischen Termini in chinesischer Schrift und in chinesischer Transliteration, die ja, anders als die arabische Schrift, auch Kurzvokale notiert und somit eine Quelle für die historische Vokalphonologie des Persischen darstellt. Die Edition des *zazi* enthält das timuridisch-persische Wort, das Ming-chinesische Equivalent, das englische Equivalent, eine chinesische Transliteration des persischen Eintrags, eine rekonstruierte Aussprache dieser chinesischen Transliteration, die heutige chinesische Standardaussprache, die tadschikische Kognate. Der Beitrag zeigt die historische Dimension von Diversität, Migration, Kultur- und Sprachkontakt in einem geografischen Raum und zu einer Zeit auf, in der auch frühe Werke in kurdischer Literatur und Geschichtsschreibung entstanden.

Ein Beitrag, der sich narrativer Diversität annähert, ist *To bring the distant near: On deixis in Iranian oral literature* von Carina Jahani. Der Beitrag untersucht traditionelle Märchen und Legenden in vier nordwestiranischen Sprachen: Gorani, Koroshi Balochi, Sistani Balochi und Vafsi.

Der Beitrag *Possessive construction in Kurdish* von Zare Alievna Yusupova bietet einen Vergleich der Possessivkonstruktion in kurdischen Sprachen. Unter ‚südkurdisch' subsummiert die Autorin Goranî, Hawramî und Soranî. Unter ‚Nördliche Dialekte' fallen Kurmancî und Zazakî.

Die bearbeiteten Quellen sind in Bagdad herausgegebene poetische Ontologien des 18. und 19. Jahrhunderts für die ‚südlichen Dialekte', für die ‚nördlichen Dialekte' zieht die Autorin die von Karl Hadank bearbeitete Sammlung Oskar Manns heran.

Weitere Beiträge behandeln gesprochene vs. geschriebene Sprache, soziolinguistische Aspekte verschiedener iranischer Sprachen und Dialekte, Toponymien u.v.m. Insgesamt fällt der Sammelband durch die große thematische Spannweite etwas auseinander. Die Einzelbeiträge sind aber von hoher Qualität und kurdische LinguistInnen finden Analysen zu kurdischen Sprachen in spannenden Kontexten.

Munir Mohammad: Social Media and Democratization in Iraqi Kurdistan.

London: Lexington Books, 2020, 195 Seiten, € 75,00-

THOMAS SCHMIDINGER

Das Buch von Munir Mohammad, das ganz im Stil einer wissenschaftlichen Abschlussarbeit verfasst ist, geht der für Irakisch-Kurdistan äußerst interessanten Frage nach, wie weit Social Media zu einer Demokratisierung der Gesellschaft und des politischen Systems beitragen.

Als Ausgangsbasis geht der Autor dabei davon aus, dass das politische System Irakisch-Kurdistans sowohl Elemente demokratischer als auch autokratischer Herrschaft beinhalte (S. 2) und schildert etwa, dass die Studierendenorganisationen der beiden großen politischen Parteien, der Demokratischen Partei Kurdistans (PDK) und der Patriotischen Union Kurdistans (PUK) primär als „eyes and ears of the security services of the two parties"(S. 4) fungieren würden. Auch die Medienfreiheit ist de facto äußerst eingeschränkt. Zu Recht schildert Munir Mohammad ein politisches System, dem der prinzipiellen Möglichkeit zu Parteigründungen und politischem Engagement de facto ein sehr autokratisches Zweiparteiensystem gegenübersteht, in dem die Sicherheitsapparate dieser beiden Parteien das Land in einem sehr autoritären Griff behalten.

Nun stellt der Autor die Frage, ob die Zunahme von Social Media Nutzung in den letzten eineinhalb Jahrzehnten, dazu beiträgt, dieses autokratische politische System zu demokratisieren und welche Rolle Social Media in den Protestbewegungen gespielt hatte. Als wichtigster Untersuchungsgegenstand steht dabei die Protestbewegung von 2011 im Mittelpunkt, als von der Revolutionen in Ägypten und Tunesien und den Protesten in Libyen und Syrien sich auch in Kurdistan eine Protestbewegung formierte, die gegen die Herrschaft von PDK und PUK gerichtet war, die sich letztlich aber aufgrund der massiven frühzeitigen Unterdrückung im Herrschaftsbereich der PDK v.a. auf den Bereich der PUK konzentrierte. Während die PDK ihre Parteisicherheitskräfte frühzeitig in die Märkte und andere neuralgische Orte des öffentlichen Lebens einschleuste, um von Anfang an alle Proteste in Dohuk oder Erbil unterdrücken zu können, entstand in Silêmanî eine Atmosphäre, in der sich verschiedene Jugendliche und Intellektuelle an Protesten beteiligen konnten.

62 Tage harrten DemonstrantInnen in Silêmanî auf dem Maidani Azadi (Freiheitsplatz) aus, ehe diese am 6. März 2011 von einer Gruppe maskierter bewaffneter Männer überfallen wurden, die in Autos ohne Nummerntafeln angereist waren, die DemonstrantInnen mit Knüppel verprügelten und ihre Zelte verbrannten. (S. 86) Diese Proteste waren nicht von den Oppositionsparteien Goran oder den islamischen Parteien getragen, die sich explizit davon

distanzierten, sondern von Einzelpersonen, die sich überwiegend über Social Media vernetzten. Somit wären wir wieder bei der Ausgangsfrage, wie weit Social Media einen Beitrag zur Demokratisierung der Kurdistan-Region im Irak leisten kann.

Die Antwort fällt ambivalent aus. Einerseits bot Social Media in einer weitgehend von den Parteien kontrollierten Medienlandschaft einen Freiraum zur Mobilisierung und zur Berichterstattung der Bewegung über sich selbst. Unzählige DemonstrantInnen stellten eigene Videos auf Youtube, schrieben auf Facebook und berichteten über Demonstrationen und Ziele der Bewegung. Andererseits beobachteten die Sicherheitskräfte von PDK und PUK sehr genau die Social Media Accounts der Protestbewegung und nutzten diese, um DemonstrantInnen zu identifizieren und gegen sie vorzugehen. Die Parteien kreierten sogar „fake accounts in the name of the protest leaders. These accounts republished messages of the leader, but after a while, they published rumours and insults on public officials in their name." (S. 97) Sozial Media wurde damit nicht nur von der Protestbewegung genutzt, sondern auch von den regierenden Parteien um die Protestbewegung zu zerschlagen und öffentlich zu diskreditieren.

In einem weiteren Kapitel sieht sich der Autor die Social Media Auftritte verschiedener kurdischer Parteien und schließlich die Social Media Kampagnen für die Parlamentswahlen 2013 an. Der Befund, ob Social Media nun zu einer Demokratisierung beitragen, bleibt allerdings ambivalent. Neue Bewegungen hätte die Chance genutzt über Social Media zu mobilisieren. Zugleich hätten die autoritären Parteien Social Media aber auch genutzt gegen neue soziale Bewegungen vorzugehen.

Insgesamt leistet Munir Mohammad mit seiner Studie eine wichtige Analyse der demokratiepolitischen (Fehl-) Entwicklungen in der Kurdistan-Region im Irak, die sowohl aus politik-, wie aus medienwissenschaftlicher Perspektive entsprechende Beachtung verdient.

Herausgeber_innenkollektiv des Andrea Wolf Institut: Wir wissen, was wir wollen: Frauenrevolution in Nord- und Ostsyrien, Widerstand und Gelebte Utopien Band II,

Münster: 2021, edition assemblage. 560 Seiten, € 15,00.-

RONYA ALEV

Im Februar 2021 erschien das 560-Seiten lange Buch "Wir wissen, was wir wollen: Frauenrevolution in Nord- und Ostsyrien". Dieses, nach einer Reise einer Delegation der Organisation *Gemeinsam Kämpfen* in die Autonome Administration von Nord- und Ostsyrien im Winter 20218/19 entstandene Buch, stellt das Nachfolgewerk des 2010 herausgegeben "Widerstand und gelebte Utopien - Frauenguerilla, Frauenbefreiung und Demokratischer Konföderalismus in Kurdistan", welches vor allem einen Fokus auf Frauenbewegung *Bakur* legt.

Als Nachfolgewerk knüpft das Buch an die Entwicklungen des letzten Jahrzehnts und die Errungenschaften der Frauenrevolution in Rojava an. Beginnend mit der Geschichte, umreißt dieses Werk die zugrundeliegende Ideologie der (kurdischen) Frauenbewegung bis hin zur tatsächlichen Umsetzung in der Praxis. Hierzu ist das Buch in sieben Kapitel unterteilt, wobei Kapitel Fünf "Frauenrevolution in der Praxis" besonders hervorzuheben ist, da es nicht nur das detaillierteste und umfangreichste Kapitel darstellt, sondern auch die meisten "Neuinformationen" und Einblicke rund um die gelebte Frauenrevolution birgt.

Konkret folgen nach der Einleitung die Kapitel über den historischen Hintergrund der Frauenrevolution und die Beziehung zwischen Staat, Kapitalismus und Patriarchat. Danach wird die praktische Umsetzung der Ideologie und Revolution im Detail aufgezeigt. Das vorletzte und letzte Kapitel legen einen Fokus auf die Kämpfe und den geleistet Widerstand der Frauenrevolutionseinheiten und auf das Bestreben zu einer globalen Frauenrevolution.

Das HerausgeberInnenkollektiv wählt für ihr Buch einen unorthodoxen Stil: Ideologie und Philosophie, Geschichte und praktische Umsetzungen werden stets mit persönlichen Interviews von Betroffenen - in den meisten Fällen Frauen, die in der Selbstadministration organisiert sind - durchwoben. Auch die unzähligen Fotos lockern das Buch auf. Somit deckt das Buch Ideologie, Praxis und konkrete Erfahrungen und Evaluierung einzelner Personen ab. All dies lässt einerseits nicht nur eine reale Auseinandersetzung der Geschehnisse zu, sondern untermauert ganz klar die Autonomie der Frauen in der Region.

Das Buch ist - nicht nur allein durch seine Länge - äußert detailliert und informativ. Es werden alle Ebenen der Selbstorganisierung vorgestellt: von der Verwaltung bis hin zur Verteidigung und Ökonomie. Die Ideologie und zugrundeliegende Philosophie von Abdullah Öcalan wird durch die im Buch vorgestellten Informationen und Interviews real greifbar gemacht. Eine kritische Auseinandersetzung mit der Ideologie ist zwar keine gegeben und vielleicht auch gar nicht zu erwarten, wenn man das Ziel und den Hintergrund dieses Buches in Betracht zieht, jedoch klingen in den Interviews oftmals kritische Reflektionen über die aktuelle politische und auch gesellschaftliche Situation durch.

Die Detailliertheit sowie die ineinander verwobene Art des Narrativs, die Inklusion von Politik, Geschichte bis hin zur Philosophie und die unzähligen Abkürzungen/kurdischen Begriffe machen das Buch vermutlich jedoch nicht zur einer einer einfachen Lektüre für Personen, die mit der Thematik nicht vertraut sind. Für Menschen, die ein Grundwissen über den demokratischen Konföderalismus und/oder die Autonome Administration mitbringen, ist es jedoch definitiv eine empfehlenswerte Lektüre.

Das Kollektiv schafft es mit diesem Buch die Leserschaft den Weg zu einer gelebten Utopie näherzubringen und in die Fußstapfen seines Vorgängers zu treten.

Thomas Jügel: Die Entwicklung der Ergativkonstruktion im Alt- und Mitteliranischen. Eine korpusbasierte Untersuchung zu Kasus, Kongruenz und Satzbau

Wiesbaden, Harrassowitz 2015. 986 Seiten, € 178,00.-

AGNES GROND

Ergativität ist ein grammatisches Phänomen, dessen Erscheinungsformen in Bezug auf kurdische und andere iranische Sprachen unter verschiedensten Perspektiven diskutiert wurde und wird. In der Diskussion werden dabei häufig Einzelsprachen oder Sprachgruppen, wie eben die kurdische Gruppe untersucht.

Das Werk von Thomas Jügel geht darüber weit hinaus, indem es awestische, altpersische, baktrische und parthische Erscheinungsformen analysiert und außerdem ca. 12.500 mittelpersische Belege in die Analyse miteinbezieht. Bei der Analyse handelt es sich um eine Korpusuntersuchung.

Die Studie enthält eine Darstellung des Phänomens Ergativität (Kapitel 1), eine Darstellung des Nominal- und Verbalsystems sowie einen Überblick über die Syntax (Kapitel 2, 3 und 4), morphologische und syntaktische Ergativität (Kapitel 5 und 6). Der Auswertungsteil (Kapitel 7) geht Fragen nach der Entwicklung der Ergativität und ihren Auflösungserscheinungen nach. Die Ergebnisse der Analyse werden umfangreich mit Material belegt. Der Materialteil illustriert einerseits den analytischen Teil der Studie. Er enthält eine Vorstellung der untersuchten Texte und ihrer Editionen, sowie außerdem eine Beschreibung der *nicht* untersuchten bekannten Texte, um den Anteil der untersuchten Texte einschätzen zu können. Der Materialteil geht somit über reine Illustration weit hinaus, und kann als Nachschlagewerk für Ergativität und die damit verknüpften grammatischen Erscheinungsformen dienen. Die Studie wird mit Recht als vollständigste und umfassendste in Bezug auf diachrone Sichtweise auf Ergativität bezeichnet.

Das Navigieren in dem monumentalen Band wird erleichtert durch eine englische Zusammenfassung, die ganz am Anfang steht. Außerdem gibt es zu den einzelnen Kapiteln jeweils Resümees, die es ermöglichen, sich zu orientieren, oder sich intensiver mit dem Auswertungsteil zu beschäftigen.

An diesem Band führt für alle diejenigen, die sich mit dem Phänomen Ergativität in iranischen Sprachen beschäftigen, kein Weg vorbei

Schuberth, Richard: Bus nach Bingöl. Roman. 2020

Klagenfurt: Drava Verlag 2020. 280 Seiten. € 21,00.-

MARIA SIX-HOHENBALKEN

Das Werk ist ein politischer Roman, der im Jahr 2008 zwischen Dersim und Wien angesiedelt ist. Der Protagonist Ahmed Arslan kehrt nach 28 Jahren seines Exils und seines Lebens in Wien erstmals wieder für einen Urlaub in seine Heimat Dersim zurück um seine Mutter, seinen Bruder und sein Dorf zu besuchen.

Ahmed Arslan studierte Politologie in Istanbul und schloss sich einer politischen Widerstandsorganisation, nämlich der Bewegung *Dev-Yol* (i.e. Devrimci Yol, revolutionärer Weg) an und nahm an bewaffneten Aktionen in Istanbul teil. Nach einer Strassenschlacht am 1. Mai 1978, in der sich die Kämpfer der Schleifung einer illegalen Siedlung am Stadtrand zur Wehr setzten, wurde er inhaftiert und kam in das Gefängnis Bayrampaşa. Dort wurde er gefoltert, gedemütigt und wie viele andere seiner Zeit- und Widerstandsgenossen waren es erst diese Gefängniserfahrungen, die ihn seine kurdische Herkunft bewusst machten.

Der Einstieg in den Roman ist der Weg des Protagonisten Ahmed Arslan, als er nach beinahe drei Jahrzehnten erstmals wieder die türkische Passkontrolle passiert und dann einen Bus besteigt, der ihn in sein Herkunftsdorf in Bingöl bringen soll. Die Existenz und die Gespräche mit anderen Mitreisenden (wie einem jungen Militär, einer jungen Frau aus einer reichen Agha Familie) führen die LeserInnen in die politischen Umstände, Diskurse, Einstellungen und Entwicklungen in der Republik noch zu Beginn der AKP Ära ein. Einzelne Themen der vielschichtigen türkischen und kurdischen jüngeren Vergangenheit werden mittels einzelner Gespräche eröffnet, so beispielsweise Identitätsdiskurse, die politische Rolle des türkischen Mittelstandes oder die Kontrolle über den weiblichen Körper durch die AKP AnhängerInnen. Diese Diskussionen und Unterhaltungen rufen traumatische Erinnerungen des Protagonisten in einer Wucht und Vehemenz hervor, die er sich nicht erwartet hatte.

Angekommen in Dersim und in seinem Heimatort, hat sich nicht nur das Dorf und das soziale Leben verändert, sondern auch die Beziehungen zu seiner Familie. Die Mutter leidet bereits an Demenz, ihre Erinnerungen an ihr Überleben der genozidalen Verfolgungen von 1937/38 scheinen aus ihrem Gedächtnis gelöscht, anstatt dessen lebt sie in einer Parallelwelt der türkischen Soap Operas und Telenovelas. Sein Bruder und dessen Familie bleiben ihm ein Rätsel, er findet in den Wochen seines Aufenthalts kaum eine Gemeinsamkeit. Vergeblich sucht er eine von ihm erwartete Politisiertheit der BewohnerInnen, schließlich lässt das Auftreten eines jungen couragierten Dorfmädchens noch Hoffnung aufkeimen. Diese Hoffnung aber stirbt symbolisch, mit dem Tod des Mädchens.

Schließlich gelingt es Ahmed Arslan Teile der positiven Erinnerungen seiner früheren Existenz wieder wachzurufen; in dieser „kindliche Verliebtheit" (p. 151), wird er dabei aber auch mit einer Reihe von Geheimnissen und Ambivalenzen konfrontiert, wie beispielsweise über armenische Vorfahren. Die Geschichte spannt sich immer wieder zwischen Dersim und Wien; Ahmed, der in Wien Politikwissenschaften studiert hat und dann als Sozialarbeiter arbeitet, erfährt die Unterschiede in den kurdischen politischen Orientierungen zwischen seiner Herkunftsregion und den politischen Netzwerken in Wien und räsoniert über falsche Rebellen und Berufskurden. Die schwierigen Beziehungen zu türkischen linken Organisationen, das Liebäugeln mancher mit der AKP und ein politisches Streitgespräch mit PKK Guerillas, die für einige Stunden in seinem Haus in Bingöl Unterschlupf finden, all diese Beispiele sprechen die vielschichtigen und eng verwobenen politischen Felder an.

Eine weitere Ebene neben der realpolitischen und der psychologischen ist die spirituelle, da Ahmed Arslan die heiligen Berge und Stätten besuchen und an einem Cem teilnehmen will – schließlich endet dieses Vorhaben dann lediglich mit einer Saz Session und einem Semah Tanz. Eine weitere spirituelle Begegnung ist das Erscheinen der jungen Hoffnungsträgerin des Dorfes in seinem Traum, nachdem sie verstarb.

Nach dem dreiwöchigen Urlaub scheint sich der Protagonist arrangiert zu haben, seine Selbstwahrnehmung wie auch sein Verhältnis mit seiner Familie hat sich eingerenkt und er bereitet seine Abreise vor. Kurz davor wird er von einer Patrouille Soldaten abgeholt und zum Mitkommen in die Kreisstadt aufgefordert, da ihn scheinbar jemand verraten hat, als er die Guerillatruppe beherbergte. Auf dem Weg kommen in ihm die Gefängniserfahrungen hoch und er weiß, dass er keine zweite Inhaftierung in einem türkischen Gefängnis aushalten kann und versucht zu fliehen. Auf der Flucht wird er erschossen.

Die handelnden Personen sind erfunden, wie auch manche der Berge, Dörfer und Flüsse Fiktion sind. Das Buch ist aber nicht als „Ethnofiction" zu verstehen, es ist aber auch mehr als ein politischer Roman. Es ist vielleicht ein neues Genre, das sich historischen und rezenten Themen der KurdInnen in einer neuen schriftstellerischen Form widmet, von denen es erst ganz wenige Beispiele gibt.

Richard Schubert, gelernter Sozialanthropologe und praktizierender Schriftsteller, der stets heiße Themen unserer Zeit anfasst, wie beispielsweise Identitätsdiskurse, die EU-Außengrenzen und die Rolle von Frontex, etc. hat mit diesem Roman nicht alleine die Situation der DersimerInnen, die ins Exil gingen detailreich und mit viel Hintergrundwissen nachvollziehbar dargestellt, wobei auch immer wieder ein ethnographischer Blick und eine dichte Beschreibung vorkommt.

Der Roman basiert - das erlaubt sich die Rezensentin, die den Autor kennt, anzumerken - auf den jahrzehntelangen Kontakten und Freundschaften des Autors mit KurdInnen, DersimerInnen. In vielen seiner szenenhaften Zeichnungen packt er ein enormes Wissen über die Problematiken der Wirksamkeit von Erinnerungen - der Erinnerungen an die genozidalen Prozesse in Dersim 1917/38 und den Kriegshandlungen in den 1990er Jahren -, von den Langzeitwirkungen von Folter, von den feinen Unterschieden in den politischen Diskursen und

Orientierungen oder von Geschlechterverhältnissen. Dies ist ein Wissen, das ein Autor/eine Autorin sich weder anlesen kann, noch in kurzfristigeren ethnographischen Studien erheben kann. Es ist das Ergebnis von langen Beziehungen, von Diskussionen, von der Beobachtung politischer Diskurse etc. und vor allem das Ergebnis eines Interesses an und der Nähe zu den Menschen, deren Lebensherausforderungen er in diesem Roman darstellt.

Richard Schuberth ist bekannt für seine sarkastischen, oft bissigen, ironischen und selbstkritischen literarischen Erzeugnissen – in diesem Roman geizt er ein wenig mit dieser Kunst. Die Darstellung der Mutter des Protagonisten, die in einer eigenen Form der Demenz, nur mehr in der Welt der türkischen Telenovelas lebt oder des Dersimers, der in Italien ein bekannter Gigolo war und schließlich des deutschen Reiseschriftstellers, der mit dem Protagonisten im Bus nach Bingöl sitzt und höchst suizidal ist, es aber nicht schafft und schließlich durch eine kurdische Fabel dann doch vom Weiterleben überzeugt wird – diese Beschreibungen lassen diese besondere literarische Fähigkeit von Richard Schuberth ein wenig durchscheinen.

Das Werk, das auf zwei früheren Erzählungen beruht, wurde vom Autor schließlich zu einem Roman ausgebaut. Es ist nicht nur für jene, die mit der Thematik nicht vertraut sind ein Beitrag, der in die Komplexitäten der dersimischen Vergangenheit und heutigen transnationalen Existenz einführt. Literarisch ist es eine gelungene Vermittlungsform von Wissen um historische Ereignisse, Transformationen, transnationale Realitäten und um die Herausforderungen der Individuen, um das sich vor allem die Kurdischen Studien in (populär)wissenschaftlichen Texten bemühen. Richard Schuberth hat mit dem Werk eine Darstellungsform vorgelegt, das formal einem politischen Roman entspricht, aber auch weit darüber hinausgeht.

Thomas Schmidinger (ed.): The Autonomous Administration of North and East Syria: Between a Rock and a Hard Place

London: Transnational Press London, 2020: 217 Seiten, € 23,00.-

RONYA ALEV

This anthology, edited by Thomas Schmidinger, is based on conference papers that were presented at the start of 2020 in Vienna. However, this book goes beyond just a mere collection of the papers. Utilising different perspectives, its goal is to provide an overview of the current conflict in the region. This book consists of a foreword by an Austrian Member of Parliament, an introduction by the editor and twelve chapters. The authors and contributors seem to have been selected carefully as most of them are known within the Kurdish Studies department. Four out of the twelve authors are women.

The contributions can be categorised into three main parts, the first one provides an ethno-religious demographic background by focusing on the history of Kurds, Christians, Jews, and Yezidis. These four chapters do not cover all religions or ethnicities, but rather offer a quick and important understanding of the heterogeneous composition of this region as it affects the political set-up. However, given the focus of this book the question arises whether or not this first part could have been shorter and, instead, give more space to contemporary politics and the conflict. The next four chapters summarise the current political struggles in the Autonomous Region of North and East Syria.

Chapters 5 and 6 focus on the political and ideological system and integration of the region, as well as the struggle against ISIS. The following couple of chapters go on to detail the Turkish invasion and its impact. These chapters build on each other and allow a narrative to evolve: from the ideological to the practical. Finally, the last four chapters deal with international relations with respect to the Kurdish struggle in North and East Syria. Chapters 9 and 10 outline the inconclusive positions of Russia and the United States regarding the Kurds.

This book concludes in the last two chapters, on the complicated relationship between the European Union and the Autonomous Region, as well as the United Nations' stance on the Turkish invasions.

Overall, the selection of topics covered as well as their placement and order have been successful. A point of criticism may arise regarding variation in style (e.g. structure and referencing in regards to the different papers) and critical engagement between the various chapters. Consisting of only a rather short twelve chapters, it still manages to give an overview of the current political struggles of the Autonomous Region. However, the highlight of this book is arguably its last part as it usually is one of the most overlooked aspects in most Kurdish Studies related publications. Concluding by adding the bilateral and also multilateral relationships that the Autonomous Administration maintains, this book mirrors the complexity within and of the region on an international level.

Barbara Sträuli (Hg.) "Our Steppe is Vast …". Kurdish epics and tribal stories from Urfa, 1906. Collected by Oskar Mann

Wiesbaden: Harrassowitz, 2021. 27 Seiten, € 68,00.-

AGNES GROND

Die Herausgeberin und Übersetzerin Barbara Sträuli entdeckte 2015 kurdische epische Werke und Lieder in der Berlin-Brandenburgischen Akademie im Nachlass von Oskar Mann. Die Texte finden sich in zwei von sechs Notizbüchern, die Oskar Mann auf seiner zweiten Forschungsreise 1906/07 verwendete. Für die vorliegende Edition wählte Sträuli die Transkripte, die Oskar Mann in Urfa anfertigte, und die auf zwei Epensänger, Sheihk Bozan und Ayib Agha Temir, zurückgehen. Zusätzlich enthält die Edition einige kurze Erzählungen von Oskar Mann's Informant Osmanoğlu, die ebenfalls in Urfa notiert wurden. Die hier zum ersten Mal herausgegebenen Texte behandeln Stammesführer der Milan-Konföderation, insbesondere Ibrahim Paşa Milli (1843–1908). Diese Texte beinhalten auch einen bislang unbekannten Klagegesang von der Ehefrau eines Stammesführers, der sein Leben im Kampf verlor. Weiters inkludiert die Edition bislang unbekannte Versionen der Epen *Siyamend*, *Alîyê Hacilari*, *Dewrêşê Evdî* und *Mem û Zîn*. Unmittelbar berührend ist der Text *Kuştina Êzdiya*, in welchem Osmanoğlu als Zeitzeuge über das Massaker an 15 êzîdischen Stammesführern 1875 berichtet. Die Textedition ist zweispaltig, die Originaltexte in Südwest-Kurmancî ist ins Englische übersetzt. Jeder Text wird von einer kurzen Note eingeleitet, die die wichtigsten Kontextinformationen vermittelt. Missverständliche Textpassagen in Oskar Mann's Transkript wurden in Feldforschungsaufenthalten mit Mitgliedern der Berazî-Konföderation besprochen. Die Kommentare der InformantInnen finden sich in den Fußnoten der Textedition sowie in deren Einleitungen. Eine ausführliche Einführung informiert über historischen und sprachlichen Hintergrund, die Tradition der dengbêj speziell im Einflussbereich der Berazî- und Milanstämme, die Umstände und Prämissen für Mann's Forschungen (besonders spannend ist der Absatz über Transkriptionstechniken europäischer ForscherInnen vor dem Aufkommen audiovisueller Aufnahmetechniken) sowie die Sängerpersönlichkeiten. Gemeinsam mit Sträuli's Edition des Epos *Dewrêşê Evdî* – dargeboten von Baqî Xido[315] – ist nun ein Jahrhundert kurdischer dengbêj-Tradition in der Berazî-Ebene in kommentierten Editionen verfügbar.

Barbara Sträuli (Hg.) 2017: Dewrêşê Evdî – Dewresh, Son of Evdi. A Kurmanji Epic as Performed by the Berazi Singer Baqi Xido. Wiesbaden: Harrassowitz.

---

315 Sträuli 2017.

Abdullah Incekan: Kurdisch für Fortgeschrittene. Lehr- und Arbeitsbuch des Kurmancî mit Lösungen und Audiomaterial

Wiesbaden: Reichert Verlag, 2021. 267 Seiten, € 29,90.-

THOMAS SCHMIDINGER

Das neu auf Deutsch vorliegende Lehrbuch von Abdullah Incekan setzt dort fort, wo sein erstes Lehrbuch „Kurdisch Kompakt" endet, bzw. es beginnt mit der Wiederholung einiger Grammatik, die bereits in diesem Einsteigerkurs Thema war: Mit Transitivität und Intransitivität und dem Präsens- und Perfektstamm im Kurmancî. Im Weiteren werden Ergativität, verschiedene Zeitformen und andere grammatikalische Grundlagen des Kurmancî erarbeitet. Bei der Ezafe-Endung wird auch auf die Besonderheit im Bahdînî eingegangen, dass diese nämlich nicht auf –ên auslautet, sondern auf –êd. Dieses Eingehen auf wichtige Dialekte jenseits der Standardvariante des Kurmancî von Cizîra Botan hebt das Lehrbuch positiv von anderen Werken ab. Trotzdem bleibt das Buch im Wesentlichen auf das Kurmancî der Türkei und Syriens konzentriert. Die auf der Arabischen Schrift basierende Schrift im Irak gesprochenen Bahdînî wird nicht gelehrt. Die kurdischen Texte des Buches sind durchwegs im Hawar-Alphabet, das in der Türkei und Syrien üblich ist, gehalten.

Ergänzt wird das Lehrbuch durch eine umfangreiche Lösungssammlung der Übungsaufgaben, Vokabellisten und eine Audio-CD mit den Texten des Lehrbuches. Brachte „Kurdisch Kompakt" Studierende des Kurmancî auf ein Niveau, das im Europäischen Referenzrahmen irgendwo bei A2 anzusiedeln wäre, so entspricht dieses neue Lehrbuch laut Verlagsankündigung dem B1 Niveau. Ein Lehrbuch, dessen letzter Lesetext jedoch eine kurdische Übersetzung eines Textes von Franz Kafka darstellt, könnte allerdings durchaus auch über B1 hinausgehen.

Für das Selbststudium ist das Buch nur bedingt geeignet. Mit viel Selbstdisziplin und grammatikalischem Grundverständnis ist es dank der CD aber wohl auch möglich, sich damit selbst weiterzubilden. Als Lehrunterlage für Fortgeschrittenenkurse ist das Buch aber jedenfalls sehr gut geeignet.

Kirsten Seidlitz: Musik & Politischer Konflikt aus der Türkei. Kurdische, alevitische und linke Musik in Deutschland

Bielefeld: [transcript] 2020. 232 Seiten, € 39,00.-

Agnes Grond

Der Titel des Bandes ‚Musik & politischer Konflikt aus der Türkei. Kurdische, alevitische und linke Musik in Deutschland' macht ein wenig misstrauisch, erweckt er doch den Anschein, als ob es sich bei den genannten Gruppierungen um klar abgegrenzte Einheiten handle. Bereits ein oberflächlicher Blick ins Buch revidiert dann diesen Ersteindruck. Die vielschichtigen Entwicklungen, Netzwerke, Zwischenverbindungen Einflüsse, Gemeinsames und Trennendes zwischen den Gruppen werden angemessen reflektiert und dargestellt. Die Autorin reagiert auch sensibel und flexibel auf die Dynamik ihres Forschungsfeldes. In die Feldforschungszeit für ihre Studie fielen eine ganze Reihe politischer Ereignisse (wie etwa die Wahlen in der Türkei 2015), die massive soziale Auswirkungen und damit auch Auswirkungen auf das Untersuchungsfeld hatten. Dadurch gelingt es der Autorin, zu zeigen, wie verschiedene Künstlerpersönlichkeiten in der Diaspora ihre Musik als Medium sehen, sich politisch zu artikulieren, und wie die Öffentlichkeit der Einwanderungsländer (im konkreten Fall Deutschland) nicht nur für Protestmusik, sondern auch für Musikschaffen aus der Türkei im Allgemeinen erreichbar ist.

Sehr lesenswert sind die MusikerInnenportraits, die einerseits einen vielleicht deutlicheren Einblick in die Feldforschungssituation geben als das Methodikkapitel, und aufzeigen, dass einzelne MusikerInnen sich mehreren der untersuchten Gruppierungen zugehörig fühlen können, und in unterschiedlichen Formationen musikalisch tätig werden. Ebenso lesenswert sind die Schilderungen der Autorin von gemeinsamen Proben mit türkischen MusikerInnen. Dieses teilnehmende Beobachten führt zu sehr unmittelbaren Erkenntnissen bezüglich musikalischer Praktiken wie Notation von Melodie und Rhythmus, Improvisation und Ornamentierungen.

Unter den vielen spannenden Erkenntnissen sind zu erwähnen, dass die MusikerInnen sich als KulturbotschafterInnen verstehen, und ihre Auftritte als Vehikel sehen, die Einwanderungsgesellschaften für aktuelle Ereignisse in der Türkei zu interessieren. Musikalische Veranstaltungen werden als Möglichkeit geschätzt, auf die Heterogenität der Türkei und deren Minderheiten hinzuweisen. Allerdings haben viele MusikerInnen wenig Zugang spezifisch deutschen MusikerInnennetzwerken, was wiederum oft zu verminderten Reichweiten führt. Einige MusikerInnen berichten von Schwierigkeiten des deutschen Publikums mit der anatolischen Musik, allerdings werden auch Lernprozesse des Publikums und generell eine offenere Haltung gegenüber musikalischen Darbietungen aus der Türkei berichtet.

Spannend sind auch die Ergebnisse in Bezug auf die wechselseitige Beeinflussung der Musik-stile. Diese reichen von der Anwendung europäischer Gesangstechniken bis zum Einfliegen von Bandmitgliedern aus der Türkei für Konzerte.

Kirsten Seidlitz liefert eine vielschichtige Analyse transnationaler musikalischer Praktiken – ein absolutes Desiderat aus musikethnologischer Sicht – das Buch ist jedoch nicht nur für Musi-kerInnen, sondern auch für einen breiteren Interessiertenkreis absolut lesenswert.

Feryad Fazil Omar: Kurdische Grammatik (Zentralkurdisch/Soranî)

Berlin: Institut für Kurdische Studien, 2021. 376 Seiten, € 39,90.-

Thomas Schmidinger

Die lange Zeit angekündigte Grammatik des Soranî von Feryad Fazil Omar ist nun endlich wirklich erschienen. Damit liegt erstmals eine umfassende Grammatik dieser im Irak und Iran wichtigsten Form des Kurdischen in deutscher Sprache vor. Das Buch ist in seinem Umfang allerdings nicht nur für Deutschsprachige, die Soranî lernen wollen ein Novum. Bislang gibt es in keiner europäischen Sprache, auch nicht im Englischen, ein ähnlich umfangreiches und systematisches Werk. Feryad Fazil Omars Grammatik hat damit auch über den deutschen Sprachraum hinaus das Zeug dazu ein Standardwerk zu werden, das wohl in Zukunft auch die eine oder andere Übersetzung in andere Sprachen erleben wird.

Das Werk beginnt mit einer Einführung in die Phoneme und ihre Darstellung in der kurdisch-arabischen sowie kurdisch-lateinischen Schrift. Das gesamte Buch verwendet immer wieder parallel beide Schriftsysteme. Obwohl das Soranî in seinem Sprachgebiet eigentlich durchgehend mit der kurdisch-arabischen Schrift geschrieben wird, wird das Buch dadurch auch für jene leichter erschließbar, denen es primär um die mündliche Sprache bzw. um ein rein wissenschaftliches Interesse geht, ohne die Arabische Schrift zu beherrschen. Für Studierende, die die arabische Schrift beherrschen ist es zugleich allerdings kein Problem, sich sofort auf die im Irak und Iran gebräuchliche arabisch-kurdische Schrift einzuschwenken.

In der Folge werden Substantiv, Pronomen, Adjektiv, Adverb, Präposition und Zirkumposition behandelt. Detailliert wird das zentralkurdische Verb in allen seinen Formen geschildert und mit einer ganzen Reihe von Tabellen seine Bildungsweise veranschaulicht. In weiteren Kapiteln werden Zahlen, Syntax und nominale Wortbildung dargelegt. Im Anschluss ist eine alphabetische Liste der wichtigsten Verben mit Beispielsätzen und umfangreiche Konjugationstabellen zu finden. Am Ende stehen schließlich ein Index und ein ausführliches Glossar Kurdisch-Deutsch/Deutsch-Kurdisch.

Dieses umfassende Standardwerk, richtet sich an alle, die sich mit dem Kurdischen beschäftigen, sei es WissenschafterInnen, SprachstudentInnen oder auch ErstsprachlerInnen, die sich systematischer mit ihrer Sprache beschäftigen wollen. Die Illustration der geschilderten Regeln mit Beispielsätzen erleichtert das Selbststudium ebenso, wie farbig unterlegte Kästchen, die die Bildung der einzelnen Formen einprägsamer machen. Im Gegensatz zu den wenigen bisher erschienenen Grammatiken des Soranî in europäischen Sprachen, handelt es sich bei dieser Grammatik wirklich um eine möglichst vollständige Beschreibung der gesamten Grammatik.

Anders als sein Lehrbuch Deutsch – Kurdisch, geht es hier nicht um das Deutsche, sondern wirklich um eine umfassende Grammatik des Kurdischen, deren sorgfältige Edition das Buch zu einem wichtigen Werk für alle, die sich mit dem Kurdischen beschäftigen, macht.

Es hat sich gelohnt, auf dieses Buch zu warten. Nach seinen umfassenden Wörterbüchern legt der 1950 im irakischen Silêmanî geborene und in Berlin wirkende Sprachwissenschaftler Feryad Fazil Omar damit ein wirklich epochales Werk vor, das wohl für Jahrzehnte den Standard für eine Grammatik des Soranî setzen wird.

6

Nachrufe
Obituaries

Najmaldin Omer Karim (1949-2020)

AGNES GROND

Najmaldin Omer Karim wurde am 12. August 1949 als drittes von 13 Kindern in Kirkuk geboren. In Kirkuk schloss er seine Schulausbildung ab und begann danach in Mossul Medizin zu studieren. 1971 wurde er zum Vorsitzenden der *Kurdish Student Union* gewählt, 1972 trat er den Peshmerga bei, im gleichen Jahr schloss er seine medizinische Ausbildung ab. Er wurde persönlicher Arzt von Mustafa Barzani und begleitete diesen 1976 in die Vereinigten Staaten, wo Barzani medizinisch behandelt wurde.

In den USA widmete er sich seiner medizinischen Weiterbildung zum Neurorchirurgen an der George-Washington-University. Im Anschluss war er über zwei Jahrzehnte in seiner Arztpraxis und als assoziierter Professor an der Universitätsklinik tätig. Die Liste seiner PatientInnen ist lang und prominent, so operierte Karim 1981 den Pressesprecher des Weißen Hauses, James Brady, nach dem Anschlag auf Präsident Ronald Reagan, bei dem Brady angeschossen wurde.

Neben seiner Tätigkeit als Arzt setzte sich Karim in Washington für Kurdistan Irak und dessen Beziehungen zu den USA ein. In den 70er und 80er Jahren gab es noch kaum direkte diplomatische Verbindungen zwischen der US-Regierung und kurdischen Parteien und deren VertreterInnen. Karim wurde von Jonathan Randal, dem damaligen Auslandskorrespondenten der Wahington Post als *"a one-man lobby for the Kurds at a time when nobody had heard about them in the United States, and nobody in the American government wanted to hear about them"* bezeichnet. Durch die Bemühungen Karims fanden etliche Besuche von kurdischen Führungspersönlichkeiten in die USA statt, unter anderem der Besuch von Jalal Talabani, dem späteren Präsidenten und Hoshyar Zebari, dem späteren Außenminister des Irak.

Er informierte die US-Regierung über die genozidalen Verbrechen von Saddam Huseins Regime im Zuge der Anfal-Kampagnen, etablierte Dienstleistungen für und in kurdischer Sprache bei *Voice of America*, hielt Vorlesungen zu KurdInnen und Kurdistan an verschiedenen US-Universitäten und publizierte Artikel zu diesen Themen in der Washington Post, der Los Angeles Times und der New York Times. Karim war Gründungsmitglied und Präsident des Kurdish National Congress of North America (1991-1999). 1996 gründete Karim das Washington Kurdish Institute (WKI).

Karim nahm an den meisten internationalen Konferenzen teil, die die irakische Opposition initiierte, wie der Wiener Konferenz 1992, im Zuge derer der Irakische National Congress gegründet wurde, der London Konferenz 2002, die die Oppositionsarbeit gegen Saddam Hussein bündelte, sowie der Salahaddin Konferenz 2003 vor der US-Invasion im Irak.

Najmaldin Omer Karim (1949-2020)

Am 7. März 2010 wurde Karim als Repräsentant des Gouvernements Kirkuk, seiner Heimat, ins irakische Parlament gewählt, 2011 wurde er zum Gouverneur von Kirkuk gewählt. In den 6 Jahren, die er im Amt war, setzte er sich für den Wiederaufbau sowie das soziale Zusammenleben in dem multiethnischen Gouvernement Kirkuk ein, und arbeitete auf eine Unabhängigkeit Kurdistans hin. Seine Amtszeit war weiters durch den Kampf gegen den IS gekennzeichnet. Nach dem Unabhängigkeitsreferendum wurde er von der irakischen Regierung mit Gewalt aus dem Amt entfernt.

Najmaldin Omer Karim verstarb am 30. Oktober 2020 in den Vereinigten Staaten. Zahlreiche internationale Nachrufe würdigen seine Rolle als Brückenbauer zwischen der kurdischen Autonomen Region und den USA.

Ahmed Dilzar (1920 - 2021)

THOMAS SCHMIDINGER

Allein schon aufgrund seines hohen Alters stellte der Poet Ahmed Dilzar eine Legende im irakischen Kurdistan dar. Er wurde unter dem Namen Ahmed Mustafa Muhammad Agha Hawezi kurz nach dem ersten Weltkrieg geboren. Sein Heimatdorf bei Koya war zur Zeit seiner Geburt noch Teil des zwischen Briten, Franzosen und Türken umstrittenen Vilayet Mosul Damit liegt der Zeitpunkt seiner Geburt noch vor der Unabhängigkeit des Irak. Als Kind lernte er noch in einer klassischen Madrasa in einer Moschee lesen und schreiben, ehe er mit dem Besuch einer der modernen Schulen begann.

Ab 1940 begann er unter dem Namen Ahmed Dilzar kurdische und arabische Lyrik zu schreiben, die später in einem umfangreichen Diwan veröffentlicht wurde. Neben klassischen Liebesgedichten widmete sich Ahmed Dilzar auch patriotischen kurdischen Themen und so begleiteten seine Gedichte die gesamte kurdische Nationalbewegung im Irak, von den 1940er-Jahren bis in die Gegenwart. Ahmed Dilzar begleitete all diese Entwicklungen mit seinen Gedichten, die in Arabisch und im Soranî seiner Heimat verfasst wurden.

Im zweiten Weltkrieg kämpfte Ahmed Mustafa Muhammad Agha Hawezi ab 1943 als einer von mehreren tausend Kurden im Rahmen der Iraq Levies gegen Deutschland, eine Tatsache, die er 2019, als US-Präsident Trump behauptete, die Kurden hätten den USA im zweiten Weltkrieg nicht geholfen, öffentlich kundtat. „Trump war noch nicht einmal geboren, als wir schon gegen die Nazis kämpften!" ließ der damals Neunundneunzigjährige im Oktober 2019 dem US-Präsidenten öffentlich ausrichten. Die mehrheitlich assyrischen Levies inkludierten damals auch einige tausend Kurden und einige Araber. Hawezi selbst war während des Krieges überwiegend in Haifa, im damals noch britischen Palästina, stationiert.

Zurück im Irak wurde Ahmed Dilzar 1959 zum Mitglied der Irakischen Akademikerunion gewählt. 1970 schließlich zum Mitglied der Kurdischen Autorenvereinigung. Schon früh begann sich der Autor auch politisch zu engagieren. In den 1940er-Jahren wurde er Mitglied kommunistischer Gruppen. Für sein kommunistisches Engagement wurde er 1946 und 1948 verhaftet und später nach Kut im Südirak deportiert. 1960 wurde er Mitglied der in Bagdad von kurdischen Intellektuellen herausgegebenen Zeitschrift Azadi und 1963 schließlich Mitglied der Irakischen Kommunistischen Partei.

In der 1974 vom irakischen Regime zugestandenen ersten Autonomie Kurdistans ließ er sich zum Mitglied des ersten kurdischen Regionalparlamentes wählen, dem er bis 1979 angehörte. Das Engagement in diesem Parlament und sein Eintritt in die von der Baath-Partei geführte Nationale Progressive Front, führte zu einem zeitweisen Bruch mit jenen Teilen der kurdischen Nationalbewegung, die den Kampf gegen das Regime nicht aufgab und in der später als

„Kulturautonomie" bezeichneten Autonomie lediglich eine Herrschaftstaktik des Regimes sahen. Der Dichter war mit seiner anderen Einschätzung damals nicht allein. Auch die Irakische Kommunistische Partei war Teil der Nationalen Progressiven Front geworden. Unter den Kurden hatte sich ein durchaus relevanter Flügel der Demokratischen Partei Kurdistans (PDK) unter Hashim Aqrawi, Aziz Aqrawi und Ubaidallah Barzani, dem ältesten Sohn von Mullah Mustafa Barzani, von Mullah Mustafas Parteiführung getrennt und an der Nationalen Progressiven Front beteiligt. Während Ubaidallah Barzani schon 1980 unter bis heute nicht geklärten Umständen in Baghdad ums Leben kam und die anderen hochrangigen Mitglieder der probaathistischen Neo-PDK nach dem Sturz Saddam Husseins 2003 verhaftet wurden, sah man dem Dichter seine kurze Affäre mit dem Regime nach. Immerhin hatte sich Ahmed Dilzar nach 1979 nicht mehr parteipolitisch engagiert und wieder mit patriotischen Gedichten einen Namen gemacht. Politisch hielt er sich nach 1979 zurück. Erst 1994 kehrte er nach langem Exil nach Kurdistan zurück und ließ sich in Erbil nieder.

Insbesondere im hohen Alter erhielt der Dichter nicht nur für die literarische Qualität seiner Poesie, sondern auch als Zeitzeuge hohe Anerkennung in Kurdistan. Sein hundertster und sein hunderteinter Geburtstag am 8. Jänner 2020 und 2021 wurden in Erbil öffentlich gefeiert. Kurdische Medien berichteten über den immer noch dichtenden hochbetagten Poeten.

Obwohl bereits bettlägrig, blieb der Dichter bis zuletzt auch noch nach seinem hunderteinten Geburtstag aktiv und schrieb bis kurz vor seinem Tod Gedichte, die er von seinem Bett aus gelegentlich noch öffentlich vortrug. Mit seinem Tod am 10. April 2021 verlor Kurdistan nicht nur einen legendären, sondern mit Sicherheit auch seinen am längsten aktiven Poeten, dessen Werk einen Zeitraum von über 80 Jahren umspannt.

Kadri Yıldırım (1959 – 2021)

CHRISTOPH OSZTOVICS

Mit Prof. Dr. Kadri Yıldırım verlieren die Kurdischen Studien und die Kurdische Politik in der Türkei einen ihrer wichtigsten Denker und Brückenbauer. Kadri Yıldırım wurde am 5. Februar 1959 in Licê/Lice in der nordkurdischen Provinz Amed/Diyarbakır geboren. Er absolvierte die Hochschule in Sêrt/Siirt und studierte anschließend Theologie an der Harran Universität in Şanlıurfa. Yıldırım promovierte 2010 an der theologischen Fakultät der staatlichen Dicle-Universität in Amed/Diyarbakır. Er wurde erster Dekan an der neu gegründeten Fakultät für Theologie an der Artuklu Universität in Mêrdîn/Mardin und befasste sich intensiv mit der Kurdischen Sprache und Kultur. Er lehrte zu Themen der Theologie, Geographie und Geschichte sowie der arabischen, persischen und kurdischen Literatur. Die Vermittlung von Kurmancî war ihm zeitlebens ein besonderes Anliegen. Über viele Jahre unterrichtete er Kurdisch im Rahmen des Instituts für Kurdische Sprachen und Literatur am 2009 gegründeten *Institute of Living Languages in Turkey* (*Türkiye'de Yaşayan Diller Enstitüsü*) an der Artuklu Universität. Kadri Yıldırım verfasste auf Türkisch zahlreiche Bücher zu Themen der Kurdischen Sprache und Literatur. So erschien zum Beispiel 2011 eine Übersetzung des klassischen kurdischen Epos *Mêm u Zîn* ins Türkische inklusive eines kritischen Apparates (*Kültür Bakanlığı'nin Mem û Zîn Çevirisine Eleştirel Bir Yaklaşim*).

Er befasste sich aber ebenso mit aktuellen politischen Ereignissen und Fragestellungen. So erschienen etwa 2018 eine Analyse über die Entwicklungen in Rojava (*Bütün Yönleriyle Rojava – Efrîn (Afrin)*) oder 2019 eine Publikation zum Thema Islam und Feminismus (*Kabul ile Red Arasında İslamî Feminizm*). Seine Publikationen erschienen im kurdischen Avesta Verlag in Istanbul.

Im Jahr 2015 wurde Yıldırım zum Abgeordneten der *Demokratischen Partei der Völker/Halkların Demokratik Partisi* (HDP) im Bezirk Sêrt/Siirt gewählt. Er war in dieser Funktion von 2015 bis 2018 tätig.

Mamoste (kurdisch für ‚Lehrer') Yıldırım, wie er von vielen genannt wurde, verstarb am Freitag, 26. März 2021 im Alter von 62 Jahren in Amed an einer Hirnblutung. Er wurde am Istanbuler Yeniköy-Friedhof beigesetzt. Um ihn trauern politische WeggefährtInnen sowie alle, denen er das Kurdische nähergebracht hat. Durch seine wissenschaftliche und literarische Tätigkeit hatte Kadri Yıldırım großen Anteil am Erhalt der Kurdischen Sprache und Literatur in der Türkei. Mit ihm ging ein wichtiger Kämpfer für sprachliche und kulturelle Vielfalt verloren.

Bülent Öztoplu (1960 – 2021)

Thomas Schmidinger

Am 18. August 2021 verstarb der Sozialarbeiter, Wirt und Menschenrechtsaktivist Bülent Öztoplu, der wie kaum andere MedienmacherInnen und AktivistInnen mit Migrationshintergrund Wien geprägt hatte.

Bülent Öztoplu wurde 1960 als Sohn einer LehrerInnenfamilie in Erzincan (Kurdisch: Erzingan) geboren, verbrachte aber den Großteil seiner Schulzeit im kemalistisch geprägten Izmir, das in den 1970er-Jahren auch eine der Hochburgen der Linken in der Türkei war. Politisch war er dort in der Kommunistischen Partei der Türkei (TKP) aktiv. Wie seine Partei vertrat er dabei gegenüber der kurdischen Frage eine ambivalente Linie. Bis zuletzt betonte Bülent Öztoplu seine kurdische Herkunft nicht, sondern verstand sich eher als internationalistischer Linker aus der Türkei.

Nach dem Militärputsch verließ er 1980 die Türkei und flüchtete zunächst nach Österreich, wo er neben seiner Arbeit in einer Möbelfabrik auch im WUK aktiv wurde. Nach einem Zwischenspiel in Großbritannien und einer kurzen Rückkehr in die Türkei kam er 1991 erneut nach Wien, wo er als Streetworker für Wiener Jugendzentren und als Bewährungshelfer arbeitete. 1994 gründete er die Zeitschrift ECHO, in der eigentlich alle JournalistInnen mit Migrationshintergrund, die heute in ihren Vierzigern sind, Journalismus gelernt hatten. ECHO war eine politische und unabhängige Zeitschrift von Jugendlichen mit Migrationshintergrund, die auch brisante Fragen aufwarf und vielen politisch unangenehm wurde. Als es nicht mehr möglich war, diese Unabhängigkeit zu garantieren, stellte Öztoplu 2004 die Zeitschrift lieber ein, als sie politisch vereinnahmen zu lassen.

Als Mitglied des Menschenrechtsbeirates des Innenministeriums war Öztoplu genauso unbequem, wie als Medienmacher. Bis heute ist nicht ganz geklärt auf welche Intrige der internationale Haftbefehl zurückging, der zu Unrecht von deutschen Behörden zu Unrecht gegen ihn ausgestellt wurde und am 13. September 2001 zu seiner Verhaftung durch 20 WEGA-Beamte führte. Es folgte die Entsolidarisierung vieler Mitglieder des Menschenrechtsbeirates und schließlich sein Rauswurf aus diesem Gremium, dem er wohl auch zu kritisch geworden war.

Nach seinem Freispruch wurde er zwar wieder Mitglied des Menschenrechtsbeirates, schied aber bald freiwillig aus. In einem Interview mit SOS Mitmensch begründete er dies 2013 folgendermaßen: „Mit diesen Aristokraten der Menschenrechte wollte ich nichts mehr zu tun haben: Sie hatten gegenüber einem ihrer Mitglieder plötzlich die Unschuldsvermutung fallenlassen, als es hart auf hart ging."

Auch nach seiner Rehabilitierung hatte er mit der Beschädigung seines Rufs durch die unrechtmäßige Verhaftung zu kämpfen. Kann gut sein, dass auch der Untergang von ECHO teilweise in diesem Zusammenhang zu sehen ist. Bülent Öztoplu engagierte sich schließlich in alevitischen Vereinen und wurde als Wirt des Szenelokals Blue Box aktiv, jenem Lokal, in dem bereits Falco sein berühmtes Musikvideo zu „Rock Me Amadeus" gedreht hatte. Für sein menschenrechtliches Engagement erhielt er in den letzten Jahren mehrere Preise. Von jenen, die ihm 2001 den Rücken gekehrt hatten, hatten sich allerdings nur wenige entschuldigt. Seine für das intellektuelle Leben Wiens sicher bleibendste Hinterlassenschaft sind jene vielen JournalistInnen und AktivistInnen, die durch die Schule seiner Zeitschrift ECHO gegangen sind, und auch zwei Jahrzehnte nach deren Ende weiter hörbar sind. Und bis zu einem bestimmten Grad ist ja auch das heute noch existierende Biber ein Nachfolgeprojekt dieser legendären Zeitschrift.

Sie, seine SchülerInnen, die er einst als Jugendarbeiter erreicht hatte, arbeiten heute beim ORF und in verschiedenen Zeitungen des Landes. Ohne ihn würde die österreichische Medienlandschaft heute mit Sicherheit eine weniger vielfältige sein.

Hasan Saltık (1964-2021)

Agnes Grond

Im Juni 2021 verstarb der Musiker und Produzent Hasan Saltık. Er wurde 1964 in Dersim geboren und begann dort seine Schulausbildung, die er in Istanbul abschloss. Hasan Saltık begann das Studium der Oboe am *İstanbul Üniversitesi Devlet Konservatuarı*, begann aber bald in der Produktionsfirma seines Cousins, des Sängers und Songschreibers Rahmi Saltuk, zu arbeiten. Mit dem Album Hoy Narê waren sie unter den ersten, die den Bann für Sprachen abgesehen von Türkisch in der Öffentlichkeit unterwanderten.

1991, in einer Zeit, als der türkische Musikmarkt von internationaler Popmusik und Arabeske dominiert war, gründete er das Label *Kalan Müzik* [türk: verbleibende Musik] und konzentrierte sich auf die Musik der Minderheiten in der Türkei. Ein Beispiel für den Fokus seiner musikalischen Spurensuche ist das Doppelalbum *Süryaniler* von 2002. Es umfasst eine Sammlung weltlicher und religiöser Gesänge der assyrischen ChristInnen des Tur Abdin. Das mitgelieferte Booklet informiert detailreich über Geschichte, Sprache, Kultur und Musik. Ein weiteres Beispiel ist das Album *Yahudice,* das sich den fast vergessenen Liedern der Ladinos, der sephardischen JüdInnen Istanbuls widmet und dessen booklet wieder ausführliche Informationen über die ethnische Gruppe und ihre Geschichte enthält. Unter weiteren KünstlerInnen und Ensembles, mit denen Hasan Saltık arbeitete, finden sich Namen wie Erkan Oğur, İsmail Hakkı Demircioğlu, Tolga Çandar, Grup Yorum und Kardeş Türküler. Weiters wurden Sammlungen zu Volksmusikinstrumenten wie den Dudelsäcken der Schwarzmeerküste produziert.

Sein Einsatz für die Minderheiten Anatoliens und die Produktion von Schallplatten und CDs in ihren Sprachen brachte Hasan Saltık wiederholt mit dem Gesetz in Konflikt. Seine erste Produktion in Kurmancî mit Kalan Müzik *Umut Yüklü Bir Bahar* 1992 war ein Bestseller, brachte ihm jedoch eine Anklage ein. Im Jahr 2005 wurde die Konfiszierung des mit Aynur Doğan produzierten Albums *Kecê Kurdan* gerichtlich angeordnet. Es gab Jahre, in denen Hasan Saltık nach eigener Aussage mehr Tage vor Gericht verbrachte, als in seinem Büro.

Kalan Müzik entwickelte sich im Lauf der Jahre zu einem Archiv für die Musiken der Türkei – von unschätzbarem historischen und ethnomusikologischem Wert. Im Jahr 2003 wurde Hasan Saltık mit der Prinz-Claus-Medaille für sein Werk ausgezeichnet, 2017 erhielt er ein Ehrendoktorat der İstanbul Teknik Üniversitesi. Mit Hasan Saltık verliert die Türkei einen Pionier, der das reiche historische musikkulturelle Erbe dokumentierte und für die gegenwärtige musikalische Praxis zugänglich machte.

7

Berichte
AutorInnenverzeichnis
Call for papers

Reports
About the authors
Call for papers

Berichte der Gesellschaft

ÖSTERREICHISCHE GESELLSCHAFT ZUR FÖRDERUNG DER KURDOLOGIE EUROPÄISCHES ZENTRUM FÜR KURDISCHE STUDIEN

Jahrbuch in Silêmanî

Nachdem das Jahrbuch bereits in den vergangenen Jahren an die Bibliotheken der Rojava Universität in Qamishli, der Salahaddin Universität in Erbil und der Kurdistan Universität in Sanandaj (Sine) im Iran geliefert wurde, ist im Frühling 2021 auch ein vollständiger Satz an die Bibliothek des Zheen Archive Center in Silêmanî (Irak) geliefert worden. Das Zheen Archive Center gilt als das wichtigste kurdologische Archiv der zweitgrößten Stadt der Autonomieregion Kurdistan im Irak und politischen Metropole der PUK.

Neuer Vorstand der Gesellschaft

Anfang 2021 wurde ein neuer Vorstand unserer Gesellschaft gewählt, der diesmal mit einem Wechsel bei der Präsidentschaft einhergeht. Nachfolgerin von Marianne Six-Hohenbalken als Präsidentin der Österreichischen Gesellschaft zur Förderung der Kurdologie / Europäisches Zentrum für kurdische Studien wurde Agnes Grond von der Universität Graz. Stellvertreterin der Präsidentin bleibt Katharina Brizić. Auch Generalsekretär Thomas Schmidinger, Schriftführerin Soma Ahmad und Kassier Christoph Osztovics wurden in ihren Funktionen bestätigt.

Diplomatische Reise nach Kurdistan trotz Covid-19

Trotz erschwerter Reisebedingungen gelang es unserem Generalsekretär, Thomas Schmidinger, auch im vergangenen Jahr eine Delegation österreichischer Politiker nach Kurdistan zu bringen, damit sich diese selbst ein Bild von der Situation vor Ort machen können und politischen VertreterInnen vor Ort austauschen können. Von 18. – 21. Dezember 2020 organisierte er eine Reise für die beiden außenpolitischen Sprecher der beiden österreichischen Regierungsparteien Reinhold Lopatka (ÖVP) und Ewa Ernst-Dziedzic (Grüne) in die Autonomieregion Kurdistan im Irak und in die Selbstverwaltung Nord- und Ostsyriens. Im Irak wurde dabei auch LALiş, der heiligste Ort der Êzîdî besucht. In Syrien wurden IDP-Camps von Vertriebenen aus Serê Kaniyê und ein Gefangenenlager europäischer IS-Angehöriger besucht. Zudem wurden politische Gespräche mit dem Außenminister der Selbstverwaltung, Abdulkarim Omar, Vertretern verschiedener christlicher und kurdischer Parteien und der Regionalregierung Kurdistans im Irak besucht.

Kooperationsvertrag mit der Culture Factory in Silêmanî

Unsere Gesellschaft zur Förderung der Kurdologie schloss im Mai 2021 einen Kooperationsvertrag mit der Culture Factory in Silêmanî in der Kurdistan Region im Irak. Während die Gesellschaft in Österreich ein Spendenkonto für dieses in der ehemaligen Tabakfabrik eingerichtete Kulturzentrum einrichtet, erhalten Mitglieder der Gesellschaft in Zukunft die Möglichkeit dort an einem Shared Office Space zu arbeiten und Räumlichkeiten als Scholar of Residence zur Übernachtung zu benutzen.

Kooperationsprojekt zum Şexbizinîkurdischen zwischen der Universität Graz mit der Universität Rouen-Normandie

Seit Jänner 2021 wird an den Universitäten Graz und Rouen Normandie ein dreijähriges Forschungsprojekt zu Dokumentation und Beschreibung des Şexbizinî-Kurdischen durchgeführt. Das von der Präsidentin unserer Gesellschaft, Agnes Grond, und Salih Akin vom Laboratoire Dynamique du langage in situ (DYLIS) geleitete Projekt untersucht Diasporagruppen in Österreich und Frankreich und behandelt Fragen der Sprachverwendung, -weitergabe und -aufgabe.

Lehre zum Kurdischen am *treffpunkt sprachen* der Universität Graz

Erfreulicherweise kann die im Wintersemester 2020/21 erstmals durchgeführte Lehre zu kurdischen Sprachen fortgesetzt und ausgebaut werden. *treffpunkt sprachen* bietet im Studienjahr 2021/22 Lehrveranstaltungen zur Soziolinguistik des Kurdischen und Strukturkurse an.

AutorInnenverzeichnis:

Ronya Alev ist in Wien geboren und aufgewachsen. Sie ging für ihr Studium nach Zürich und Manchester und erhielt einen Master in Peace and Conflict Studies. Alev ist Mitbegründerin des Vereins „you-are-welcome" und zurzeit Ko-Präsidentin des Grassroots Think Tanks für Europa- und Außenpolitik „Ponto".

Soma Ahmad ist freischaffende Forscherin im Bereich der Politikwissenschaft, Entwicklungsstudien und Arabistik.

Katharina Brizić ist Soziolinguistin und Musikerin. Sie hält derzeit eine Professur für Mehrsprachigkeit an der Universität Freiburg, Deutschland. Ihre Schwerpunkte liegen auf den Gebieten Migration und Mehrsprachigkeit, Bildung und Soziale Ungleichheit, Diaspora und Memory Studies sowie Diversität und Sozialer Zusammenhalt. Zur Zeit ist sie tätig als wissenschaftliche Beratung eines deutschen Humanitären Aufnahmeprogramms für besonders vulnerable Personen aus dem Nordirak.

Shilan Fuad Hussain ist Mitarbeiterin am Geneva Centre for Security Policy. Sie ist spezialisiert auf Middle Eastern und Kurdish Studies. Ihre Arbeit ist interdisziplinär entlang der Soziologie und Kulturanalyse und deren Relevanz für moderne Gesellschaften ausgerichtet. Ihre Forschungsschwerpunkte sind women's studies and diasporia studies. Sie dissertierte an der Univeristät von Urbino Carlo Bo/Iatlien.

Agnes Grond ist Sprachwissenschafterin an der Universität Graz. Ihre Forschungsschwerpunkte sind Linguistik und Soziolinguistik des Kurdischen, documentary linguistics, Minderheitensprachen. Sie ist Präsidentin der Österreichischen Gesellschaft zur Förderung der Kurdologie.

Hakan Harmancı war in Tirol für MigrantInnenvereine aktiv, u. a. im Vorstand von ATIGF und YDG. Derzeit ist er in Wien in der Jugendarbeit tätig. Er absolvierte den Universitätslehrgang 'Migrationsmanagement und Integrationsmanagement' an der Donau-Universität Krems.

Christoph Osztovics ist Politikwissenschafter in Wien. Forschungsschwerpunkte: Entwicklungssoziologie, Migrationssoziologie.

Sevda Özcan absolvierte das Studium Geistes- und Kulturwissenschaften an der Johannes-Kepler-Universität in Linz. Derzeit studiert sie dort ‚Politische Bildung'.

Benjamin Raßbach schreibt an der Universität Leipzig seine Promotion zu êzîdischen heiligen Orten, dem Genozid von 2014 und der politischen Situation in der Region Şingal. Seine Arbeit wird von Prof. Dr. Markus Dreßler und Dr. Eszter Spät betreut.

Thomas Schmidinger ist Politikwissenschafter und Sozial- und Kulturanthropologe, unterrichtet an der Universität Wien und der Fachhochschule Oberösterreich, ist Generalsekretär der Österreichischen Gesellschaft zur Förderung der Kurdologie und berät EU-Abgeordnete zum Irak und Kurdistan. Forschungsschwerpunkte: Rojava, Sinjar, religiöse und ethnische Minderheiten, Religion & Politik, jihadistische Radikalisierung.

Hüseyin A. Şimşek stammt aus Erzincan in der Türkei. Seit 1998 lebt er in Österreich, wo er als Schriftsteller und Journalist tätig ist. Außerdem bietet er Sprachkurse in Zazaki am Kurdischen Kulturinstitut an.

Maria Six-Hohenbalken ist Sozialanthropologin und wissenschaftliche Mitarbeiterin am Institut für Sozialanthropologie der ÖAW. Sie Ist Lektorin am Institut für Kultur- und Sozialanthropologie der Universität Wien und derzeit Präsidentin der Österreichischen Gesellschaft zur Förderung der Kurdischen Studien. Ihre Forschungsgebiete sind Anthropologie von Gewalt, Erinnerungsforschung, historische Anthropologie sowie Flucht, Migration, Diaspora und Transnationalismus.

Call for Papers – Wiener Jahrbuch für Kurdische Studien 2022: Kurdische Diplomatie: Verhandlungen und Friedensprozesse in und um Kurdistan

ÖSTERREICHISCHE GESELLSCHAFT ZUR FÖRDERUNG DER KURDOLOGIE / EUROPÄISCHES ZENTRUM FÜR KURDISCHE STUDIEN

Die nächste Ausgabe des Wiener Jahrbuchs für Kurdische Studien widmet sich der kurdischen Diplomatie und ihrer Rolle in Friedensprozessen und -verhandlungen.

Im üblichen Sinn sind DiplomatInnen damit beauftragt, die Interessen ihres jeweiligen souveränen Staates zu vermitteln. Aber auch ohne einen souveränen kurdischen Nationalstaat ist Diplomatie ein wichtiges Instrument, um kurdische Interessen weltweit zu vertreten. Diese Interessen waren und sind sehr unterschiedlich und reichen von der Errichtung eines kurdischen Staates über die Beibehaltung einer regionalen Autonomie, die Beendigung von Konflikten bis hin zur Verbesserung der allgemeinen politischen und sozialen Lage der KurdInnen. Trotz zahlreicher Hindernisse ist es kurdischen VertreterInnen vielfach gelungen, bedeutende diplomatische Beziehungen aufzubauen.

Das Jahrbuch 2022 konzentriert sich auf diese Verhandlungen, gescheiterten Friedensprozesse und Waffenstillstände und widmet sich der Bedeutung sowie Erfolgen und Misserfolgne der kurdischen Diplomatie und Friedensgesprächen im zwanzigsten Jahrhundert.

In der nächsten Ausgabe sollen folgende Themen behandelt werden:

- (Gescheiterte) Friedensverhandlungen mit der Türkei, dem Iran, dem Irak und Syrien
- Kurdische diplomatische Beziehungen außerhalb des Nahen Ostens
- Diplomatische Beziehungen zwischen den verschiedenen kurdischen AkteurInnen

Wir begrüßen sowohl Beiträge rund um den Themenschwerpunkt, als auch Forschungsartikel außerhalb des Schwerpunkts, Rezensionen und Konferenzberichte.

Deadline für Abstracts: 31. Januar 2022
Deadline für angenommene Beiträge: 31. Mai 2022

Abstracts und Beiträge können in deutscher oder englischer Sprache eingereicht werden.

Verantwortliche Herausgeberin und Ansprechpartnerin für 2022:
Ronya Alev (ronya.alev@gmail.com)

Call for Papers– Vienna Yearbook for Kurdish Studies 2022: Kurdish Diplomacy: Negotiations and Peace Processes in Kurdistan and Beyond

AUSTRIAN SOCIETY FOR THE PROMOTION OF KURDOLOGY / EUROPEAN CENTRE FOR KURDISH STUDIES

The upcoming edition of the Vienna Yearbook for Kurdish Studies will focus on Kurdish diplomacy and its role in peace processes and negotiations.

Usually, diplomats take on the role of representing the interests of their respective sovereign state. Without a sovereign nation-state in the Kurdish case, however, diplomacy is still a valuable tool for representing Kurdish interests—not only within Kurdistan but also globally. These interests still cover a wide range of topics from establishing a Kurdish state to maintaining autonomous regions, ending conflicts, and improving the overall political and social situation of Kurds. Despite various obstacles, Kurdish representatives managed to build noteworthy diplomatic relations.

These years of negotiations, failed peace processes, and ceasefires will be the subject of the next yearbook. Moreover, we will also take a closer look at the importance of successful development, the failures in Kurdish diplomacy, and various relevant peace talks within the last century.

The next edition will address the following topics:

- Peace negotiations with Turkey, Iran, Iraq, and Syria
- Kurdish diplomatic relations beyond the Middle East
- Diplomatic relations between various Kurdish actors

We welcome contributions in relation to and going beyond these topics.

Deadline for abstracts: 31 January 2022
Deadline for accepted contributions: 31 May 2022

Abstracts and contributions may be submitted in either English or German.

Coordinating editor and contact for the 2022 yearbook:
Ronya Alev (ronya.alev@gmail.com)